中华生活经典

饮流斋说瓷

许之衡 著

杜斌 编著

中华书局

图书在版编目(CIP)数据

饮流斋说瓷/许之衡著;杜斌编著. —北京:中华书局,2012.7
(2022.1 重印)
(中华生活经典)
ISBN 978 - 7 - 101 - 08679 - 9

Ⅰ.饮… Ⅱ.①许…②杜… Ⅲ.古代陶瓷 - 研究 - 中国
Ⅳ.K876.34

中国版本图书馆 CIP 数据核字(2012)第 090572 号

书　　名	饮流斋说瓷	
著　　者	许之衡	
编 著 者	杜　斌	
丛 书 名	中华生活经典	
责任编辑	刘胜利	
出版发行	中华书局	
	(北京市丰台区太平桥西里 38 号　100073)	
	http://www.zhbc.com.cn	
	E-mail:zhbc@ zhbc.com.cn	
印　　刷	北京瑞古冠中印刷厂	
版　　次	2012 年 7 月北京第 1 版	
	2022 年 1 月北京第 7 次印刷	
规　　格	开本/710 × 1000 毫米　1/16	
	印张 19¼　字数 170 千字	
印　　数	23001 - 26000 册	
国际书号	ISBN 978 - 7 - 101 - 08679 - 9	
定　　价	45.00 元	

目 录

前　言

　　我国陶瓷历史悠久，有关的记载也出现甚早，但有关陶瓷系统研究的专书出现甚晚，清代民国年间才先后有朱琰《陶说》、蓝浦《陶录》（《景德镇陶录》）、寂园叟（陈浏）《陶雅》、许之衡《饮流斋说瓷》（以下简称《说瓷》）。这四部有关陶瓷的专书，合而堪称中国瓷学的"四大名著"，为近世陶瓷学者所必读。而《说瓷》后出转精，代表了时至民国初年我国陶瓷学术研究的新水平，而尤以提纲挈领，条理分明，深入浅出，便于初学入门为最大特征，所以流行广泛，为治瓷学者必读之书。

　　但《说瓷》作者许之衡的情况并不太为人所知。笔者所见唯一介绍他的，是20世纪末李岩《许之衡生平事略及其音乐戏曲著述的研究》（以下简称"李文"）一文。据李文考证，许之衡（1877—1935）字守白，号饮流、曲隐道人，别署守白氏、冷道人。室名饮流斋，自号饮流斋主人，有藏书处名环翠楼。仁和（今浙江杭州）人，生于广东番禺。祖父许其光（字懋昭），曾任翰林院编修、福建监察御使、四川京畿署、广西思恩府知府等职，御赐三品顶戴。晚年任广州学海堂（广州五大书院之一）学长；其父许由身为光绪八年（1882）副榜贡生；许之衡为光绪二十九年（1903）副榜贡生，早年曾入广雅书院修业，是康有为入室弟子。后东渡日本留学，毕业于明治大学。20世纪初，他归国后在北京，初居宣武王皮胡同由旅京的广东商人筹建的仙城会馆，后移居宣武上斜街五十五号番禺会馆，并结识了吴梅（字瞿安）、李宣倜（字释戡）等人，与吴、李共同研究曲律及其他学术问题，交情甚笃。又与京剧大师梅兰芳、河北梆子女艺术家刘喜奎交往甚密。因为精研曲律，1923年10月9日被吴梅推荐入北京大学教授曲学与中国文学史等课程；1926年12月与刘半农、马幼渔、叶浩吾、黄季刚及陈匪石等人共同发起、编辑、整理出版了《古红梅阁集》；1933年1月被聘为北京大学文史部中国文学史导师，同年6月离开北大。1935年2月25日因心疾在北京逝世，终年58岁。

由许之衡生平大略可知，他的专业不是瓷学，而是词章或曲律之学。今知他的主要著作，一类是戏曲创作，有《玉虎坠》、《锦瑟记》、《霓裳艳》等传奇；一类是词曲学著作，有《作曲法》、《曲学及曲选》、《曲史》、《曲律通论》、《曲选》、《词曲研究》、《声律学》、《戏曲史》、《曲律易知》等研究专著，以及词作《守白词》等。但他素为学界所知的，却是一本题为《中国音乐小史》的小册子。所以李文开篇即感慨说："许之衡在中国现代音乐史中，人们依稀可记的，只有他《中国音乐小史》（1930）那本小册子了。但曾几何时，他在北大的讲台上叱咤过风云，在中国的诗坛上独领过风骚，在中国的政坛也曾有过铿锵有力掷地有声的言论。"（《中国音乐学（季刊）》1999年第1期）但李文的说法也欠全面，即许之衡在上述诸成就之外，还有这部《饮流斋说瓷》，可当得起中国有史以来最为系统的瓷史研究著作。

《说瓷》弁首有《书成自题六十韵》五言长诗一首，概述此书创作之由、陶瓷之史、瓷学之迹等。诗中关于此书的写作，除透露作者笃好瓷艺，"结习痂成癖"之外，一个重要原因是"近邻寂园叟，时过斗杯庐"，受到了《陶雅》作者寂园叟的影响。甚至有人以本书为抄袭寂园叟《陶雅》者。童书业先生《〈饮流斋说瓷〉评》一文引杨献谷《古月轩瓷考》即曰：

> 《饮流斋说瓷》，系番禺许君之衡字守白所著，而江浦陈公浏字亮伯者，则谓其抄袭伊稿，居然风行一时。证以许君自题诗六十韵曰："结习痂成癖，嘤鸣道不孤。近邻寂园叟，时过斗杯庐。"盖寂园为陈公别号，尝作斗杯堂诗，并约人斗杯以为胜负。既称近邻，又属时过，必曾见《陶雅》底稿无疑。许君以康南海故亦尝识之，究不能辨瓷之真伪。今任北大教授，讲词学而非瓷学，是陈公谓其《说瓷》抄袭伊稿，或不诬与？

但童书业案云：

> 《说瓷》内容往往袭自《陶雅》，其据《陶雅》而成书当不误。然《陶雅》似只是随笔札记，漫无系统，且多自相矛盾处。《说瓷》则条理井然，颇具整理之功，说许君"剿袭"，也似乎有些冤枉。

现在看来，《陶雅》原本上、中、下三卷，今存上、中，下卷已佚，已无法对两书内容作全面的比较。但许之衡既已特别说明与寂园叟为邻，过从甚密，又论"寂园《陶雅》，赡博极矣。然自谓未尝厘订体例，区别部分，初学者殊有望洋之叹，则美犹有憾也"(本书《概说第一》)，实是表明此书之作虽然受到了《陶雅》的影响，但决非为了攘人之书为己有，而是为了补《陶雅》作者自己也承认的其书未便于初学者的种种不足。从《说瓷》的实际看，这一目的是很好地达到了；至于除了不得不与《陶雅》同述的历史事实之外，《说瓷》有多少是作者自己的发现，已难甄别。好在一方面读者如吃鸡蛋而不知道是哪一只鸡下的，并不是太大的遗憾；另一方面可以肯定的，正是因为《说瓷》"据《陶雅》而成书"，《说瓷》中应该保存了《陶雅》所遗失的下卷的内容，无论如何也是一件好事。

《说瓷》全书正文十章，依次为概说、说窑、说胎釉、说彩色、说花绘、说款识、说瓶罐、说杯盘、说杂具、说疵伪。各章纵说历史变迁，横说花色种类。每说必尽可能追本溯源，又层递而下，清清楚楚，甚至具体而微，析入毫芒，可谓体大虑周，圆满备至，为初学之入门，深研之基础。《说瓷》能有这样的成就，既因其得《陶雅》之"赡博"为借鉴，又因作者个人也有较深厚的瓷学功底，还赖作者身为文学教授之为文艺术的老到娴熟，从而能成此一部后来居上的优秀瓷学著作。然而这部书也有某些不足之处，上引童书业先生文多有指出，笔者点评有所采纳，读者可以参看。又其毕竟为将近百年前的著作，今天看来肯定有不少过时或欠缺、谬误之处，读者当能理解，而唯择善从之而已。

《说瓷》今见有上海朝记书庄本，署"广州许之衡守白著"、"上海朝记书庄印行"、

饮流斋说瓷

"上海中华书局承印"，不署出版年月。此本错讹甚多。今通行为黄宾虹、邓实主编《美术丛书》本，为该丛书第三集第六辑之第六种，原版于民国九年 (1920)，校勘颇精。这次整理即以《美术丛书》本为底本，校以上海朝记书庄本，并参考了多家研究成果，谨此致谢。整理工作主要是校正错讹，对一些用字径改，未出校勘；疏解字词，直译原文，稍加点评，力求简明，并配以图片，希望对普通读者能有所帮助。由于个人水平所限，本书所做的工作仍难免存在缺陷与不足，敬祈专家读者指正。

杜　斌

2012年2月

书成自题六十韵

——饮流漫稿

　　此日知何日，孤怀百感纤。有涯生待遣①，何物性能娱？漉酒怀难写②，看花眼倦盱。书淫辞顾怪③，画癖谢倪迂④。树树闻鹍鴃，山山听鹧鸪。误人燕市筑⑤，为客楚庭竽⑥。自障元规扇⑦，谁敲处仲壶⑧。世情蕉里鹿⑨，乡梦笋边鲈⑩。非墨吾尊命⑪，谈玄我踞觚。谛参悲乃智，生悟有还无。遇塞天应恕，忧来古与愉。赏心开异境，沦性辟奇途。大邑诗吟杜，花瓷句咏苏。缥题潘岳赋⑬，器列子京图⑭。红玉谁初琢？青冰孰此腴？古香邢与越，秘色蜀兼吴。汝定摩挲爱，官哥考订劬。天青痕淡抹，雨过润如酥。泑现鱼形幻，纹揩蟹爪粗。宣成泃质茂，隆万亦华敷。胜代崇文物，官窑重楷模。精华四海萃，供亿万缗输。禁料新颁紫，璿题细点朱⑮。作监专吏设，善画外臣摹。辇载连车骑，船装连舳舻。木兰移别殿，辽沈入陪都。岁贡征常例，珍藏别御需。球琳储百库，琛赆列千橱。鬼斧精英琢，神工藻绩铺。赛珍驰海国，载宝耀寰区。制作关时会，人文待发擝。考工畴补记，美术罕周谘。走也风尘贱，研之岁月徂。挈瓶非号智⑯，扪籥未全诬⑰。结习痂成癖，嘤鸣道不孤。近邻寂园叟⑱，时过斗杯庐。日下多尘肆⑲，昌南富埴垆。海王村屡过，内史墓频趋⑳。玮丽罗千态，恢奇列万殊。微茫穷累黍，毫发判锱铢。水晕疑含眼，沙痕细辨趺。碧应羞琭璿，赭已夺珊瑚。蘋绿凝螺黛，豇红艳绛襦。画题轩古月，色染水西湖。秘笈搜天籁，遗闻考绀珠㉑。名工唤章弟，雅制忆彭姑。周鼎防遭弃，康瓠莫贡谀。遇秦矜得宝，易赵讶怀瑜㉒。茗碗秭康斗㉓，茶瓯陆羽呼㉔。见闻搜北梦㉕，掌故说西凫㉖。病魔犹堪遣，愁魔或足驱。偶然存剩稿，聊复写编蒲。随笔供谈薮㉗，零编此说郛㉘。志惭文长物㉙，集愧褚坚瓠㉚。撷粹仍余粕，存精未汰芜。杀青宜瓿覆，饮墨且毫濡。淹雅惭欧九㉛，丛残补继儒㉜。学原嗤骨董，趣可博胡卢。今古同抔土，乾坤一破盂。千金留敝帚，吾自爱真吾。

【注释】

①有涯生：即生有涯。涯，水边，泛指边界。

②漉酒：即滤酒。本指用纱布将酒糟与酒汁分开的过程。此言饮酒。

③顾怪：即顾炎武（1613—1682），原名绛，字忠清；明亡后改名炎武，字宁人，亦自署蒋山佣，尊称为亭林先生。昆山（今江苏昆山）人。明末清初著名的思想家、学者。著有《日知录》、《音学五书》等。《清史列传·顾炎武传》："年十四，为诸生，耿介绝俗。与同里归庄善，时有'归奇顾怪'之目。"

④倪迂：即元代大画家倪瓒（1301—1374），字泰宇，后字元镇，号云林等。无锡（今江苏无锡）人。性孤介，有洁癖，以是人称"倪迂"。擅楷书，工诗歌，传世除书画外，有《清阅阁集》。

⑤燕市：燕京，今北京。筑：古代乐器名。形制似琴，有弦，用竹击之，取以为名。

⑥楚庭：广州最早的名称。

⑦元规扇：即扇隔元规。《艺文类聚》卷六引晋郭澄之《郭子》曰："庾公名位渐重，足倾王公。时庾亮在石头，王公在城，忽风起扬尘，王公以扇拂之曰：'元规尘污人。'"《世说新语·轻诋》亦载。元规，庾亮的字。

⑧处仲壶：即处仲击壶。《晋书·王敦传》："（敦）每酒后辄咏魏武帝乐府歌曰：'老骥伏枥，志在千里。烈士暮年，壮心不已。'以如意打唾壶为节，壶边尽缺。"处仲，王敦的字。

⑨蕉里鹿：《列子·周穆王》载，春秋时，郑国樵夫打死一只鹿，恐人见，藏鹿于水濠里，盖上蕉叶。后去取鹿时，记不起藏鹿的地方，于是自以为做了一场梦。后多用于恍惚如

梦的糊涂事儿。

⑩笋边鲈：张翰因秋风而思莼鲈，然吾乡此味偏在春时，故以樱笋佐之。张翰，字季鹰，西晋文学家。吴郡（今江苏苏州）人。

⑪非墨：《墨子》有《非命》篇，反对天定人事的观念。

⑫谈玄：魏晋时期流行的一种学术风气。名士们以《老子》、《庄子》、《周易》"三玄"为其基本内容，摒弃世务，专谈玄理。踞觚：倚着灶角。语本《南华逸编》："仲尼读《春秋》，老聃踞灶觚而听。"

⑬潘岳赋：即潘岳（247—300）《笙赋》。潘岳，字安仁。荥阳中牟（今河南中牟）人。晋代大诗人。

⑭子京图：即项元汴《瓷器图说》。子京，即项元汴（1525—1590），号墨林。嘉兴（今浙江嘉兴）人。明代大收藏家、画家。

⑮璿题：玉饰的椽头。璿，同"璇"，美玉。点朱：或指釉彩的朱砂点。

⑯挈瓶：汲水用的小瓶，比喻知识浅薄。

⑰扪籥（yuè）：寓言故事，有个生来就眼睛瞎的人，不知道太阳的样子。有人告诉他太阳光像蜡烛，他摸了摸蜡烛，后来摸到籥，也以为是太阳。见苏轼《日喻》。后比喻认识片面，不得要领。扪，按，摸。籥，古代管乐器，样子像笛。

⑱寂园叟：真名陈浏（1863—1929），清江浦（今江苏南京）人，著有《陶雅》一书。

⑲日下：指北京。古代以帝王比日，因以皇帝所在地为"日下"。

⑳内史墓：清《日下旧闻考》卷六十一引《辽御史大夫李内贞墓志》："葬于京东燕下乡海王村。"李内贞（898—978），字吉美，姁汭（今山西永济）人。后唐庄宗时举秀才，后归辽，辽景宗时官至检校司空兼御史大夫。

㉑绀珠：即《事物绀珠》，四十一卷，明黄一正撰。一正，字定父。扬州（今江苏扬州）人。

㉒怀瑜：成语"怀瑾握瑜"的略语，指有高贵的品德和非凡的才能。瑾、瑜，美玉，比喻美德。

㉓嵇康(223—262)：字叔夜，晋谯郡铚(今安徽宿县)人。官至中散大夫，世称嵇中散。崇尚老庄，好谈性理之说。能诗善文，精于音律。著有《嵇中散集》等。

㉔陆羽(733—804)：字鸿渐，一名疾，字季疵，号竟陵子、桑苎翁、东冈子，又号茶山御史。唐复州竟陵(今湖北天门)人。一生嗜茶，精于茶道，著《茶经》，被誉为"茶仙"，尊为"茶圣"，祀为"茶神"。

㉕北梦：即唐孙光宪(？—968)所著《北梦琐言》，共二十卷。孙光宪，字孟文，自号葆光子。陵州贵坪(今四川仁寿)人。

㉖西凫：疑为清王星诚(1831—1859)所著《西凫残草》。王星诚，本名于迈，又名章，字平子，改字孟调，浙江山阴(今浙江绍兴)人。

㉗谈薮：书名。北宋庞元英撰。一卷。内容记述轶闻琐事，不乏怪异，其中《兀术》为鬼话。庞元英，字懋贤，单州(今山东成武)人。

㉘说郛：小说集名，一百卷，元陶宗仪(1321—1407)所编纂。陶宗仪，字九成，号南村。台州黄岩(今浙江黄岩)人。另著有《南村诗集》等。

㉙文长物：即明文震亨(1585—1645)所撰《长物志》。十二卷。内容分室庐、花木、水石、禽鱼、书画、几榻、器具、位置、衣饰、舟车、蔬果、香茗十二类。文震亨，字启美，长洲(今江苏苏州)人。另著有《金门集》、《文生小草》。

㉚褚坚瓠：即清初褚人获(1625—1682)所著《坚瓠集》。其主要内容是记述能人异事。褚人获，字稼轩，又字学稼，号石农。长洲(今江苏苏州)人。另著《读史随笔》、《退佳琐录》等。

㉛淹雅：渊博而高雅。欧九：即欧阳修(1007—1072)，字永叔，自号醉翁，晚年号六一居士，谥文忠，世称欧阳文忠公。因排行第九，故称。吉安永丰(今江西吉安)人。北宋时期著名政治家、文学家、史学家和诗人。

㉜继儒：即陈继儒(1558—1639)，字仲醇，号眉公、麋公。明华亭(今上海松江)人。著有《陈眉公全集》、《妮古录》等。

饮流斋说瓷

概说第一

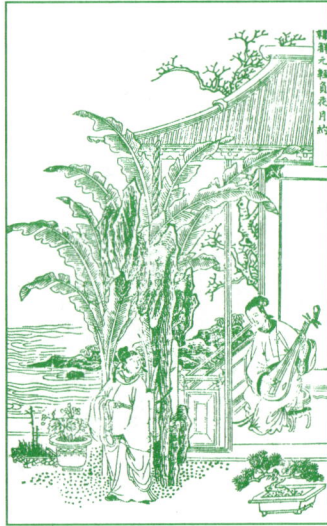

吾华美术，以制瓷为第一。何者？书画、织绣、竹木、雕刻之属，全由人造，精巧者可以极意匠之能事。独至于瓷，虽亦由人工，而火候之深浅，釉胎之粗细，则兼借天时与地力，而人巧乃可施焉。故凡百工艺，欧美目吾华皆若土苴等视[①]，独瓷则甘拜下风，尊为瑰宝。诚以瓷货之美，冠绝全球，虽百图仿效，终莫能及，盖得于天地者厚也。宜夫"钗拿"之名[②]，代表国号。释其义，则"支那瓷"之省文也。其声名洋溢，固已久矣。

【注释】

①土苴（jū）：渣滓，糟粕。

②钗拿：英语China的音译。

【译文】

我国的艺术以烧制陶瓷为第一。为什么呢？因为书画、织绣、竹木、雕刻之类完全是人工制造的，器物的精巧可以尽工匠之能事。唯独瓷器，虽然也是由人工制造，但是火候的深浅、釉胎的粗细，却也要依仗于天时和地力，然后才能施展人的技巧。所以，我国制造的各种工艺品，欧美人都视若渣土，唯独对瓷器甘拜下风，尊为瑰丽珍宝。这实在是因为瓷器的精美，世界无比，欧美人虽然千方百计仿造，到底不如，因为得于天时地力太多了。这就难怪欧美用"钗拿"来代我国号。解释"钗拿"的意思，实际就是"支那瓷"的简称。由此

三国　青釉莲花尊

可见瓷器声名远播，确实已经很久了。

　　瓷质之贵，在于瓷泥①。瓷泥也者，以地质学语释之，乃一种富于黏性之冲积土也。大抵由山水冲激，积而成砂，砂复滤细，则成为泥。是种土砂，非随处所恒有。复分各色，有紫、有黄、有褐、有白，而以白为最贵。紫也、黄也、褐也，均无法使之白。而白之一种，千百年来独尊景德镇之所制焉。

【注释】

　　①瓷泥：制作陶瓷的主要原料。因产于景德镇附近的高岭村为最佳而得名，别称"高岭土"。

【译文】

　　瓷器质量之好，在于瓷泥。所谓瓷泥，用地质学的话来说，就是一种富有黏性的冲积土。一般情况下是由山水冲积成砂石，砂石又经过滤变细，就成为泥子。这种砂土，不是什么地方都有的。又分为各种颜色，有紫色，有黄色，有褐色，有白色，而以白色最为珍贵。紫色、黄色、褐色的，都无法使它们变为白色。而白色的瓷，千百年来以景德镇所制为最好。

　　吾华制瓷，可分为三大时期：曰宋，曰明，曰清。宋最有名之窑有五，所谓柴、汝、官、哥、定是也①。更有均窑②，亦甚可贵。其余各窑，则统名之曰小窑详后《说窑》章。而元之一代，历年较短，与宋末不甚相远，亦可附于宋焉。明之最盛，在永乐、宣德、成化、嘉靖、万历数朝③。清又可分为五期，康熙、雍正、乾隆、道光、光绪④，均为一代制作之杰出者。此时代之大较也。至于宋以前，虽隋唐时代有作者，然皆于故录识其名，罕得目睹其物，兹编故断自宋代为始。

【注释】

①柴：指柴窑。传为五代后周世宗柴荣时所烧造，故名。惜柴窑之瓷，今已无完品。汝：指汝窑。我国宋代名窑之首，以在汝州（今河南汝州），故名。官：指两宋官窑。北宋大观、政和年间，在汴京附近设立窑场，由官府直接经营，专烧宫廷用瓷器，即北宋官窑；南宋时在今浙江杭州凤凰山南麓乌龟山郊坛另设新窑，称郊坛下官窑，又称南宋官窑。哥：指哥窑。相传宋代龙泉章氏兄弟各主窑事，哥者称哥窑，为宋代名窑之一。所烧造以纹片著称。至今仍有成品传世，但其窑址未发现。定：指定窑。它是继唐代的邢窑白瓷之后兴起的一大瓷窑体系。主要产地在今河北曲阳的涧磁村及东燕川村、西燕川村一带，因该地区唐宋时期属定州管辖，故名。

②均窑：即钧州窑。古代名窑，始于唐，盛于北宋。以其地处河南禹县，因古属钧州，故名。

③永乐（1403—1424）：明成祖朱棣年号。宣德（1426—1435）：明宣宗朱瞻基年号。成化（1465—1487）：明宪宗朱见深年号。嘉靖（1522—1566）：明世宗朱厚熜年号。万历（1573—1620）：明神宗朱翊钧年号。

④康熙（1662—1722）：清圣祖爱新觉罗·玄烨年号。雍正（1723—1735）：清世宗爱新觉罗·胤禛年号。乾隆（1736—1795）：清高宗爱新觉罗·弘历年号。道光（1821—1850）：清宣宗爱新觉罗·旻宁年号。光绪（1875—1908）：清德宗爱新觉罗·载湉年号。

【译文】

我们中国制作陶瓷可以分为三大时期：即宋、明、清。宋代最有名的窑有五个，就是所谓的柴、汝、官、哥、定。还有均窑，也非常名贵。其他的窑则一概称为小窑详见后面《说窑》一章。而元代历时较短，且与宋末相距不远，也可附属在宋代。明代制瓷最鼎盛时期是在永乐、宣德、成化、嘉靖、万历数朝。清代又可分为五个时期，康熙、雍正、乾隆、道光、光绪都是一代制作的杰出者。以上是时代的大致划分。至于宋代以前，虽然隋唐时期也有制作的瓷器，然而都只是在过去的文献中得识它们的名称，很少能见到实物，因此本书自宋代说起。

陶之为物，发明最古，自有虞氏已见经籍①。此后汉晋瓦器，六朝偶俑②，近年筑路出土者，填溢市肆③，可见吾华历朝制作之大概焉。若瓷之发明，自晋始见于记载。其后元魏、隋、唐④，骎骎渐盛⑤。观陆羽《茶经》所载，则唐时茶具已极精美，可知唐代以越窑著称⑥。陆龟蒙诗云⑦："九秋风露越窑开，夺得千峰翠色来⑧。"孟郊诗云⑨："越瓯荷叶空。"顾况《茶赋》云⑩："越泥如玉之瓯。"诗人屡见诸吟咏，其妙品当可想见。然代远年湮，流传极罕。虽近时出土间有发现，然已在存疑之列，殊难一一考证。清高宗《题鸡缸诗》云⑪："李唐越器人间无，赵宋官窑晨星看⑫。"清初已如此，今更可知矣。

【注释】

①有虞氏：即虞舜，姓姚，名重华，上古部落联盟的首领。

②六朝：三国吴、东晋、南朝宋、齐、梁、陈相继建都建康（今江苏南京），世称为"六朝"。偶俑：陶制或木制，以替代真人的人形殉葬品。这里指陶俑。

③填溢市肆：充满市面上的古玩店铺。

④元魏：即北朝时期的魏朝，以孝文帝迁都洛阳，改本姓拓跋曰元，故称。

⑤骎骎（qīn）：马跑得飞快的样子，比喻事情发展很快。

⑥越窑：唐、五代时最著名的青瓷窑场和青瓷系统，也称"秘色窑"。在越州境内（今浙江余姚上林湖滨湖地区），故名。

⑦陆龟蒙（？—约881）：字鲁望，别号天随子、江湖散人。吴江（今江苏苏州）人。唐代著名文学家和农学家，著有《耒耜经》、《松陵集》等。

⑧"九秋风露"二句：《全唐诗》卷六二九陆龟蒙《秘色越器》诗："九秋风露越窑

开，夺得千峰翠色来。好向中宵盛沆瀣，共嵇中散斗遗杯。"九秋，即秋天，秋季三个月为九十天，故称。

⑨孟郊（751—814）：唐代诗人，字东野。湖州武康（今浙江德清）人。著有《孟东野诗集》。引诗出《全唐诗》卷三八〇孟郊《凭周况先辈于朝贤乞茶》篇。

⑩顾况（727—815）：唐代诗人，字逋翁，自号华阳真逸。苏州（今江苏苏州）人。著有《华阳集》、《顾逋翁诗集》。

⑪清高宗：清乾隆皇帝，庙号高宗。

⑫"李唐"二句：李唐，唐朝皇帝姓李，故唐朝又被称为"李唐"。赵宋，宋朝皇帝姓赵，故宋朝又被称为"赵宋"。

【译文】

陶器的制作，起源最早，在典籍的记载中从虞舜时期就已经出现了。以后如汉晋瓦器、六朝

唐　青瓷双螭耳尊

陶俑，近些年来因修路而出土的器物充斥市面古玩店铺，由此可以大致了解我国历朝历代陶瓷制作的情况。至于瓷器的发明，直到晋代才有所记载。以后到北魏、隋、唐时期很快兴盛起来。看陆羽《茶经》所记载，唐代的茶具已非常精美了，并且也可以知道唐代越窑著称于世。陆龟蒙的诗："九秋风露越窑开，夺得千峰翠色来。"孟郊的诗："越瓯荷叶空。"顾况的《茶赋》写到："越泥如玉之瓯。"诗人们常常吟咏瓷器，瓷器美妙的品质可想而知。但是因为年代久远，实物流传很少，尽管近世出土时有发现，但也已列入存疑之列，更难以一一考证。乾隆皇帝曾作《题鸡缸诗》："李唐越器人间无，赵宋官窑晨星看。"清初已是如此，至今更可想而知了。

至于彩色之发明，亦颇久远。陆羽《茶经》谓：瓯①，越器青，寿州瓷色黄②，洪州瓷色褐③。又谓：碗，越州为上。其瓷类玉、类冰，青而益茶；邢瓷类银、类雪④，白而茶丹。《杜甫集·韦处乞大邑瓷碗》诗云："君家白碗胜霜雪，急送茅斋也可怜。"至如吴越钱镠时有所谓秘色者⑤，蜀王建时又有所谓金棱碗者⑥，观于此则唐时已有青色，有黄色，有褐色，有白色，有金色，几于五光十色矣。近人睹宋代均、哥诸器，制作古朴，色亦简单，遂遇形式古朴者，概以宋元赅之。乌知乎唐代制器，已力求华美如是哉。

【注释】

①瓯：盆盂类瓦器。

②寿州：今安徽淮南，此指寿州窑。

③洪州：今江西丰城，此指洪州窑。

④邢瓷：即邢州窑所出瓷器。邢州窑旧址在今天的河北邢台内丘、临城一带。

⑤至如：连词。表示另提一事。吴越钱镠（liú，852—932）：字具美（一作巨美），小字婆留，临安（今浙江杭州）人。五代吴越国创建者。

⑥蜀王建：五代十国时前蜀皇帝王建（847—918），字光图。陈州项城（今河南沈丘）人，一作许州舞阳（今河南舞阳）人。903—918年在位。

【译文】

至于彩色的发明也很久远了。陆羽《茶经》说：瓯，越州窑瓷色青，寿州窑瓷色黄，洪州窑瓷色褐。又说：碗，以越州窑为上品。这种瓷器似玉似冰，色泽青而与茶色相协调；邢州窑的白瓷似银似雪，白而茶色发红。《杜甫集·韦处乞大邑瓷碗》诗："君家白碗胜霜雪，急送茅斋也可怜。"至于吴越王钱镠时有所谓的秘色瓷，五代前蜀王建时期又有所谓的金棱碗，由此可见唐代已有青色、黄色、褐色、白色、金色等，几乎是五光十色了。现在人们看见宋代的均窑、哥窑等瓷器制作古朴、釉色简单，于是碰到形式古朴的瓷器，便以宋、元一概而论，哪里知道唐代制作的瓷器已经如此力求华美呢？

　　至于瓷而有花，就余所见，则宋时已极精美。宋瓷花之佚丽者①，莫如粉定②。粉定雕花者，穷妍极丽③，几于鬼斧神工。而哥瓷亦有加彩者。若元窑，余亦见有暗花者。余曾见一半瓷半瓦之盘雕凹花加五彩者④，其彩与花异常古拙，是否宋以前物，未敢决定。可知瓷之有花，其滥觞为已古矣⑤。至于明代，则各种花绘，穷态极妍。《佩文斋书画谱》载明代嘉靖官窑花瓷⑥，有五十余种之多，其彩画之诡奇，绘事之伟丽，几于不可方物⑦。所惜者上方贵品，既罕流及人间，而历年既多，残缺不少。重以贾胡辇载⑧，搜及岩穴，遂令朱明遗器⑨，粗伪者充塞市廛⑩，精真者珍同拱璧。然间或一遇，亦足考见前代美术之一斑焉。

【注释】

　　①佚丽：美丽，精美。佚，通"昳"（yì），美。

　　②粉定：瓷器的一种。仿定窑瓷器而和以石粉者称之为粉定。

　　③穷妍（yán）极丽：极其艳丽。妍，美丽。

　　④半瓷半瓦：指介于陶与瓷之间的一种器物。

　　⑤滥觞：比喻事物的起源、发端。

　　⑥《佩文斋书画谱》：一百卷。王原祁、孙岳颁、宋骏业、吴暻、王铨等纂辑，康熙四十七年（1708）成书。书中书画家传记的引证，均注明出处。保存了许多重要的资料，为中国第一部集书画著作之大成的工具书。

　　⑦不可方物：不能识别，无法分辨。此指无可比拟。方物，识别。

　　⑧贾胡：外国商人。辇载：车载运输。辇，车。

⑨朱明：明朝的皇帝姓朱，故又被称为"朱明"。

⑩市廛（chán）：指商肆集中的地方，又称"市井"。

【译文】

　　至于说瓷器表面有花纹，就我所见，宋代时就已经非常精美了。宋瓷中花纹最为精美的要数粉定。粉定雕花的图案极其艳丽，真如鬼斧神工一样奇妙。而哥窑也有施以彩绘的器物。若说元代瓷器，我也见过暗花的。我曾见过一件介于陶与瓷之间的盘子，雕刻凹花，并加五彩，色彩和花纹都异常古拙，未敢轻易判定是否为宋代以前的器物。可见瓷器上绘有花纹，起源是很早了。到了明代，各种花绘美姿都达到了极点。《佩文斋书画谱》记载，明代嘉靖官窑的花绘彩色达五十多种，彩画的怪异奇特，绘工的宏伟壮丽，简直无可比拟。可惜的是皇家珍贵的瓷器很少流散到民间，而且长年累月，已经残缺不少。加之外商多方搜购并且外运，竟然使明代遗留下来的瓷器，粗劣伪造的充满市中店铺，而精美的真品就像大的玉璧一样珍贵。但是，偶尔遇到一件，也就足以考证前代美术的一个方面了。

　　西哲有言："世愈近则愈进化。"以此原则衡之华瓷，乃大不然。观于宋瓷，汝、均、哥诸器，制作凝重古雅，而瓷质之腴润①，釉色之晶莹，历千载而常新。粉定则精丽妍巧②，与清乾隆同臻极轨③。至于元，则反古拙，有类于土缶硎甗④。明永乐影青一种⑤，迥非康、乾之所能及。明宣祭红⑥，天下称为瑰宝，而天启、崇祯⑦，甚至卑无闻焉。康熙花卉人物，似华秋岳、陈老莲⑧。雍正花卉，纯似恽南田⑨，而人物则逊于康熙。至乾隆研炼，瓷质胜于康、雍，而绘画则除古月轩外⑩，稍未之逮。其官窑多作锦地⑪，参入泰西几何画法⑫，虽穷妍极巧，错采镂金，然视康、雍之浑雅高古，雅人视之，殆不如矣。道光则别开一派，虽属小家法，亦有足观者焉。若夫咸、同⑬，殆卑之无甚高论。而光绪近年仿康、乾诸制，往往逼真，鱼目混珠，识者憎之，然不能不谓其美术之精进也。统观诸朝，或盛或衰，殆无常轨，衡以"世愈近则愈进化"之说，乃迥不相侔[14]。律以"人存政举，人亡政熄"之言[15]，则庶几相近[16]。盖瓷虽小道，而于国运世变亦隐隐相关焉。

【注释】

①腴（yú）润：丰润。

②精丽：精华美丽。妍巧：妍丽奇巧。

③同臻（zhēn）：同时达到。臻，到。极轨：最高境界。

④土缶：即土罐。铏（xíng）：通"铏"，盛羹的器皿。羹：用肉或菜调和五味做成的带汁的食物。《说文》："五味和羹。"

⑤影青：又名映青，即青白瓷。是一种胎体薄而能映见手影的青瓷。

⑥明宣：明代宣德年间。祭红：又名霁红、宝石红、鸡红、积红等。祭红釉的配方由红铜条、紫英石合成，兼配碎器、宝石、玛瑙等组成。

⑦天启（1621—1627）：明熹宗朱由校年号。崇祯（1628—1644）：明思宗朱由检年号。

⑧华秋岳（1682—1756）：即华岳，字秋岳，一字空尘，号新罗山人、东园生、布衣生等。福建临汀（今福建永定）人，侨寓扬州。清代著名画家。陈老莲（1598—1652）：名洪绶，字章侯，因好画莲，自号老莲，晚年又号悔迟、勿迟等。浙江诸暨（今浙江诸暨）人。明末清初杰出的画家，工山水、花鸟、书法，尤以人物画成就最高。

⑨恽南田（1633—1690）：名格，字寿平，号南田。武进上店（今江苏常州）人。明末清初著名书画家，著有《瓯香馆集》等。

⑩古月轩：指一种清代的工艺品。它以珐琅彩在玻璃胎上施以彩绘，经高温烧制而成。它是瓷器装饰技法的一种。又称瓷胎画珐琅，后人称古月轩，国外称蔷薇彩。

⑪锦地：用漆填或描绘出华美的纹样作衬地，其上再饰各种图案。

⑫泰西：犹极西。泛指西方国家，一般指欧美各国。

⑬咸、同：即咸丰、同治。咸丰（1851—1861），清文宗爱新觉罗·奕詝年号。同治（1862—1874），清穆宗爱新觉罗·载淳年号。

⑭迥不相侔：完全不符。

⑮人存政举，人亡政熄：出《礼记·中庸》："文武之政，布在方策。其人存，则其政举；其人亡，则其政息。"

⑯庶几：差不多。

【译文】

西方的哲人曾经说过："世愈近则愈进化。"用这条原则来衡量中华的瓷器，就有很大的不同了。看宋代瓷器中的汝窑、均窑、哥窑等器物，制作凝重，古朴雅致，而且瓷质的丰润，釉色的晶莹，虽然经历千年而常常像新的一样。粉定的精丽奇巧，与乾隆年间的瓷器一样达到了登峰造极的地步。至于元代的瓷器，反而古拙有如古时盛酒和羹的土缶、陶硎一样。明代永乐年间的一种影青瓷，绝非康熙、乾隆两朝制品所能相比。明代宣德年间的"祭红"，世间称为瑰宝。然而天启、崇祯年间的瓷器，品质低劣，没没无闻。康熙年间的花卉、人物，好似华秋岳、陈老莲的画风。雍正年间的花卉，如同恽南田所作，而人物就不如康熙年间出色了。到乾隆时期，瓷质的细磨精炼，胜过康熙、雍正时期，绘画方面除了古月轩瓷器之外，大都不如。这一时期的官窑制品喜作锦地，并且糅合了西洋的几何画法，虽然极力追求精美华丽，而使用色彩错综、雕刻金彩等装饰，同康熙、雍正年间瓷器的古朴高雅相比，在风雅之人看来还是略有不及。道光年间又另创一派，虽然气魄不大，但也有可取之处。至于咸丰、同治年间的瓷器，则质量更差到说不上有什么特别的好处了。光绪年间仿制康熙、乾隆年间的瓷器，往往逼真而鱼目混珠，为行家所鄙视，但不能不承认这一时期美术的精到和进步。综观以上各朝，或者兴盛或者衰退，没有一定规律，如果用"世愈近则愈进化"的说法衡量，完全不符。衡量以"人存政举，人亡政熄"的古说，则还差不多。瓷器虽然是小的事物，但同国家命运和世事变化却是隐隐相关的。

宋代制瓷，虽研炼极精，莹润无比，而体制端重雅洁，犹有三代鼎彝之遗意焉①。粉定妍巧极矣，而花纹源出秦镜②，纯白一色，仍极雅净也。至宋末而加彩兴，始稍稍趋于华美。元瓷间有花彩，然大都步宋规模，且不及宋制之精，时露古拙气象。大抵蒙古历年既短，故制品稍逊于宋代欤？有明聿兴③，制作渐备，润色承平，乃及瓷业。龙凤之文最古④，殆沿宋制。由是而花卉，而众兽，而人物，增华饰美，然其时绘事，犹见古朴疏宕之气焉。至清康熙，专以名工制瓷，名手绘画，殆纯入于美术范围，而高穆浑雅之气，犹未尽掩。入雍正，则专以侟丽胜矣。至乾隆，则华缛极矣⑤，精巧之至，几于鬼斧神工，而古朴浑厚之致，荡然无存。故乾隆一朝，为有清极盛时代，亦为一代盛衰之枢组也。政治、文化如是，瓷业亦然。嘉庆虽犹存典型⑥，然仅虎贲中郎之似⑦。道光画笔，出以轻倩，而物料美盛，远逊前朝。咸、同一蹶不振，虽美术退化，亦时势使然也。光绪稍稍复兴，但有形式，而乏精神矣。故观于瓷业之盛衰，与历史世代变迁之局成正比例。然由朴以趋华，由简以趋赜⑧，乃必循之轨也。

【注释】

①三代：夏、商、周三个朝代。鼎：炊器，多为青铜所制。彝：古代宗庙常用礼器的总名。

②秦镜：亦作"秦鉴"。传说秦始皇有一方镜，能照见人心的善恶。

③聿（yù）：文言助词，无义，用于句首或句中。

④龙凤之文：龙与凤形象的纹饰。文，今字作"纹"。本书类此处皆作"文"，下不再一一注出。

⑤华缛（rù）：华采繁富。

⑥嘉庆（1796—1820）：清仁宗爱新觉罗·颙琰年号。

⑦虎贲（bēn）中郎：宫廷卫队的将官名，以指仅能继承守旧，而不能发扬创新者。

⑧赜（zé）：深奥，玄妙。

【译文】

　　宋代制瓷，虽然研炼和烧造非常精到，瓷器晶莹细润无与伦比，但体制端重，雅制高洁，仍有夏、商、周三代鼎彝的遗风余韵。如粉定已是十分纤巧，然而它的花纹来源于秦镜，纯白一色，仍然十分雅致素静。到了宋代末年加彩出现，才稍微趋向于华美。元代瓷器偶尔有花彩绘饰，然大都在宋代瓷器的规模之中，而且还不如宋瓷制作精美，时常显露出古朴拙笨的样子。大概由于蒙古统治时间较短，因此这一时期的瓷器也稍逊于宋代？明朝建立以后，瓷器制作渐渐完备，社会的长期稳定也反映在瓷器制作方面。龙凤纹饰最古，大概沿袭宋代旧制。由龙凤而及花卉、鸟兽、人物，增饰华美。然而那时的彩绘仍旧可以看出古朴疏宕的气韵。至于清代康熙年间，专用技术精良的工匠制瓷和绘画，几乎完全融入了美术的范围，而高古肃穆、浑厚典雅的气质还没有完全消失。雍正年间则专以艳丽取胜。到了乾隆年间，华丽繁缛到达极点，精巧的程度简直是鬼斧神工，而古朴浑厚的气质则荡然无存。所以乾隆一朝实为清代的极盛时期，也是清代由盛转衰的关键时期。政治、文化方面是这样，瓷器制作也是如此。嘉庆年间虽然还存有过去的范型，然而也仅能继承守旧，而不能发扬创新了。道光年间的画风轻倩曼妙，然而在原料华美方面都远远不如前朝。咸丰、同治年间终于一蹶不振，虽然是美术退化，实际上国运时势也是如此。光绪年间稍稍复兴，但只有形式而缺乏内在精神。因此看制瓷业

唐　白瓷长颈瓶

的盛衰与时代的兴衰是成正比的。然而由质朴趋向华美，由简约趋向深奥，乃是必然遵循的规律。

　　古瓷尚青，凡绿也、蓝也，皆以青括之。故缥瓷入潘岳之赋[①]，绿瓷纪邹阳之编[②]。陆羽品茶，青碗为上。东坡吟诗[③]，青碗浮香。柴窑则雨过天青，汝窑、哥窑、龙泉、东窑均主青色，此宋以前尚青之明证也。至均窑始尚红色，元瓷于青中每发紫色，至明宣德祭红则为红色之极轨。康熙郎窑[④]，递衍递嬗[⑤]。而豇豆红、胭脂水[⑥]，尤为时代所尚。故青色以后，红色继兴，至于今益盛，足见由朴趋华之显征也。而西人于重红之外，兼重黑色，青色则稍稍摈弃。此种心理，不解其由，或者物以希为贵欤？由是言之，青为过去之色，红为极盛之色，而黑为异军特起之色。若夫白色者，则除粉定外，不甚见重于世，殆贵华而贱素，固人情所同耶！

【注释】

　　①缥瓷：晋代人对青瓷的一种称谓。语出潘岳《笙赋》"披黄苞以授甘，倾缥瓷以酌醽"句。

　　②绿瓷：唐代人对绿色瓷器的一种称谓。邹阳《酒赋》："醪酿既成，绿瓷既启。"邹阳，齐（今山东东部）人，仕吴王濞，后为梁孝王客。西汉前期散文家，以文辩著称。

　　③东坡：即宋代文学家苏轼，号东坡。

　　④郎窑：清康熙朝郎廷极所监督的江西景德镇窑及其所督造的瓷器之代称。

　　⑤递衍递嬗（shàn）：依次衍生、更替，逐步演变。

　　⑥豇（jiāng）豆红：铜红高温釉中的一种，又名"娃娃脸"、"桃花片"、"美人醉"，为清代康熙晚期出现的铜红釉品种。因其色调淡雅宜人，以不均匀的粉红色、犹如红豇豆一般、造型轻灵秀美而得名。胭脂水：一种低温颜色釉，亦称"金红釉"。以黄金为着

色剂（0.5%—0.6%），釉汁细腻，光润匀净，色如胭脂，故名。

【译文】

　　古瓷崇尚青色，凡是绿色、蓝色，都用青色来概括。所以缥瓷载入了潘岳的赋中，绿瓷记入邹阳的文章。陆羽品茶，以青碗为上等。苏东坡吟诗，赞誉青碗飘浮香气。柴窑的特点是雨过天青，汝窑、哥窑、龙泉窑、东窑都以青色为主色，这就是宋代以前崇尚青瓷的明证。到了均窑才开始崇尚红色，元代均窑瓷器红色中往往复现紫色，到明代宣德年间祭红则成为红色最高楷模。康熙年间的郎窑依次衍生、更替，逐渐演变成豇豆红、胭脂水，尤为当世所推崇。所以青色以后，红色继而兴起，到现在愈加繁盛，足可见由简朴趋向繁华的明显特征。而西方人除尊崇红色之外，同时也看重黑色，对青色则稍稍摒弃不顾。这种心理不好理解，或许是因为物以稀为贵的缘故吧？如此说来，青色是过去的颜色，红色是极盛的颜色，而黑色是异军突起的颜色。若说白色，除了粉定以外不大受重视，也许以华丽为贵而以朴素为贱，这是人之常情！

　　试以瓷比之诗家，宋代之汝、均、哥、定，则谢宣城、陶彭泽也[①]。淡而弥永，渊渊作金石声[②]，殆去《三百篇》犹未远也[③]。元瓷者，其晋人之古乐府欤[④]？质直而有致，朴拙而不陋。若明瓷，则初唐之四杰也[⑤]，壮夐华贵[⑥]，开盛唐之先声，而疏处往往不及来者。至于康熙，殆如李、杜[⑦]，无美不臻，而波澜老成[⑧]，纯乎天马行空，不可羁勒矣。若雍正，颇似王龙标、岑嘉州[⑨]，高华而清贵者也。若乾隆，则似元、白、温、李[⑩]，极妃青俪白之能事[⑪]，所谓千人皆爱，雅俗共赏者矣。嘉庆者，有如晚唐之皮、陆[⑫]，矩矱不失而声价远逊[⑬]。道光品格较小，而饶有别趣，揆之诗家，其殆宋代之姜尧章欤[⑭]？若夫光绪，则明之七子也[⑮]。刻意摹拟古人，其功力亦有独到处，然比之盛唐，则不啻上下床之别矣[⑯]。瓷者，工之美术；诗者，辞之美术，不类而类，亦足资一噱也。

【注释】

①谢宣城（464—499）：即谢朓，字玄晖。陈郡阳夏（今河南太康）人。建武二年（495）任宣城太守，故称。南齐永明体诗的代表作家。陶彭泽（约365—427）：即陶渊明，字元亮，晚年更名潜；一说名潜，字渊明，自号五柳先生。浔阳柴桑（今江西九江）人，东晋末期南朝宋初诗人、辞赋家、散文家。因曾任彭泽县令，故称。著有《陶渊明集》。

②渊渊：鼓声。亦泛用作象声词。

③《三百篇》：《诗经》的代称。《诗经》共三百零五篇，举其整数，则言"三百篇"。

④古乐府：指汉、魏、晋、南北朝的乐府诗。乐府，朝廷掌管音乐的机构，始于秦，汉代相沿以设，最为著名。

⑤初唐四杰：初唐文学家王勃、杨炯、卢照邻、骆宾王的合称。

⑥熬（ào）：傲慢。常用以形容文字超脱不凡。

⑦李、杜：唐朝大诗人李白和杜甫。

⑧波澜老成：形容文章气势雄壮，语句老练。波澜，波涛，形容文章多起伏。老成，指文章很老练。

⑨王龙标（690—756）：即王昌龄，字少伯。太原（今山西太原）人，一说京兆（今陕西西安）人。盛唐著名边塞诗人，后人誉为"七绝圣手"。开元进士，官汜水尉、校书郎，后贬龙标尉，世称"王龙标"。岑嘉州（约715—770）：即岑参，唐代诗人。祖籍南阳（今河南新野），荆州江陵（今湖北江陵）人。曾官嘉州刺史，世称"岑嘉州"。

唐　寿州窑瓷汤瓶

⑩元、白、温、李：指中唐诗人元稹、白居易及晚唐诗人温庭筠、李商隐。

⑪妃青俪白：即俪青妃白，用青配白，比喻文句对偶工整。俪，成双，成对。妃，同"配"。

⑫皮、陆：指晚唐诗人皮日休、陆龟蒙。

⑬矩矱（yuē）：规矩法度。

⑭姜尧章（1155—1221）：即南宋著名词人兼音乐家姜夔，字尧章，号白石道人，世称"姜白石"。江西鄱阳（今江西鄱阳）人。

⑮七子：明代的两个文学流派，有"前七子"与"后七子"之分。"前七子"包括李梦阳、何景明、徐祯卿、边贡、康海、王九思和王廷相；"后七子"指李攀龙、王世贞、谢榛、宗臣、梁有誉、徐中行、吴国伦。

⑯啻（chì）：仅仅，只有。上下床：《三国志·魏书·陈登传》：汉末许汜遭乱过下邳，见陈登，登轻视汜，自上大床卧，使汜卧下床。后汜以此事告刘备，备曰："君求田问舍，言无可采，是元龙（陈登之字）所讳也，何缘当与君语？如小人，欲卧百尺楼上，卧君于地，何但上下床之间邪？"后以"上下床"喻高低悬殊。

【译文】

试以瓷器与诗人相比附，宋代的汝窑、均窑、哥窑、定窑，好似谢朓、陶渊明，恬淡而长久，幽幽然作金石之声，俨然与《诗经》相距不远。元代的瓷器，是否可以比作晋代的古乐府呢？质朴坦白而有趣味，古拙而不粗劣。明代的瓷器犹如初唐四杰，雄壮超拔而华贵，开启盛唐先声，而疏放往往不及后人。至于康熙年间的瓷器，相当于李白、杜甫，无美不备而气势波澜壮阔，功力老成，纯粹似天马行空一般无所约束。若论雍正瓷器，则很像王昌龄、岑参，高贵华美而清新可贵。乾隆瓷器则好似元稹、白居易、温庭筠、李商隐，能使青白浑然一色，各有千秋，千人皆爱，雅俗共赏。嘉庆瓷器有如晚唐的皮日休、陆龟蒙，虽未失规矩法度，但声价已远不及从前。道光瓷器在品格上较小气，却也别有趣味，如果和诗人相比的话，是否和宋代的姜夔有些相像？至于光绪年间瓷器，就好似明代前后七子。刻意模仿古人，虽然也有一些成就，但和盛唐诗人相比，则高低悬殊甚大。瓷器是工艺的美术，诗歌是语言的美术，二者不属一类，而作类比，可博一笑。

　　吾华诸美术，以论书、画之书为最多，以其与文人气习近也。若刻印，若范铜①，则稍罕矣，而论瓷之书，尤寥寥若晨星。盖工艺为自来文人所弗习，而美术又非专家莫解也。明代品瓷，作者较夥，屠隆之《考槃余事》、黄一正之《事物绀珠》、张应文之《清秘藏》、谷应泰之《博物要览》②，源源本本，勒为专书，后世犹可考见。至项子京《瓷器图说》③，则彬彬美备，译有英、法各国文字，西人考瓷者，皆以是为蓝本焉④。有清以来，朱琰之《陶说》、程哲之《窑说》、唐英之《窑器肆考》、蓝浦之《景德镇陶录》⑤，亦复有名于时，然多详于远代而略于近也。寂园《陶雅》⑥，赡博极矣。然自谓未尝厘订体例⑦，区别部分，初学者殊有望洋之叹，则美犹有憾也。谫陋如余⑧，敢言述作？然笃志所嗜，研究遂勤，日笔月识⑨，居然成帙。窃慨乎吾华绝业，不绝如缕，生瓷国而不解言瓷，厕工癖而不能知工⑩，吾党之耻也。于是乎本其一得，发为兹编。世多博雅，乌足邀其一哂？然抱残守缺之思，凿险缒幽之想⑪，则固已锲而不舍矣。以新体之悬谈⑫，作孝标之自序⑬，跫然足音⑭，似人而喜，或者其许我乎？

【注释】

　　①范铜：铜器制作。范，模子。

　　②屠隆之《考槃余事》：《考槃余事》十七卷，明末屠隆（1541—1605）撰。屠隆字长卿，又字纬真，号赤水。鄞县（今浙江宁波）人。另著有《凤仪阁乐府》、《安罗馆清室》等。黄一正之《事物绀珠》：《事物绀珠》四十一卷，明黄一正编。黄一正字定父，扬州（今

江苏扬州)人。张应文之《清秘藏》:《清秘藏》二卷,明张应文(?—1595)撰。张应文字茂实,号彝甫,别号被褐先生。嘉定(今上海嘉定)人。谷应泰之《博物要览》:《博物要览》十二卷,明谷应泰撰。天启间(1621—1627)刊行。其书论列古器物、字画、织绣、印宝等艺术品。

③项子京《瓷器图说》:《瓷器图说》,项子京(1525—1590)撰。项子京,名元汴,以字行,号墨林。嘉兴(今浙江嘉兴)人。明代收藏家、画家。他家境富裕,广搜法书名画,因而熏习既久,书画自通。

④蓝本:古籍版本的一种形式。由于蓝印本是一部书雕版之后最早的印本,因此就有"初印蓝本"之称。

宋　白釉透雕熏炉

⑤朱琰之《陶说》:《陶说》六卷,清朱琰撰。朱琰字桐川,别号笠亭。海盐(今浙江海盐)人。乾隆三十一年(1766)进士。另著有《金华诗录》、《明人诗钞》、《笠亭诗钞》等。程哲之《窑说》:《窑说》一卷,清程哲撰。程哲字圣跂,歙县(今安徽歙县)人。唐英之《窑器肆考》:《窑器肆考》,清唐英撰(一说唐秉钧撰)。唐英字俊公,一作隽公,一字叔子,晚号蜗寄老人。沈阳(今辽宁沈阳)人。官内务府员外郎、九江关监督。绘有《陶成图》,作《陶成纪事》碑文,著有《古柏堂曲》十七种。蓝浦之《景德镇陶录》:是书为蓝浦原著,后经弟子郑廷桂增补为八卷,另加入卷首《图说》和卷尾《陶录余论》共十卷。蓝浦字耕余,一字滨南。景德镇(今江西景德镇)人。

⑥寂园《陶雅》:二卷。寂园,即寂园叟,真名

陈浏（1863—1929），江浦（今江苏南京）人。所著《陶雅》一书，对陶瓷的起源，古代瓷器的胎质、釉色、装饰以及陶瓷销售情况均作了记述。这部书对研究中国制瓷历史，特别是研究清代制瓷状况，具有重要参考价值。

⑦厘：整理。

⑧谫（jiǎn）陋：浅薄。

⑨识（zhì）：记。

⑩厕：参与。工：建筑。廨：古时官吏办公的地方。

⑪凿险缒（zhuì）幽：此言深入探讨。

⑫悬谈：佛教讲经者于讲经前先概述篇章要义，称"悬谈"。

⑬孝标：即刘峻（463—522），字孝标。平原（今山东德州）人，南朝梁学者兼文学家。以注释刘义庆等编撰的《世说新语》而著闻于世，文章亦擅美当时。

⑭跫（qióng）然足音：寂寞中难得的来客。跫，脚步声。

【译文】

我们中国的各种美术，以论书画的书籍最多，因为书画与文人的气质习性相近。若论制作印章、铸造铜器的书籍就稍少了，而专论瓷器的书籍尤其寥寥无几。这是因为工艺历来为文人所不研习，而美术又非专家不能理解。明代品瓷的著作比较多，屠隆的《考槃余事》、黄一正的《事物绀珠》、张应文的《清秘藏》、谷应泰的《博物要览》等，追本溯源，著为专书，后世人们仍可作为参考。至于项子京的《瓷器图说》，则文质完美齐备，被译为英、法等国文字，西方人考证瓷器都是以此作为蓝本。清代以来，朱琰的《陶说》、程哲的《窑说》、唐英的《窑器肆考》、蓝浦的《景德镇陶录》等，也都闻名于当时，然而多详述于远古而略说近代。寂园叟的《陶雅》，丰富广博。但他自认为未曾整合体例，区别部分，对于初学者来说难免望洋兴叹，实为美中不足。像我这样才疏学浅之人怎能妄言著述？然而一心专于所好，勤于研究，天天作笔记，居然成卷成册。有感于陶瓷为我国之一绝，至今不绝如缕，生在瓷国而不懂瓷器，身在工厂却不了解工艺，是我辈为人的羞耻。于是本着一点心得体会，著成此书。而社会上有许多渊博文雅之人，哪里值得他们一笑？然而守求残存不完之旧物的思考，探古寻幽的想法，却早就是锲而不舍了。以新体裁的高谈，作刘峻那样的自序，正如寂寞中听到脚步声似有人来而感到欣喜，也许就会给我一些肯定了吧？

【点评】

本章是全书开篇，题曰"概说"，是总论全书要义及其作书之缘由意图。读之可以提纲挈领，见全书内容之大概，兼知作者研治瓷史之门径，鉴陶知真之境界，谈古论艺之情趣，由此深入瓷学的研习。

首节"吾华美术"云云论中国瓷艺在中国与世界的独特地位。首句说"吾华美术，以制瓷为第一"，虽为自重其书，但也诚如以下所说，在我国先民无数的发明创造之中，比较其他如书画、织绣、竹木、雕刻之类，陶瓷却是中国对人类艺术特殊的贡献。其他艺术完全或主要依赖于人工之巧，易于仿作，甚至还可能后来居上。唯独瓷艺，不仅要靠人工之巧，还要有独特优质的原料以及窑火的偶然凑合。原料为特产，得之于天然，不可能无中生有；窑火在陶瓷烧造中的变化，多半属运气，有规律的话也只可意会而不可言传，更不可能无师自通。所以欧美人在陶瓷制作上只好甘拜下风，推中国陶瓷为世界第一，无比敬重，乃至以"瓷"为中国标志，称中国为"China"即"瓷国"。

因此，历史地看，"China"之称，既是对中国陶瓷艺术的高度肯定，也凸显了陶瓷在中西文化交流史上的特殊地位。即它既是人类兼实用与观赏为一体的艺术品，更是历史上中国通往西方最早的艺术"名片"。世界因陶瓷认识了中国，中国也因陶瓷打开了通向世界的一扇扇大门！这个事实证明一个颠扑不破的真理，即无论一个人、一个国家或民族，无论在物质或精神的领域，都不仅要勤劳苦干，更要努力发明和创新！只有发明和创新，才能够真正自立，不断进步，坚实地走在人类世界发展的前头。成功与荣誉，永远只青睐于不断发明，勇于并善于创新的个人、国家与民族！

虽然此节之意，多袭自《陶雅》原序一，但作者似不是为了讨巧，而是在关乎陶瓷与中国的关系上，中国人同此心，心同此理，不得不人云亦云罢了。

第二节"瓷质之贵"论国瓷之优在于瓷泥。瓷泥乃山水冲激滤细沉积而成，有多种颜色，而以白为贵，我国江西景德镇有最好的瓷泥高岭土，所以"千百年来独尊景德镇之所制焉"。顺便说到景德镇的这种瓷泥，因产于高岭村而得名。但除景德镇之外，江苏、浙江、湖南、福建、广东等省也有出产，但均不如景德镇所产质地为优。

第三节"吾华制瓷"为瓷史分期，是为首创。所立宋、明、清三期说，看似除了以元附宋之外，只是简单地以朝代作了区别，但其于宋举"柴、汝、官、哥、定"五大名窑，于明举永、宣、成、嘉、万，于清举康、雍、乾、道、光，各以五朝为盛，裁断甚明，符合实际，亦便于初学者记忆。但中国陶瓷发明甚早，本书以瓷史断自宋始，是就当时所见陶瓷实物的历史而言，可知其主要为窑史考证、瓷器鉴识而作。若真正学术意义上的瓷史分期，至少还应上溯晋唐；而考古证明，早在汉代就已经有瓷器了。

第四节"陶之为物"述陶之发明以及于瓷的历史，历叙晋唐诗文有关当时瓷器的描绘。本书所谓无实物的历史，但有关的记载比这里提到的要早得多，东汉许慎《说文解字》即已经有"瓷"字。

第五节"彩色之发明"与第六节"瓷而有花"分述瓷之彩绘的发明与发展，历代彩绘之区别，可资瓷器断代参考。

第七节"西哲有言"论瓷史发展的规律，以为瓷器制作的精美，元不如宋，明末不如明初，清乾隆瓷的绘画大都不如康熙、雍正年间……如此等等，表明瓷艺的发展，非因于时代的先后，而与国运兴衰、世道隆降密切相关。西哲所谓"世愈近则愈进化"之说，至少在瓷史上看并不合于实际。其在准确说明历代瓷艺兴衰的同时，兼驳西方理论家关于社会发展的"世愈近则愈进化"的"进化论"，强调一代政治兴衰影响艺术发展的作用，使本书论瓷史而具社会政治的眼光，是与前人诸作一个很大的不同。但也未免偏颇，因为从总体上说，瓷艺的发展仍是后出转精，为进化的趋势。

第八节"宋代制瓷"承上专论宋、元、明、清瓷艺的兴衰，大体宋代空前兴盛，元不如宋，明代越元接宋，创新显著。清代以乾隆一朝为分界，瓷艺与国运皆盛极而衰。纵观历史，则国强而瓷业盛，国弱而瓷业衰。但制瓷之艺术"由朴以趋华，由简以趋赜"，则所向如一，这又是瓷与社会及其自身发展的规律。自有说瓷者，未有此说，是本书的一个贡献。

第九节"古瓷尚青"论国瓷历代好尚，宋及宋以前尚青色，所以青瓷为国瓷之祖。但宋代已有均窑瓷器尚红色，元代继之。至明代宣德瓷有祭红，红瓷遂为国瓷正宗，至清末民国不替，即今所谓"中国红"。青瓷、红瓷之外，尚有黑瓷、白瓷，白瓷中的粉定也称珍品，但总体来看，由崇青而重红，是我国历史上瓷器审美之大趋势。作者谓此由于人情"贵华而贱素"，是有道理的。以下以诗说瓷，前无古人，后无来者，是一个创造。作者是文学史名家，于诗词戏曲研精思深，又精通瓷史，妙鉴瓷之艺术，故能打通二艺，作"不类而类"之比。使见制瓷或品瓷之艺术，犹如作诗与品诗，有思理一致、异曲同工之妙。一般鉴赏收藏家或不易领略，但文人学士，尤其治文学者，于此节论述，当不难会心，而叹其可谓诗家之瓷品，瓷艺之诗学也。

第十节"吾华诸美术"论瓷学史，历叙明以前有瓷说而无瓷书，明代瓷书始多，而以项子京《瓷器图说》为最，早经译为英、法等国文字，成为西方人考证中国瓷器的根据。清代瓷学大盛，但所记载研究，多详古而略近。唯寂园叟《陶雅》，内容最为富赡，却又体例未精，不便学者入门，所以有《饮流斋说瓷》之作。这是作者自说作书之由，但因此缕述瓷学史略，备言致力瓷学之志，以及此书写作之甘苦，可以增广有关瓷学历史之知识，知此书后来居上之特点，给阅读以很大的方便。

总之，本章以上十节，纵说横说，于中国瓷史诸主要方面都略为揭示，言简意赅，颇多发明，当时为最新概括，而见识也多高明，有的至今看来，也足发人深省。特别是其结合国运兴衰以言瓷史，既体现了进步的历史观，也蕴含了发愤著书的精神，值得尊敬和学习。

饮流斋说瓷

说窑第二

蕙卿兄盥月故装屏

副题《凯风土》。元汉隆作，描写出集计山鹿冬秋时节……
——从书写本

"柴汝官哥定"一语，为瓷学家之恒言，皆宋窑名也。兹编断自宋始，则五窑不可以不详①，其余有名各窑，亦当递述也。说之如下：

【注释】

①五窑：宋代名窑，即柴、汝、官、哥、定诸窑。

【译文】

"柴汝官哥定"一语是瓷学家的常言，都是宋代瓷窑的名字。本书自宋代开始断代，则对于这五大名窑不能不详加说明，其余的名窑也当依次论述。论述如下：

柴窑　　在河南郑州，即柴世宗所创也①。相传当日请器式，世宗批其状曰："雨过天青云破处，者般颜色作将来②。"二语可以想见。《陶录》谓其"青如天，明如镜，薄如纸，声如磬"③。然"薄如纸"一语，乃指釉汁言，非指瓷胎言也。"青如天"一语，亦不尽然。柴窑固以天青为主色④，但据《博物要览》则尚有虾青、豆青、豆绿等色⑤，不止天青一色也。釉中有细文开片⑥，见于豆绿色者较多。无釉之处悉呈黄土色，然滋润细媚，为古来诸窑之冠。在明代已不易见，近筑路掘出陶器颇多，间有类此者，尝于某公座上见之，或者天壤奇宝⑦，不肯终秘人间耶？

【注释】

①柴世宗：名荣，五代十国后周皇帝，公元954—960年在位。

②者般：这般，这样。

③《陶录》：即《景德镇陶录》，清景德镇人蓝浦及其弟子郑廷桂撰。

④天青：深黑而微红的颜色。

⑤虾青：虾青色。豆青：像青豆一样的颜色。豆绿：如同青豆一样的绿色。

⑥开片：亦称"冰裂纹"，瓷器釉面的一种自然开裂现象。

⑦天壤：天地。

【译文】

柴窑　　在河南郑州，是柴世宗所创设的瓷窑。相传当日臣子向他请教瓷器的制作样式，柴世宗批示其式样道："雨过天青云破处，者般颜色作将来。"这两句话可以想像出来。《景德镇陶录》说柴窑瓷器"青如天，明如镜，薄如纸，声如磬"。但"薄如纸"这句话是指釉汁，不是指瓷胎。"青如天"这句话也不太准确。虽说柴窑原以天青色为主色，但据《博物要览》记载，还有虾青、豆青、豆绿等色，并不止天青一色。釉彩中还有细密的开片，多见于豆绿色。没有釉彩的地方全露黄土色，然而细润柔媚为自古以来各窑中最好的。在明代已不易见，近来因为修路出土陶瓷不少，偶有类似的，我曾在某公府上看到过，或许是因为天地间的奇宝不会永远秘藏在人间吧？

汝窑　　在河南汝州，北宋时所创设也。土细润如铜，体有厚薄，汁水莹润①，厚若堆脂。有铜骨无纹者，有铜骨鱼子纹者，有棕眼隐若蟹爪文者尤佳②。豆青、虾青之色居多，亦有天青、茶末等色③。无釉之处所呈之色，类乎羊肝④，底有芝麻花细小挣钉⑤，乃真物也。其色纯静深穆。余前云"俨有三代鼎彝气象"者，即感于此而言。

【注释】

①汁水：釉层。莹润：晶莹润泽。

②棕眼：又称"针眼"、"毛孔"、"猪毛孔"，即釉面上密密麻麻似橘子皮样的小孔。蟹爪文：釉面好似螃蟹的爪子爬过后，所留下的不规则的弧线形状。

③茶末：即茶叶末釉。瓷器釉色名。釉料中含铁和锰，经高温还成焰烧成时析出结晶，釉呈失透的黄绿色，在黄绿底色上闪出犹如茶叶细末的黄褐色细点，故名。

④羊肝：指羊肝色，即紫黑色。

⑤挣钉：上尖下圆的痕迹。

【译文】

汝窑　　在河南汝州，北宋时所创设。胎土细润如铜，胎体有厚有薄，釉质莹润，厚如堆积的脂肪。有的是铜色胎骨而无开片纹，有的是铜色胎骨还带有鱼子纹，有棕眼隐约好似蟹爪纹的

宋　汝窑洗

为最佳。豆青、虾青等釉色居多，也有天青、茶叶末等釉色。没有釉的地方露出来的颜色如羊肝，瓷器底部有芝麻花似细小挣钉痕迹的才是真品。汝窑瓷器釉色纯正肃穆。我前面说"俨然有三代鼎彝的气象"，就是因此有感而发。

官窑　　宋大观、政和间在汴京所造①。体薄色青，有带粉红色者，浓淡不一，有色带白而釉薄如纸者。大观中，尚月白、粉青、大绿三种②。有蟹爪文、紫口铁足③，盖其胎本紫色也。然宋官窑有数种，南渡后④，邵成章于修内司烧造曰内窑⑤，亦名官窑。其后郊坛下别立新窑⑥，亦曰官窑。是宋时已有旧京、修内司、郊坛下三种⑦。唐氏秉钧谓⑧："旧京著时未久，当以修内司所造为上，新窑为下。"当时已分差等矣。南宋余姚秘色瓷⑨，后人亦目之为官窑，大抵皆仿汴京遗制，递衍递嬗也。

【注释】

①大观（1107—1110）：宋徽宗赵佶年号。政和（1111—1117）：宋徽宗赵佶年号。汴京：北宋都城，今河南开封。

②月白：白色泛蓝，近似月色，故称。

③紫口铁足：官窑、哥窑共同特征。本书《说胎釉第三》曰："紫口铁足，谓口际有边，深黄而近紫，足则铁色也。"

④南渡：北宋末，汴京（今河南开封）失陷，朝廷南迁临安（今浙江杭州），史称"南渡"，是为南宋。

⑤邵成章：名谔。南宋内侍，绍兴中奉诏主修乐礼器，百公皆隶之，谓之邵局。修内司：南宋内府之名，亦管理瓷器的烧造。

⑥郊坛：故址在今杭州南郊乌龟山西麓。

⑦旧京：指北宋京城汴梁官窑。

⑧唐氏秉钧：即唐秉钧，字衡铨。上海（今上海）人。清代医家，撰有《人参考》一卷。

⑨余姚：今浙江余姚。秘色瓷：古代名窑进贡朝廷的一种特制瓷器精品，简称"秘瓷"。秘色，吴越国钱氏割据政权控制了越窑场，命令这些瓷窑专烧供奉王官用的瓷器，秘不示人，庶民不得使用；且釉药配方、制作工艺保密，故名。

【译文】

官窑　宋代大观、政和年间在汴京所设造。胎体轻薄而釉色发青，有带粉红色的，色调浓淡不一，还有釉色发白而釉薄如纸的。大观年间崇尚月白、粉青、大绿三种釉色。有蟹爪纹、紫口铁足，大概因为其胎体原本是紫色。然而宋代官窑有数种，宋朝南渡以后，邵成章在修内司烧制的瓷器称内窑，也称作官

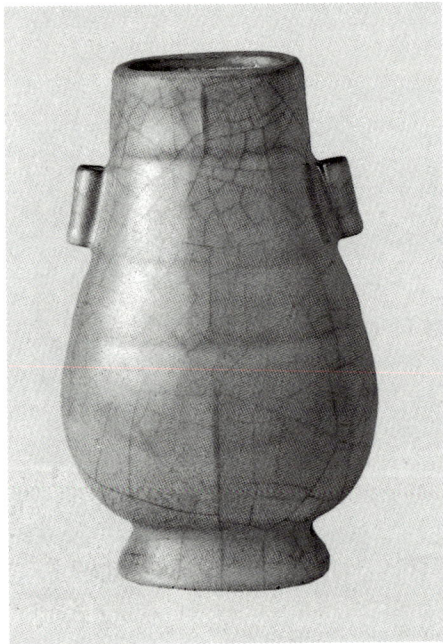

宋　官窑贯耳瓶

窑。后来又在郊坛下另立新窑，也称官窑。这样宋代的官窑已有旧京、修内司、郊坛下三种。唐秉钧说："旧京官窑历时不长，应以修内司官窑瓷器为上，新窑瓷器为下。"当时已经区分等次了。南宋余姚的秘色瓷，后人也视之为官窑，大概因为仿制汴京的旧制，依次衍生更替，逐渐演变相传下来。

哥窑 宋处州龙泉县人章氏兄弟均善治瓷业①。兄名生一，当时别其名曰哥窑。其胎质细，性坚，其体重，多断纹，隐裂如鱼子②，亦有大小碎块文，即开片也。釉以米色、豆绿二种居多，有紫口铁足。无釉之处所呈之色，其红如瓦屑。其釉极厚润纯粹，历千年而莹泽如新。元末明初暨清唐英屡有仿制，然远不逮宋制之精矣。但近年以来，不甚为时人所重，因之价值稍贬。

【注释】

①处州：清代处州府，今浙江丽水。龙泉：今浙江龙泉。

②鱼子：指瓷器开片中纹路交错，形成许多细眼，状如鱼子，故名。

【译文】

哥窑 宋代处州龙泉县章氏兄弟都擅长制瓷。哥哥名叫生一，当时为了以示区别，把他烧制的瓷器称为哥窑。哥窑瓷器胎质细腻坚实，胎体沉重，多有断纹，隐隐开裂如鱼子一样，也有大小碎块纹，就是所谓的开片。釉色以米色和豆绿色两种居多，紫口

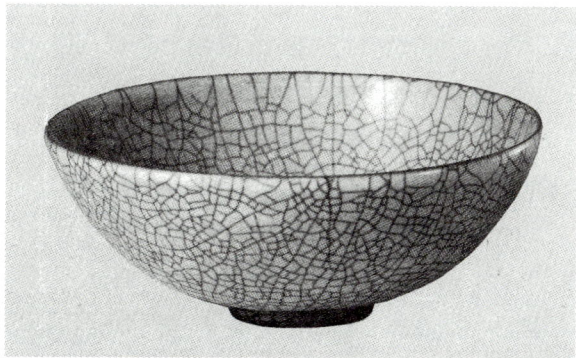

宋　哥窑碗

铁足。无釉处显红色如瓦屑，其釉质极厚且晶莹纯粹，历经千年而莹泽如新。元末明初以及清代唐英多有仿制作品，但远不如宋代制品精美。然而近年来不太被今人所重视，因而略有贬值。

定窑　　在直隶定州①，所造者名曰北定，宋初所建设也。南渡后，在景德镇制者名曰南定，以其釉似粉，故通称曰粉定。

北定，其质极薄，其体极轻，有光素、凸花、划花、印花、暗花诸种②。大抵有花者多，无花者少。花多作牡丹、萱草、飞凤、盘螭等形③，源出秦镜，其妍细处几疑非人间所有，乃古瓷中最精丽之品也。开片者，其开片皆系柳文④，白骨而加以釉水⑤，有如泪痕者⑥，亦为佳品。口底率漏胎⑦，故其口往往有以铜镶之者。南定之胎质极细，色极白，其釉亦系白玻璃釉，惟澄清之处略闪豆绿色耳。釉中有鼓花者⑧，有不鼓花者，其形式与北定相同⑨，而胎釉微有小异。

凡粉定之真者，其釉光而且润，与旧象牙同。釉中多有柳文开片，与伪造之开片不同。伪者之釉或太混、或太干、或太透亮、或太暗淡，万难如旧者之润亮也。

粉定种类不一，胎有厚薄，色以闪红者为贵，闪黄者次之，闪黄即牙色也。有开片，有不开片。明代成化仿者亦佳，乾隆以后遂无仿之者矣。

【注释】

①直隶：清初设直隶省，1928年改为河北省。

②光素：光辉皓白。凸花：剔花的纹样微凸出，故称凸花。划花：瓷器的传统装饰技法之一。在尚未干透的陶瓷器表面用木刀、竹条、铜铁制器等尖状工具浅划出的线条状花纹。印花：用带有图样的陶范压印有凹凸花的花纹。暗花：瓷器坯上刻花后施釉，形成的

隐露的花纹。

③萱（xuān）草：一名忘忧草，传说孕妇佩之生男，也称"宜男草"。螭（chī）：龙。

④柳文：又名"柳叶纹"，形如垂柳，即细长的开片纹。

⑤白骨：即胎骨、坯胎。

⑥泪痕：因釉的垂流积聚处而呈泪痕状，故称。

⑦漏胎：露胎。

⑧鼓花：即凸花。

⑨形式：器形样式。

【译文】

定窑　在直隶定州制造的称北定，宋代初年所建。宋室南渡以后，在景德镇制造的称为南定，因为它的釉色似粉白，故又通称为粉定。

北定瓷器，胎质极薄，胎体极轻，有光素、凸花、划花、印花、暗花等多种，大体说有花的多，无花的少。花纹多作牡丹、萱草、龙凤、盘螭等形状，多源出秦镜，其美妍精细的程度，几乎让人怀疑不是人间所有，实为古瓷中最精美的物品。定窑瓷器开片都是柳叶纹，白色的胎体加以釉彩，宛如泪痕的也为佳品。口底多露胎，所以口部常常有铜镶边。南定的胎质极其细腻，釉色极白，其釉质也是白玻璃釉，只有澄清的地方稍闪豆绿色而已。釉有凸花的，也有不凸花的，器形样式与北定相同，

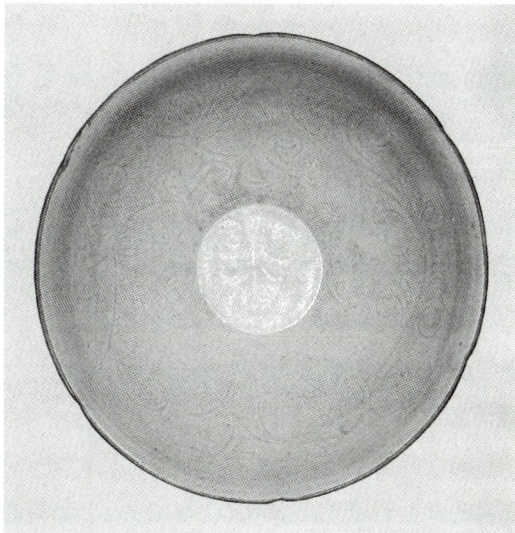

宋　定窑划花萱草葵半口碗

只是胎釉有微小区别。

凡粉定真品，釉质光亮而且莹润，与旧象牙相似。釉上多有柳叶纹开片，与伪造的开片不同。伪造瓷器的釉质或过于混浊、或过于干燥、或过于透亮、或过于暗淡，万万不如旧物那样润亮。

粉定器物种类不一，胎体有厚有薄，釉色以闪红者为贵，闪黄者为次，闪黄即牙色。有的开片，有的不开片。明代成化年间的仿品很好，乾隆以后便没有仿制的了。

章龙泉窑　　宋龙泉人章生二所陶器名曰章龙泉窑，又名弟窑。前所述章生一之哥窑，即其兄也。章窑与哥别者，哥有纹，弟无纹，以是为特异之点。有粉青色、翠青色，深浅不一，足亦铁色。龙泉不自章始，古龙泉不易见，章所仿制，大致同古而较精致耳。今人但称章制为龙泉，古制已为所掩矣。

明仿龙泉，与宋无甚大异，惟其色略淡，其釉略薄耳。清唐英在景德镇所仿釉乃迥乎不同，大抵豆绿色有暗花者即唐英所仿也。

龙泉豆绿者与汝窑大致相同，往往易于相混。今为析之：汝胎粗而略糠，龙泉坚而且细；汝釉薄而清，龙泉釉厚而混；汝无釉之处色如羊肝，龙泉无釉之处色如瓦屑；汝釉上有光，透脱如料，龙泉釉上无光，滋润若玉；汝多有鱼子文，少有蟹爪文，龙泉间有蟹爪文，绝无鱼子文。其相异之点在此。

【译文】

章龙泉窑　　宋代龙泉人章生二所制的瓷器称作章龙泉窑，又叫弟窑。前面所讲烧制哥窑的章生一，即是他的兄长。章龙泉窑与哥窑的区别在于，哥窑有片纹，弟窑无片纹，以此为不同之处。有粉青色、翠青色，深浅不一，底足也是铁色。龙泉窑并非始自章龙泉窑，而古龙泉窑瓷器已不易见到，只是章生二所仿制的瓷器大致与古龙泉窑相同而较为精致而已。今天的人称呼章龙泉窑瓷器为龙泉，而古龙泉窑瓷器早已为其掩盖了。

明代仿制的龙泉窑与宋代无太大区别，只是釉色稍淡，釉层稍薄而已。清代唐英在景德镇的仿制品，胎釉则很大不同，大体说来豆绿色有暗花的即是唐英所仿之物。

龙泉窑的豆绿色与汝窑大致相同，往往容易混淆。今为之分辨：汝窑胎质粗糙而略糠，龙泉窑坚实而细致；汝窑釉质薄而清，龙泉窑釉质厚而混；汝窑无釉之处像羊肝色，龙泉窑无釉之处如瓦屑；汝窑釉上有光泽而莹润透彻，龙泉窑釉上无光泽而滋润如玉；汝窑多有鱼子纹，少有蟹爪纹，龙泉窑偶有蟹爪纹，绝没有鱼子纹。其不同之处就在这里。

宋　龙泉窑凸花葫芦瓶

均窑　　宋初禹州所造[1]。禹州昔号钧台，"钧"讹作"均"，相沿已久。胎质细，性坚，其体略重。釉具五色[2]，浑厚浓润，有兔丝文[3]。红若胭脂、朱砂者为最，青若葱翠、紫若墨者次之。初制者色纯无少变杂，后制有青紫相错如垂涎者，皆烧不足之故，而世人往往尊视此种。犹之佳砚本不宜有鸲鹆眼[3]，而人反以鸲鹆眼为贵也。其釉分为两种，一曰细平釉，一曰橘皮釉。橘皮釉亦属后起者，故兼有紫斑者居多，平釉有紫斑者绝少也。

均窑之底有一、二、三、四等数目字为识，或谓红色等器以一、三、五、七等单数为识，青色等器以二、四、六、八等双数为识，此说乃不尽然。惟六角花盆必如是耳，余器则不拘此例。均釉厚而且润，若蜡泪之成堆。惟纯色者混而且匀，釉中多有蟹爪文，无釉之处呈羊肝色或芝麻酱色，乃真物也。伪者釉薄而不匀，其色非偏于蓝，则偏于灰，与纯正天蓝色迥异，无釉漏胎之处，亦不能呈羊肝色，纵有之，亦是先抹后烧者也。

均窑与元瓷辄易相混，然实大有别也。均釉厚而匀，元瓷釉厚而垂；均之胎、釉皆细，元瓷之胎、釉皆粗；均之釉无论深浅浓淡皆混然一律，元瓷之釉浓处有时或起条文，浅处有时仍见水浪⑤。

均窑之天青色者，肆人呼为月白⑥，盖仿柴之雨过天青也。紫釉而无蚯蚓走泥纹者⑦，殆不如月白而能莹润。然人恒往往重紫而轻月白，所谓痼习者非耶⑧？

【注释】

①禹州：今河南禹州。

②五色：指孔雀蓝、孔雀绿、深红、深褐和黑色。

③兔丝纹：色彩交错的兔毫纹样式。

④鸲鹆（qú）眼：指端溪砚石上具晕重状的圆形斑点，其状很像鸲鹆的眼睛。

⑤水浪：指釉面乍看似乎滑，但如闪光处细看则釉中起伏如水波状，俗名"浪荡釉"。

⑥肆人：市井之人。

⑦蚯蚓走泥纹：状似蚯蚓在地上留下的泥痕，为均窑器物中常见的一种特征。

⑧痼（gù）习：长期养成不易改掉的癖好或习惯。

【译文】

均窑　　宋代初年禹州所制造。禹州昔日称为钧台，"钧"字讹作"均"字，相互沿袭已久。胎质细密，质地坚固，胎体略重。釉具有五种颜色，深重浓润，有兔丝纹。红若胭脂或朱砂的为最佳，青似葱翠、紫如黑色的稍次。初期制品釉色纯净没有一点变杂，后期制品有青紫交错好似垂流的口涎，这是烧制时间不足所造成的，然而世人却往往重视这种。就好像上等砚不宜有鸲鹆眼，而人们反以有鸲鹆眼为贵一样。它的釉质可分为两种，一种是细平釉，一种是橘皮釉。橘皮釉也属于后起之物，所以大多数兼有紫斑，细平釉很少有带紫斑的。

均窑瓷器底部有数字一、二、三、四来作标记，或许认为红色等器物就用一、三、五、七等单数来标记，青色等器物就用二、四、六、八等双数来标记，此种说法也不完全正确。只有六角花盆才一定这样，其他的器物则不限此例。均釉厚而且莹

宋 钧窑玫瑰紫大花瓶

润，好似蜡烛流蜡成堆。只有单纯一色的混而且匀，釉中多有蟹爪纹，没有釉彩的地方呈现出羊肝色或芝麻酱色，这才是真品。伪造的釉薄而不匀，釉色不是偏蓝就是偏灰，与纯正的天蓝色绝不相同，无釉露胎的地方也不呈现羊肝色，即使有，也是先涂抹后炼制而成的。

宋均窑和元均瓷很容易相混淆，然而实在大有区别。均窑釉厚而匀，元瓷釉厚而垂；均窑的胎、釉都很细致，元瓷的胎、釉都很粗糙；均窑釉无论深浅浓淡都浑然一体，元瓷釉浓之处有时凸起条纹，釉浅之处仍可见水浪。

均窑的天青色者，商家称作月白，乃是模仿柴窑的雨过天青。紫釉而没有蚯蚓走泥纹者，大多不如月白而能莹润。但人们往往重视紫釉而轻视月白，这不就是所谓的痼习吗？

平阳窑 在山西平阳[①]，宋时所建。其胎与釉皆白中闪黄，微具土色，而制皆仿北定居多，故又称曰土定。平阳真者，其胎之色纯，似黄

土，其质在半瓷半瓦之间。其釉光而且润，细而发黄，多有蛇文开片^②。伪者色稍闪红，而性略糠^③，其釉亦粗而且暗，干且发白也^④。

【注释】

①平阳：今山西临汾。

②蛇文：开片纹如蛇形之弯曲的细长线纹。

③糠：从稻、麦等谷物上脱下的皮、壳，用作比喻形容不结实、不坚硬的样子。

④干且发白：缺少光泽而且闪白色，或称干白釉。

【译文】

平阳窑　在山西平阳，宋朝时所建立。平阳窑瓷器胎和釉都白中带黄，略有土色，其制品大多仿制北定，因此又称为土定。真正的平阳窑器，胎色纯似黄土，胎质在半瓷半瓦之间，釉色光亮而且莹润，细腻而发黄色，多有蛇纹开片。伪造的釉色微闪红色而胎质粗糙似糠，釉质亦粗糙而且发暗，缺少光泽而且闪白色。

耀窑　在西安耀州^①，亦宋时所建。初烧青器，仿汝而略逊，后烧白器较佳。初制者其釉透亮如玻璃，其色微黄，略似虾青色。后制者其釉略混，其色甚白，有似牛乳之白、有似粉油之白、有似熟菱米之白不等^②。

耀窑有一种细胎细釉者，胎极薄而带有暗花，釉极细而带有开片，不知者往往以定呼之，其实非也。盖其胎虽薄而仍比定略厚，其釉虽细而仍比定略粗，其色虽白而仍比定略闪黄也。而暗花、开片亦与定微有不同。

【注释】

①耀州：今陕西耀州。

②熟菱米：菱角煮熟后皮内可食的果实。菱，植物名，俗称"菱角"。

【译文】

耀窑　　在西安耀州，也是宋时建立。最初烧制青瓷，仿制汝窑而稍逊色，后来烧制白瓷较好。早期制品的釉质透亮如同玻璃，颜色微黄，有些像虾青色。后期制品的釉质稍稍浑浊，颜色很白，有的像牛乳的白色，有的像粉油的白色，有的像煮熟菱角米的白色，多不一样。

耀州窑有一种细胎细釉的瓷器，胎体非常薄而且带有暗花，釉质十分细腻而带有开片，不了解的人往往称它为定瓷，其实不是。因为它的胎体虽薄，但仍比定窑器稍厚，釉质虽细，但仍比定窑器略粗，釉色虽白，但仍比定窑器微带黄色。并且暗花、开片与定窑器也略有不同。

磁窑　　出磁州昔属河南①，今属直隶，宋时所建。磁石引针之磁石即产是州②，取石炼陶，磁器之名乃专指此，今人辄误以"磁"与"瓷"混用矣。器有白釉、有黑釉、有白釉黑花不等，大率仿定居多，但无泪痕，亦有划花、凸花者。白釉者俨同牛乳色，黑釉中多有铁锈花、黑花之色③，与贴残之膏药无异。

宋　耀州窑刻花莱菔尊

【注释】

①磁州：今河北邯郸磁县的观台镇与彭城镇一带。

②磁石：磁铁矿石，天然有磁性，能吸铁，俗名"吸铁石"。

宋　磁州窑白地黑花梅瓶

③铁锈花：瓷器饰彩品种之一。即用含有氧化铁的斑花石作颜料，在瓷坯上描绘图案，经高温烧制而成，因其呈现出斑斓的铁锈红色，故名。

【译文】

　　磁窑　　产自磁州过去属河南，现在属直隶，宋时建立。磁石引针的磁石就是产于此州，取石炼陶的磁釉也是指此而言，现在常把"磁"与"瓷"混用了。磁州窑器有白釉、有黑釉、有白釉黑花等等，大体以仿定窑居多，但没泪痕，也有划花的、凸花的。白釉俨然好似牛乳的颜色，黑釉中多带有铁锈花、黑花的颜色，与贴用过的膏药差不多。

　　建窑　　在福建，初设于建安①，后迁建阳②，始自宋代。古制者质粗不润，釉汁干燥，又名乌泥窑③。后制者出德化④，色甚白而颇莹亮，亦名福窑。因有紫建、乌泥建、白建三种⑤。白者颇似定，惟无开片，佳者瓷质颇厚，而表里能映见指影焉，以白中闪红色者为贵。有凸花及雕字者，然花多不甚工细，比之粉定则小巫见大巫矣，故价值亦逊。至今闽省制器尚盛。

【注释】

　　①建安：今福建建瓯。

　　②建阳：今福建建阳。

③乌泥窑：指黑釉官窑。

④德化：指德化窑。德化，今福建德化。

⑤紫建：建阳窑中偶有因烧窑火候等出现的釉彩为绛色的瓷器，别称"紫建"。

宋　建窑鹧鸪斑碗

【译文】

建窑　　在福建，最初设于建安县，后来迁至建阳县，宋代开始烧造。早期制品胎质粗劣而欠莹润，釉质干燥，又称作乌泥窑。后期制品产自德化县，釉色很白并且莹润透亮，也称福窑。因此有紫建、乌泥建、白建三种别称，白建很像定窑器，但没有开片，制作精良的釉质较厚，而且里外能映见手影，以白中带红的为最贵。也有凸花及刻字的，但花纹多不精巧细致，和粉定相比则就是小巫见大巫了，所以价值也稍低。时至今日，福建制瓷业还很兴盛。

广窑　　宋南渡后所建，在广东肇庆阳江。胎质粗而色褐即灰色，所制器多作天蓝色，惟不甚匀耳。釉厚之处或作靛蓝①，釉薄之处或作灰蓝，无釉处所呈之色或如黄酱，或如麻酱。大致仿均而无红斑与蟹爪文，则与均异也。

广窑又名泥均，盖以胎骨系以乌泥制成，而仿宋均青色之釉汁也。然多淡青带灰，于灰釉之中露出深蓝色之星点，或如云斑霞片，颇呈异采，视彼窑变泪痕者犹似胜之。或以"泥"、"宜"音相近，遂将宜兴所仿之均窑与广窑混合，其讹实甚。宜兴瓷胎与广窑瓷胎似同而实异，至釉汁虽形似而实大殊详下欧窑一段，纵有彼此仿制者，不难一望而知，何至因音相近而混合耶？

广窑在粤名曰石湾②,盖南海县佛山镇之一村名也。自明时已迁于此,宋阳江旧窑,今日早已消灭矣。清初颇有良工数人,其仿均见称于世。自日本嗜之,谓其国人所授,价遂倏涨③,然实无稽之谈也。至今日制器尚盛,实则胎质粗下,远不及潮阳、合浦潮阳、合浦④,其瓷质甚白,类似醴陵⑤,然名不出于省外,无良工故也,吾粤殊贱视之。徒以其历史甚古,曾出良工,省外遂颇重视,谚所谓"物离乡贵"者非欤⑥!

【注释】

①靛(diàn)蓝:深蓝色。

②石湾:镇名。今广东佛山。

③倏(shū):极快地,忽然。

④潮阳:今广东汕头潮阳区。合浦:今广西壮族自治区合浦县。

⑤醴(lǐ)陵:今湖南醴陵。

⑥物离乡贵:物品离产地越远越贵重。

【译文】

广窑　　宋南渡后建立,位于广东肇庆的阳江。胎质粗糙而呈褐色即灰色,所烧制的瓷器多为天蓝色,但不太均匀。釉厚的部位或呈靛蓝色,釉薄的部位或呈灰蓝色,无釉的部位所呈或为黄酱色,或为麻酱色。大多是模仿均窑器而没有红斑和蟹爪纹。这是与均窑不同的地方。

广窑又称作泥均,因为它的胎骨是用乌泥制成,而且模仿宋均青色釉质的原故。然而多淡青微带灰色,而在灰釉中露出深蓝色的星点,或如云斑霞片一样,很多呈现异彩,比所谓窑变泪痕的变化,好像还远胜一筹。有人以"泥"、"宜"二字发音相近而将宜兴所仿的均窑与广窑混为一谈,实则大错特错。宜兴窑的瓷胎和广窑瓷胎看似相同,而实不相同,至于釉色虽然形似,而其实也大不相同详见下文《欧窑》一节。纵然有彼此仿制的,不难一看就分辨出来，哪至于因为发音相近而分辨不清呢？

　　广窑在广东称为石湾，是南海县佛山镇的一个村名。从明代就已迁到这里，宋代阳江旧窑今日早已消失了。清代初年有不少技艺高超的工匠，以仿制均窑瓷器闻名于世。自从日本人痴迷这种仿品以来，有的说是他们国人所教的方法，因此价格飞涨，然而实在是无稽之谈。广窑至今烧制瓷器仍很兴隆，其实胎质粗劣，远远不及潮阳、合浦潮阳、合浦窑烧制的瓷质很白，类似醴陵所产，然而声名不出于省外，实在是因为没有能工巧匠所制，在我们广东尤其看不上它。只是因为它的历史悠久，曾经出过手艺高超的工匠，所以在省外很受重视，这就是谚语里所说的"物离乡贵"吧！

　　前所述诸窑：柴、汝、官、哥、定暨章窑、均窑，皆鼎鼎有名者也。若建、广二窑则别成系统，亦足自树一帜焉。平阳、耀窑、磁窑，亦杂窑之有名者。此外尚有诸窑，统名杂窑，亦曰小窑。兹约举之：仿柴者曰东窑[①]，宋建于东京，东青所由得名也；仿汝者曰唐邑、曰邓州、曰河北[②]；仿官者曰余姚[③]；仿龙泉者曰丽水[④]；仿定者曰吉州、曰宿州、曰泗州[⑤]。总之，宋代杂窑，不外取法诸大窑，辗转仿效，其佳者每致乱真，而胎质、釉汁之精粗，明眼人不难判别也。虽同一宋器，而价值则远逊矣。

【注释】

　　①东窑：相传在汴京（今河南开封）以东的陈留县，故名。

　　②唐邑：指唐邑窑，在今河南唐河，窑址待考。邓州：指邓州窑，在今河南邓州。河北：指河北窑，窑址待考。

　　③余姚：指余姚窑，在今浙江余姚。

　　④丽水：指丽水窑，在今浙江丽水。

　　⑤吉州：指吉州窑。在今江西吉安。宿州：指宿州窑。在今安徽宿州。泗州：指泗州

窑。在今安徽泗县。

【译文】

　　前面所提到的各窑，柴、汝、官、哥、定以及章龙泉窑、均窑，都是鼎鼎有名的。至于建窑、广窑二窑乃是自成系统，足以独树一帜。平阳窑、耀州窑、磁州窑也都是杂窑中颇有威名的。此外还有很多窑，统称为杂窑，或称作小窑。简要举例如下：仿柴窑的有东窑，宋时建于东京，东青即由此得名；仿汝窑的有唐邑窑、邓州窑、河北窑；仿官窑的有余姚窑；仿龙泉窑的有丽水窑；仿定窑的有吉州窑、宿州窑、泗州窑。总之，宋代的杂窑不外乎取法各大名窑，辗转仿效，制作精良的佳品往往可以乱真，然而胎质、釉质上的精致和粗劣，有见识的行家不难判别。虽然同属宋代瓷器，而价值却相差很远。

　　元瓷　　元代制瓷亦有多窑，然其名不著，统称曰元瓷而已。近流行之元瓷，皆元时山西、河南一带所制者。若南省所制[1]，纵有发现，大都以宋末目之。而元瓷之名，殆专属之仿均带紫之品矣。此制品多作天蓝色，兼带紫斑，以成鱼、蝶、蝠等形者为贵，不带紫者，常品也。河南制者，系元代初年之物，胎釉色泽，与宋均所差无几。潞安制者[2]，系元代中年之物，其胎系半瓷半瓦，釉比初年略觉透亮。蒲州制者[3]，亦元代中年之物，釉亦略透亮，惟红斑之中带有葡萄紫色耳。

　　元瓷之天蓝色者与均大致相同，然亦有别也。元瓷之釉厚而垂，釉则厚而匀；元瓷之紫聚成物形，宋均之紫弥漫全体；元瓷之釉浓处或起条纹，浅处仍见水浪，宋均则浓淡深浅皆混然一律。此其所以异也。

　　元瓷真者，无论瓷胎、瓦胎[4]，其体皆重，其性极坚。瓦瓷者，其色虽似瓦，而仍带半瓷质。瓷质者，其质虽似瓷而仍略带瓦质。伪造之胎，则或纯乎瓷，或纯乎瓦，与真者迥不侔矣。

【注释】

①南省:南方各省。

②潞安:指潞安窑,在今山西长治。

③蒲州:指蒲州窑,在今山西永济。

④瓷胎:在五彩、粉彩和珐琅彩瓷上釉和绘图前被称为瓷胎。瓦胎:陶瓷坯胎之一。陶器类器物,不论有釉无釉,都有吸水性,坯胎为瓦胎。

【译文】

　　元瓷　　元代制瓷也有很多窑场,然而名声不显,所以笼统称为元瓷而已。近来流行的元瓷,都是元代山西、河南一带烧制的。假若是南方各省制作的,即使有所发现,大多也都视为宋代末年制品。而元瓷的称呼,几乎专指模仿均窑瓷器中带有紫色的瓷器。这类制品多为天蓝色而带有紫斑,形似鱼、蝴蝶、蝙蝠的为名贵,不带紫斑者为一般器物。河南制品是元代初年之物,胎釉色泽与宋代均窑相差无几。潞安窑制品是元代中期之物,胎为半瓷半瓦,釉比元代初期略觉透亮。蒲州窑制品也是元代中期之物,釉也较为透亮,只是红斑中带有葡萄紫而已。

　　元瓷的天蓝色与宋均大致相同,然而也有所区别。元瓷釉浓厚而垂流,宋均釉浓厚而均匀;元瓷的紫斑凝聚成物形,宋均的紫色则弥漫全体;元瓷釉浓厚处出现条纹,釉浅处可

元　青白釉划花玉壶春瓶

看见水浪,宋均釉无论浓淡深浅,都浑然一律。这就是它们的不同之处。

真正的元瓷,无论瓷胎,还是瓦胎,胎体都很沉重,胎质也非常坚硬。所谓瓦胎,颜色虽然似瓦,但仍带有半瓷质。所谓瓷质,性质虽然像瓷,但仍略带有瓦的性质。伪造的元瓷,胎体或纯属瓷质,或纯属瓦质,与真品迥然不同。

欧窑　　欧窑一名宜均①,乃明代宜兴人欧子明所制②,形式大半仿均,故曰宜均也。制品虽出宜兴,然与阳羡名陶一系微有区别③,与清代紫砂挂釉各器亦微有不同④。大抵制造时仍参入瓷质,非纯用紫砂者欤?瓶、盂等物皆有,而尤以洗类为多。

欧窑与广窑同一仿均,外观厚重,形极相似而实不同。今略析之:广窑以青发蓝斑者为最多,此外他色虽有,然总不脱灰墨一类釉也。欧窑则色泽较多,除青、蓝外有仿均深紫者,又有云豆、茄皮等色,且蓝斑亦不若广窑之浓,其别一也;广窑之底露胎较多,欧窑之底露胎处甚少,其别二也;广窑之制纯乎浑朴,欧窑之制于浑朴中见妍整,其别三也。至清代唐英亦曾于景镇仿制欧窑,但明欧窑多橘皮釉,而唐仿无之,其釉又与乾隆时器无异。孰明孰清,固不难一望而知。

【注释】

①欧窑:宜兴的传统工艺陶瓷,始于明朝。釉层较厚,有天青、天蓝、芸豆、月白等色,胎有紫泥、白泥两种,以欧姓所制最为成功,时称"欧窑"。

②欧子明:明代陶艺家,江苏宜兴人。擅长模仿哥窑纹片瓷、均窑瓷,多为盘、奁架等,所制被称为"欧窑"。

③阳羡:古县名。今江苏宜兴。

④紫砂:宜兴蜀山镇一带生产的一种素胎陶器。

【译文】

欧窑　　欧窑又名宜均，是明代宜兴人欧子明所制，形制基本仿制均窑，因此称作宜均。它虽然出自宜兴，但与阳羡名陶同属一派而微有区别，与清代的紫砂挂釉各器也稍有不同。大概是制作时仍掺入瓷质，而不是纯用紫砂的缘故吧？瓶、盂等各种器物都有，尤其笔洗为最多。

欧窑和广窑同样模仿均窑，外观厚重，外形非常相似但实则不同。今简略分析如下：广窑瓷器以青中发蓝斑的为最多，此外虽也有其他釉色，但总脱不了灰、墨一类的釉色。欧窑瓷器色泽较多，除青、蓝外，还有仿均窑深紫色，又有云豆、茄皮等釉色，而且蓝斑不像广窑那样浓重，这是区别之一。广窑器底部露胎较多，欧窑器底部露胎处很少，这是区别之二。广窑制品风格浑朴，欧窑制品浑朴中还显出美妍工整，这是区别之三。到了清代，唐英也曾在景德镇仿制欧窑，但明代的欧窑多有橘皮釉，而唐英仿制的却没有，它的釉质又与乾隆时瓷器相同。哪个是明代的？哪个是清代的？所以不难一眼看出。

自宋以来，已有官窑、民窑之分。官窑者，由官监制以进上方①，备赏赉者也②。民窑又名客货③，民间所通用者也。清代于官窑之中更有御窑，专备御用而下不敢僭④。若官窑，则贵人达官亦得用之，设专官以监督其工，发内帑以支销其用⑤，故所制物品日益精美。御窑画龙，必作五爪，尤其显著之识别欤？

【注释】

①上方：指皇帝。

②赏赉（lài）：赏赐。

③客货：俗称"大路货"，民间日用瓷器。

④僭（jiàn）：超越本分。古代指地位在下的冒用在上的名义或礼仪、器物。

⑤内帑：指国库里的钱财。

【译文】

　　自宋代以来就有官窑、民窑的区分。所谓官窑，就是由官府监制，用以进贡朝廷作为赏赐用品。所谓民窑，又名客货，就是民间流通使用的陶瓷制品。清代官窑中又有所谓的御窑，是专供皇家使用，臣下不敢僭越擅自使用的。至于官窑，则达官贵人也可以使用，设专职官员监督烧制工作，用国库的钱财以支付开销，所以烧制的瓷器日益精美。御窑瓷器画龙必须要画五爪龙，这是否就是特殊显著的标记呢？

　　郎窑　　近人最重视之品，厥惟郎窑，然所称实有误。盖通称郎窑者，大抵乃明祭红之宝石釉者也，不必纯为郎制。郎为郎廷极①，康熙朝监督瓷业之官，而肆人误为郎世宁②。世宁，意国人，善画，雍、乾间供奉内廷，未尝监督造瓷。郎廷极官至江西巡抚，其制瓷之事实，频见于蓝浦《陶录》、阮葵生《茶余客话》各书中③，则必为廷极而非世宁也，明矣。此种制品，以深红宝石釉为主体，肇于明代宣、万，仿于清初。今之所谓郎窑者，实混明清而一之，然沿误已成习惯，余亦从众也云耳。

　　今俗所分别者，凡深红宝石釉之品，概呼郎窑。红色玻璃釉、橘皮釉之品，概呼积红④。积红有款识，郎窑无款识云。

　　郎窑有先后所制之分。凡里外皆有开片而底足有灯草旋文⑤，其色深红如初凝之牛血，此先制者也。若后制，则微有不同。先制者口底微黄，所谓米汤底者是也；后制者口底或作豆青色、或作苹果青，所谓苹果底者也；先制者釉色深红，后制者釉色鲜红，惟釉尚透亮，不似窑变之肉耳⑥。又有所谓绿郎窑者⑦，其色深绿，葱茜可爱⑧，满身细碎纹片，实则明仿弟窑之品也。雍、乾时代亦有仿者。

【注释】

①郎廷极（1663—1715）：字紫衡，一字紫垣，号北轩。清奉天广宁（今辽宁北镇）人。官至江西巡抚，兼两江总督。

②郎世宁（1688—1766）：意大利人。原名朱塞佩·伽斯底里奥内。生于米兰。清康熙帝五十四年（1715）作为天主教耶稣会的修道士来中国传教，为宫廷画家，在中国从事绘画达五十多年。

③阮葵生《茶余客话》：《茶余客话》三十卷，阮葵生（1727—1789）著。阮葵生字宝诚，号层山。山阳（今江苏淮安）人。乾隆进士，官至刑部右侍郎。另著有《七录斋诗文集》等。

④积红：一种铜红釉，由红铜条、紫英石合成，兼配碎器、宝石、玛瑙等组成。

⑤灯草：郎窑红釉，釉汁凝厚，焙烧时，器物上部釉汁向下流动，口沿部分釉层减薄，釉层里的铜红胶体粒子也下坠，使露出的胎体和淡色薄釉，宛如一圈灯草围于口部，故称"灯草边"，也叫"脱口"。旋文：陶器上环绕的线状纹饰。

⑥窑变：瓷器在窑中烧造时发生出人预期的变化。肉：原指行动迟缓，动作慢。这里指釉色不鲜艳、不透亮。

⑦绿郎窑：铜红釉偶然因烧窑气氛被氧化而变成绿色的，因其稀少，而被视为珍品。

⑧葱茜：华美，艳丽。

【译文】

郎窑　近来人们最重视的瓷器唯有郎窑，然而这

清　郎窑红观音瓶

种称呼实际上是错误的。一般通称郎窑的大多是明代祭红釉里的宝石釉，不一定都是郎窑烧制。郎指的是郎廷极，康熙年间监督烧制瓷器的官员，而商人们却误认为是郎世宁。郎世宁是意大利人，善于绘画，雍正、乾隆年间曾侍奉宫廷，未尝监督烧制瓷器。郎廷极官至江西巡抚，关于他烧制瓷器的事迹多见于蓝浦的《景德镇陶录》、阮葵生的《茶余客话》等书中。由此可见必是郎廷极而非郎世宁的明证。这类制品以深红色的宝石釉为主体，开始于明代的宣德、万历年间，仿制于清代初期。今天所谓的郎窑，实在是把明、清不同时期的制品混为一谈，然而沿误已久，已成习惯了，我也就随着大家而人云亦云了。

现在一般的区分标准是，凡属深红宝石釉的瓷器一概称为郎窑。红色玻璃釉、橘皮釉的瓷器一概称为积红。积红有款识，郎窑无款识。

郎窑有先制、后制的区分。瓷器里外都有开片，而底部有灯草旋纹，釉色深红好像初凝的牛血，这是先制的。若是后期制品，就稍有不同。先制的瓷器口底微黄，就是所谓的米汤底；后制的瓷器口边和底部有的是豆青色，有的是苹果青，就是所谓的苹果底。先制的瓷器釉色深红，后制的瓷器釉色鲜红，只是釉还透亮，不像窑变那样迟滞。又有所谓的绿郎窑，其釉色深绿，葱翠可爱，整个器身布满细碎纹片。实际上是明代仿制弟窑的制品，雍正、乾隆年间也有所仿制。

窑变　　窑变者，乃烧窑时火候不匀，偶然釉汁变色之故。大抵欲作深红之色，非一种颜料所能造，必参以他种颜料，而火候深浅之处，红色失而他色露，变成种种形态不等，颇为特异。因之踵作，盖本偶然者，后遂成为故然矣。窑变先后所制，亦各有不同。若康熙末年之窑变，其蓝色与雍正时同，惟其红色则发黑；若雍正初年之窑变，红、蓝二色均不发黑，其釉与郎窑之釉略同；若雍正末乾隆初之窑变，其釉与色均与郎窑迥异，且有带款者，盖纯乎人工故意制成者也。

【译文】

窑变　　所谓窑变，就是因为烧造时火候不匀，偶然釉彩变色的原故。大体上说要作深红色，并非一种颜料所能烧造，必须加以其他各种颜料，而火候深浅的地方红色消失显现出别的各种颜色，变成各种形状，非常奇特。如此相继模仿，原本是偶然现象，到后来逐渐成为必然的了。窑变也因为先后所制，亦各有不同。如康熙末年的窑变，其蓝色与雍正年间的相同，只是它的红色发黑；像雍正初年的窑变，红色、蓝色都不发黑，釉彩与郎窑大略相同；而雍正末年、乾隆初年的窑变，它的釉质和釉彩与郎窑完全不同，并且有带款识的，这纯粹是人工故意制成的。

年窑[①]、臧窑　　年窑者，雍正时年大将军羹尧督造之瓷也[②]。青花、五彩皆有之[③]，而市肆中人，但以一种积红小瓶、小杯等物呼为年窑，其他则不省也。年窑之红比郎窑之红较黑而实，且不开片，其声价亦远逊于郎矣。又有臧窑者[④]，为雍、乾间臧应选所督造[⑤]，然无甚特异之点，故人罕有知之者。

【注释】

①年窑：清雍正年间，景德镇烧造的官窑瓷器。雍正四年（1726），年希尧以督理淮安板闸关，兼管景德镇御窑厂甸，世称"年窑"。这里以为"年"指年羹尧，是错误的。

②年大将军羹尧：即年羹尧（？—1726），字亮工，号双峰。怀远（今安徽怀远）人。

③青花：釉下青花瓷，又名"青花白地"或"白地青花"，青花白瓷，白花青瓷。五彩：这里指红、绿、黄、褐、紫五种颜色。

④臧窑：清初臧应选所监督的江西景德镇窑及其督造的瓷器之代称。

⑤臧应选：清政府工部郎中。康熙十九年至二十七年（1680—1688），清朝廷派遣臧应选等人驻景德镇御窑厂督造御器。这段时间，由于官窑瓷器由他负责督造，因此习

惯上把这时的官窑称为"臧窑"。

【译文】

年窑　臧窑　所谓年窑,是雍正时期大将军年羹尧督造的瓷器。青花、五彩都有,而市场上却只以一种积红的小瓶、小杯一类的瓷器称作年窑,其他的都不认识。年窑的红色比郎窑的红色发黑而密实,并且不开片,它的声价却远逊于郎窑。还有臧窑,是雍正、乾隆年间臧应选所督造的瓷器,然而没有什么特殊之处,因此很少有人知道它。

【点评】

自本章起分说瓷学诸方面内容。

本章"说窑",依其宋、明、清三期说,于宋代说自"柴、汝、官、哥、定"五大名窑,以至龙泉窑、均窑、平阳窑、耀窑、磁窑、建窑、广窑,附说元瓷;于明代说有欧窑,附辨官窑、民窑之分;于清代说有郎窑,附说窑变,又有年窑、臧窑,以及诸多杂窑。统计本章共评介宋、明、清名窑十六座,杂窑(小窑)之有名者九座,可当一部中国瓷窑的小史,而附说内容也是治瓷学须知的基本知识,使本章内容简当而丰赡,可谓善著书。

其说历代名窑,尽所能知,起首多叙列窑址、创始时期,偶及于创建或督造者、得名之由等,列表便览如下:

窑名	窑址	创建人或督造	代表性瓷色
(五代) 宋代			
柴窑	河南郑州	柴世宗创	青瓷
汝窑	河南汝州		青瓷
官窑	汴京、临安		青瓷
哥窑	处州龙泉县	章生一建	青瓷
定窑	直隶定州 (北定)		青瓷
	江西景德镇 (南定)		白瓷 (粉定)

窑名		窑址		创建人或督造	代表性瓷色
章龙泉窑		处州龙泉县		章生二建	青瓷
均窑		禹州（钧台）			青瓷
平阳窑		山西平阳			白瓷（土定）
耀窑		西安耀州			白瓷
磁窑		河南磁州			白瓷、黑瓷
建窑	乌泥窑	福建	建阳		紫瓷、黑瓷
	福窑		德化		白瓷
广窑（泥窑、石湾）		广东肇庆、阳江			青瓷
杂窑（小窑）	东窑	东京（今开封）			仿柴窑
	唐邑	河南唐邑			仿汝窑
	邓州	河南邓州			
	河北				
	余姚	浙江余姚			仿官窑
	丽水	浙江丽水			仿龙泉窑
	吉州	江西吉州			仿定窑
	宿州	安徽宿州			
	泗州	江苏泗州			
明代					
欧窑		江苏宜兴		欧子明制式	仿均窑
清代					
郎窑		江西景德镇		郎廷极督造	红瓷
年窑		江西景德镇		年羹尧督造	红瓷
臧窑		江西景德镇		臧应选督造	红瓷

上表据本章所叙诸窑制成，据表列看似宋代窑多而明清窑少，或详于宋而略于明清。其实不然，应是宋代诸窑，多有至明清仍继续生产者，如磁州窑、龙泉窑皆创烧于北宋中期，并达到鼎盛，南宋、辽、金、元、明、清仍继续烧制，而书中未再缕述。又其书详于古而略于近，故清代仅叙景德镇三名窑。其实清代瓷业发达远过于前朝，景德镇之外，如山东博山、河北唐山等，均称瓷乡，而本章概不及之。原因当系有关资料，多出于前代瓷书记载，或作者于古玩市场、朋友收藏所见闻，所以除说广窑之外，开辟搜讨为少。但作者善于为文，其所述论，提纲挈领，层层有致，面面俱到，诚比《陶雅》诸作，总体有后来居上的成就。

本章于诸名窑述其制作历史、名品及特色，间及考证沿革，辨析真伪，比较异同，多有精见。如说柴窑"雨过天青"之"'薄如纸'一语，乃指釉汁言，非指瓷胎言也"等，说"章窑与哥别者，哥有纹，弟无纹，以是为特异之点"，以及说均窑与元瓷"实大有别也。均釉厚而匀，元瓷釉厚而垂……"，说"积红有款识，郎窑无款识"，说"御窑画龙，必作五爪"等，都极简当，多一言道破，为辨识之标志，初学之指南。但也不无微误，如以章生一哥窑、章生二弟窑，都属章龙泉窑，而本章以章龙泉窑为弟窑正名，而与哥窑并说不妥；又"年窑"为雍正四年（1726）年希尧以督理淮安板闸关兼管景德镇御窑厂旬得名，本章以为年羹尧所督造，也是错误的。

本章其他可注意者，一是论析官窑、民窑和官窑之中又有御窑之分，二是论窑变，皆为古瓷品鉴最基本知识。而窑变本为瓷器烧造的自然现象，从制品之预设与完整性看，实可以称缺陷。但此类"缺陷"，既无害于实用，又出人意料，世俗惊奇，遂视为自然造化之杰作，而称之为艺术。后世遂有人工而为之者。但前辈学者有的不以为然，如寂园叟《陶雅》曰："康熙朝之红色尊盂，当时一有绿斑，即应贬损其价值，可见古昔不重窑变。市侩竞趋，西商投其所好，巧立名目，争相谀媚，久之又久，亦遂成为定评。是非好恶，贵贱美丑，而岂有真哉？"但审美既属人文，则当也如"文变染乎世情，兴废系乎时序"，美、丑之间有此种变化，也是正常的。

饮流斋说瓷

说胎釉第三

　　欲识瓷之美恶，必先辨胎。胎有数种：有瓷胎、有浆胎、有缸胎、有石胎、有铁胎^①。瓷胎者，辗石为粉，研之使细，以成胚胎者也。凡普通之瓷器均属之。浆胎者，撷瓷粉之精液，澄之使清，融成泥浆，以成胚胎。凡极轻而薄之器属之。缸胎亦名瓦胎，谓胎质粗如瓦器也。凡凝重粗厚之器属之。石胎非真石也，质凝重而坚，略似大理石琢成之器物焉。康熙有石胎三彩是已^②。铁胎非真铁也，瓷质近黑，有如铁色，其胎之厚薄轻重，亦不一致也。

【注释】

　　①浆胎：陶瓷坯胎之一。选择细致的瓷粉，加水澄清，融成泥浆而制成。色如米浆，质轻而薄。缸胎：陶瓷坯胎之一。指胎土粗而厚重的一种陶瓷器。一般这种坯胎凝重粗厚，没有吸水性，都是半陶半瓷的器物。石胎：陶瓷坯胎之一。质致密笨重，坚硬如石，无气孔，不透明，略似大理石琢成的器物。铁胎：陶瓷坯胎之一。胎土含铁量较多，坯胎似石，色黑褐如铁，故名。

　　②三彩：黄、绿、紫三色。

【译文】

　　要想识别瓷器的美丑，必须先辨识瓷器的胎质。胎有数种：有瓷胎、浆胎、缸胎、石胎、铁胎。所谓瓷胎，就是把瓷石碾成粉末，研磨细碎后而制成胚胎。凡是普通瓷器都属于瓷胎。所谓浆胎，是采用瓷粉的精华部分，澄清后融合成泥浆做成的胚胎。凡是非常轻薄的瓷器都属于浆胎。所谓缸胎，又名瓦胎，是说胎质像瓦一样粗糙。凡是凝重、粗厚的瓷器都属于瓦胎。所谓石胎，并不是真正的石头，胎质凝重而坚实，大概像大理石琢成的瓷器。康熙年间所谓的石胎三彩便是。所谓铁胎，也并非真铁，瓷质接近黑色，如同铁色一般，它的胎体厚薄轻重也不一样。

瓷器有纹者，谓之开片，有大开片，有小开片。小片之细碎者曰鱼子纹，大片之稀疏者曰牛毛纹、曰柳叶纹、曰蟹爪纹①，不外形容其所似也。

【注释】

①牛毛纹：纹片的一种，呈断续状，在器片上疏落有致，因类似一簇牛毛而得名。

【译文】

瓷器的裂纹称为开片，有大开片，有小开片。细碎的小开片称为鱼子纹，稀疏的大开片称为牛毛纹、柳叶纹、蟹爪纹，不外乎形容它们所相似的形象罢了。

瓷之开片，其原因有二：一曰人为之开片，一曰自然之开片。人为之开片，多属浆胎，当入窑烧时，已定使之开片，或开大，或开小，配合药料烧之①，则出窑时成开片形，一如人意之所欲出。是等开片，形似龟坼②，开在胚胎者也。自然之开片则历年既久，其釉渐渐内裂，或成鱼子，或成牛毛诸形。其坼也，纯与胚胎无涉。是等开片，痕不深入，开在釉汁者也。

【注释】

①药料：瓷器的泥釉配方。

②龟（jūn）坼：开裂，别称"龟裂"或"皲裂"，多是由于胎和釉的膨胀系数不同而出现的缺陷。

【译文】

瓷器开片的原因有两个，一个是人为开片，一个是自然开片。人为的开片多属于浆胎，当入窑烧造的时候就已经预定使它开片，或开大片，或开小片，用药料配合烧制，于是出窑的时候便成为开片，完全如人预料的那样。这样的开片形似龟裂，开片是发生在胚胎上。自然的开片，则是因为年代久远，瓷釉渐渐在内部开裂，有的像鱼子，有的像牛毛等各种形状。它的开裂与胚胎毫无关系。这样的开片裂痕不深，因为是开裂在釉上。

牛毛纹微黄色，鱼子亦然。凡年久自然开片者，其釉似坼而未坼，在若隐若现之间。若人为开片者，则轩豁呈露矣①。人为开片，始于宋代哥窑，其后因递仿之。

【注释】

①轩豁（huò）：高旷敞亮。

【译文】

牛毛纹略带黄色，鱼子纹也是这样。凡是年代久远的自然开片的瓷器，它的釉中似裂而未裂，裂纹在若隐若现之间。如果是人为开片的瓷器，那裂纹就明显显露出来。人为开片始于宋代哥窑，其后相继仿制。

浆胎质轻而松，缸胎质重而坚，瓷胎音清而脆。瓷胎之沙底者，谓其底露胎不涂釉也。沙底贵白贵细，以细砂底为上。缸胎大半缸底，色贵亮，声贵响。年久之缸胎多有铜音，故鉴别家往往叩其声而知是物历年之久暂也。

【译文】

浆胎质地轻而松软，缸胎质地重而坚实，瓷胎的声音清而脆。瓷胎中所谓的沙底，是形容它的底部露胎而不施釉彩。沙底以白、细为贵，以细砂底为上等品。缸胎大半是缸底，釉色以亮为贵，声音以响为贵。年久的缸胎大多有铜音，所以鉴别家往往叩击瓷器听声音来断定它的年代长短。

脱胎一种，其薄类于鸡卵之壳，故又谓卵幕^①，纯乎见有釉不见有胎者也。映日光照之，表里能见手影。有花者，于其里照见外之花纹。有款者，于其表照见内之款字。此等制器，始于永乐，仿于康、雍，乾隆以后，遂不能仿。盖夺造化之天工，极制作之能事矣。

【注释】

①卵幕：明瓷中的一种薄胎瓷，以釉胎极薄似卵壳故名。万历时景德镇有昊（又作"吴"）十九，自号壶隐道人，制卵幕杯最为有名，号称"壶公窑"。详下文。

【译文】

有一种"脱胎"的瓷器，它如同鸡卵的外壳一样薄，所以又叫卵幕，简直只能看到釉而不见有胎。对着太阳光照看，里外都能看见手影。有花纹的，从里面能照见外面的花纹。有款识的，从外面可以照见里面的款字。这类瓷器开始于永乐年间，仿制于康熙、雍正年间，乾隆以后便不能模仿了。也许是因为巧夺天工，达到了登峰造极的地步。

开片仿哥之粗糙者，谓之冰纹，粤人谓之襞裂^①。开片青花而瓷色发黄者，统称浆胎，沪人谓之煨瓷^②。开大片而瓷色发红者，厂人谓之格瓷。有一种釉汁，翠地紫斑，细碎若鱼子，或若鸡翅木之文理者^③，肆人谓之均釉。

【注释】

①襞（bì）裂：谓瓷器上的开片如同衣服的褶痕。襞，折叠衣服。

②煨（wēi）瓷：称瓷器炼制时窑温不够高，如用文火慢慢燉熟成者。

③鸡翅木：一种树木，主要产于东南亚和南美，其材有类似鸡翅的纹理，故称。

【译文】

开片仿制哥窑的粗糙瓷器，称之为冰纹，广东人称作襞裂。开片青花而瓷色发黄的，统称为浆胎，上海人称作煨瓷。开大片而瓷色发红的，窑厂里的工匠称为格瓷。有一种翠绿地紫斑釉，纹理细碎得像鱼子或鸡翅木的瓷器，商人们称之为均釉。

制瓷上釉有二法：一曰蘸釉①，以皿入缸，荡匀其汁。蘸釉者，其釉厚，故均、哥诸器，往往有若堆脂，所蘸不止一次也。一曰吹釉②，截竹为筒，嘘气匀之。吹釉者，其釉薄，故旧瓷中有玻璃釉等名目，而薄者甚至有如卵膜也③。

【注释】

①蘸釉：也称"浸釉"，制瓷传统施釉方法之一。其法是将坯体浸入釉中，片刻后取出，利用坯的吸水性使釉浆附着于坯上。

②吹釉：清代制瓷的一种施釉技法。吹釉多用于琢器和大型圆器。朱琰《陶说》卷一《陶冶图说》载其法云："截径寸竹筒，长七寸，口蒙细纱，蘸釉以吹。吹之遍数，视坯大小与釉之等类，为多寡之差。多至十七八遍，少亦三四。"

③卵膜：蛋壳与蛋白之间的薄膜。

【译文】

烧制瓷器上釉的方法有两种：一种是蘸釉法，把瓷器放入缸里面，将釉汁荡匀。蘸釉的釉厚，所以均窑、哥窑瓷器常常釉似堆积的脂肪，这是因为蘸釉不止一次的缘故。还有一种是吹釉法，把竹子截断做成竹筒，嘘气把釉吹匀。吹釉的釉薄，所以旧瓷器中有所谓的玻璃釉等名目，而薄的甚至有像卵膜一样。

宋元古瓷，釉厚者有如堆脂，谓之蜜淋釉。其挂釉至底之处，往往垂若蜡泪，任其渗出，谓之鼻涕釉。又，古瓷中常有釉不到底，露出胎骨大小片段不等，甚至有半有釉半无釉者，若是者谓之露胎，其小者谓之缩釉。但以是为宋元之证，则不尽然。盖宋汝、均诸器固多露胎、缩釉，然官窑极精之品，亦有无是者。即有之，亦片段甚小。至于元瓷，则有露胎颇多者。若康、雍间仿宋之品，则又缩釉处甚小矣。至咸、同间仿宋诸器，吾辈目为赝鼎者，则密淋、鼻涕等状，又必全似于宋釉，是在明眼人辨之而已。

【译文】

宋、元古瓷中釉厚的好似堆积的脂肪，称为密淋釉。其釉彩挂到底部往往垂流如蜡烛的泪痕任凭它自然渗出，称为鼻涕釉。此外，古瓷中常有釉彩挂不到底而露出胎体，大小片段不同，甚至有的一半有釉一半没有釉的，这样的称为露胎，露胎少的称为缩釉。但只以此作为宋元瓷器的证据则不能尽然。即便宋代的汝窑、均窑瓷器固然多是露胎、缩釉的情况，然而官窑最精美的瓷器也有没有这种情况的，即使有也是局部片段。至于元代瓷器，则露胎很多。而康熙、雍正年间仿制的宋代瓷器，则缩釉处就很小了。到了咸丰、同治年间仿制的宋代

宋　吉州窑黄绿釉孩儿枕

瓷器，我们都看作赝品的，它们的密淋釉、鼻涕釉等形状特征又完全和宋釉相似，这只在于懂行的人辨别而已。

均窑之釉，扪之甚平①，而内现粗纹垂垂而直下者，谓之泪痕；屈曲蟠折者②，谓之蚯蚓走泥印，是均窑之特点也。广窑之釉，扪之甚平，而中现蓝斑，大者谓之霞片③，小者谓之星点，是广窑之特点也。均窑以紫胜，广窑以蓝胜。

【注释】

①扪(mén)：抚摸。

②蟠：盘曲。

③霞片：红色薄片。

【译文】

均窑的釉，用手抚摸起来非常平滑，而釉内出现垂直流下的粗纹称为泪痕；屈曲蟠折的称为蚯蚓走泥印，这是均窑的特点。广窑的釉用手抚摸感觉也很平滑，而釉里出现蓝斑，大片的称为霞片，小片的称为星点，这是广窑的特点。均窑的釉以紫色取胜，广窑的釉以蓝色取胜。

凡罩釉一次者①，谓之一道釉。无论青、黄、红、黑种种诸色，得其一者，谓之纯色釉。若白色者，则谓之本色釉。

【注释】

①罩釉：即上釉，为做好的胚胎施釉，有黏釉、刷釉、浸釉、吹釉等法。

【译文】

凡属罩釉一次的，称为一道釉。无论青、黄、红、黑各种颜色，只有一种的，称为纯色釉。

如果是白色者，就称为本色釉。

今之所贵于世者，其宝石釉乎？凡深红、鲜红，皆有宝石釉在内，不惟红而已。若绿、若蓝、若茄紫各色，亦皆有之，而世俗则专属于深红一种也。清初颜料，大都明代所遗。其大红、大绿，均非后来所有意者，其亦掺入宝石等料乎？

【译文】

现在被世人看重的是不是宝石釉呢？凡是深红、鲜红均有宝石釉在内，不只是红色而已。像绿色、蓝色、茄紫色等颜色也有宝石釉，而世俗却专属于深红色一种。清代初年的颜料大都是明代遗留下来的。那大红、大绿都不是后来所有的，其中也是掺入了宝石等原料吧。

宝石釉之品，莫贵于亮釉。其明如镜，其润如玉，其赤如鸡血，其通如石之冻①，《博物要览》所谓鲜红宝石者是也。亮釉又名玻璃釉，乃薄釉也。薄釉而能备种种诸美，其胎之精细，不待言矣。宝石釉亦有一种厚釉者，有棕眼、橘眼及满开小片等文，然比之薄釉，其价值则稍逊。

【注释】

①石之冻：即冻石。一种可作印章和工艺品的石料。其质地细密滑润，透明如冻，故称。

【译文】

宝石釉的品级最贵的是亮釉。其明亮如镜，莹润如玉，鲜红如鸡血，通透如冻石，这就是《博物要览》里所谓的鲜红宝石。亮釉又名玻璃釉，乃是一种薄釉。薄釉而能具备各种美质，它的胎质精细就不言而喻了。宝石釉还有一种厚釉，有棕眼、橘眼和满身开小片的纹路，然而和薄釉相比，它的价值就稍有逊色了。

釉质之厚者，堆脂、密淋、鼻涕之外，又有所谓疙疸釉者。此等釉扪之略有不平，有如结痂之初落，故谓之疙疸也。又有釉汁中含最细之黑点稍凹下者，谓之麻癞，盖烧时为火力所缩，黏有黑碳故也。

【译文】

釉质浑厚的，除了堆脂、密淋、鼻涕之外，还有所谓的疙疸釉。这类釉用手抚摸略有不平，有的像结痂初落的样子，所以称之为疙疸。又有釉汁含有极为细小的黑点而稍凹下的，称之为麻癞，这是烧成时为窑火所缩而黏有黑炭的缘故。

有明祭红，釉汁较厚，成一种木纹，有若尖峰重起，又似叠浪，望之蔚然而深，是等木名为野鸡翅，是等文名为鸡翅木纹。又有一种祭红，釉中露白，本色之釉微微凸起，有若鱼、蝶等形，名曰露骨。更若涂以抹红之釉而虚其中①，若为空白也者，颇似乎阴文之花纹②，名曰盖雪。鸡翅、露骨、盖雪，皆釉质之奇者也。

【注释】

①抹红之釉：即抹红釉，珊瑚红釉的一种，属低温红釉。因系刷抹上釉，故称。

②阴文：刻挖平面而成的文字。此指采用模印或刻划之法，使凹入低于瓷表平面的花纹。

【译文】

明代祭红的釉层较厚，形成一种木纹，好似层峦迭起，又像海浪重叠，看起来蔚为深远。这样的木头称为野鸡翅，这类花纹称为鸡翅木纹。还有一种祭红釉，于红色中露出白色的本色釉，微微凸起，好似鱼、蝴蝶等形状，称为露骨。更有的涂上抹红釉而虚置其中，如果中间留下的是空白，很像阴文的花纹，称为盖雪。鸡翅、露骨、盖雪，都是釉质中的奇品。

青、红各器，其口际有白釉一线①，形若灯草，底足之处又必有圈线一围，二者皆名曰灯草边。以质极滑，线极齐者为贵，市人所谓规矩者也。彼伪制之品往往不能规矩，赏鉴家每于此辨别之。若雍正仿宣红之品②，近灯草边处色亦较淡。然浅深虽稍有间，亦必极规矩，固不能以伪制目之矣。

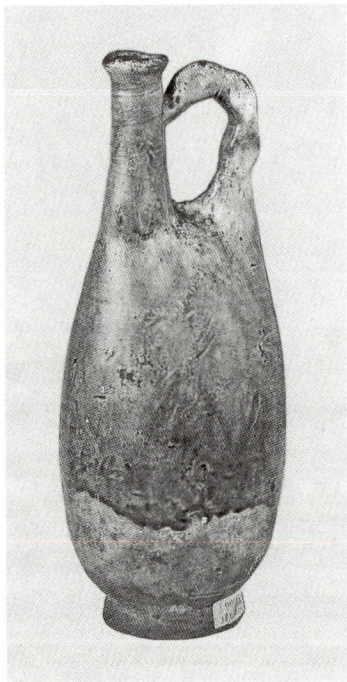

宋　绿釉凤首瓶

【注释】

①口际：器皿口的边沿。

②宣红：即明宣德红釉。

【译文】

青、红釉各种瓷器的口边有一道白釉，形状如灯草，底足处又必然有一圈白线，这两处都叫作灯草边。以釉质十分光滑，边线非常齐整的为贵，即市场上人所说的规矩。然而伪造的制品往往不成规矩，鉴赏家常常由此辨别真假。像雍正年间仿制的宣德红釉瓷器，灯草边附近釉色也比较暗淡，即使深浅稍有不同，也一定十分规矩，因而不能看作伪造了。

灯草边而圆者固贵矣，若方者则尤贵。盖口际扪之若平面者谓之方边，康、乾乃有之。后则圆边有仿制绝精者，而方边则甚罕仿制也。

【译文】

灯草边是圆边的固然贵,而是方边的则更贵。口边用手抚摸起来有如平面的称为方边,康熙、乾隆年间才有。以后圆边有仿制得非常绝妙的,而方边则很少有仿制。

紫口铁足,谓口际有边,深黄而近紫,足则铁色也。宋瓷多数有之,哥窑尤夥。明成化窑暨康熙光素、青花诸瓶,有铁口、铁足又兼铁膊者①,口际大半雕有凹花,而雍正官窑,紫口铁足亦不鲜②。此等物品,其款字亦多凹雕,挂铁色釉。

【注释】

①铁膊:瓷瓶的肩与腹间的部分为铁黑色者。膊,胳膊。

②鲜(xiǎn):少。

【译文】

紫口铁足是指口际有边,颜色深黄而近于紫色,底足为铁色。宋代瓷器大多有此特征,哥窑尤多。明代的成化窑和清代康熙光素、青花等瓶类,有的是铁口、铁足且兼有铁膊,口边大多雕有凹花,而雍正官窑紫口铁足的也不在少数。这类瓷器的款识多为凹雕,挂有铁色釉。

紫黑之釉,满现星点,其光莹亮如铁者,谓之铁绣花。星点痕稍长,其光闪烁不定者,谓之蝗股纹,又谓之蚱蜢腿,又谓之蜻蜓翅。同一名词,皆形容其所似也。凡紫黑之釉,苟无是等纹者,则不足观矣。

【译文】

紫黑色的釉充满了星点,光泽莹亮像铁一样的称作铁绣花。星点痕迹略长,莹光闪烁不定的称作蝗股纹，又称作蚱蜢腿，也称作蜻蜓翅。同一种名词，都是形容它所相类似的样子。凡属紫、黑色的釉，如果没有这类纹样，就不值一看了。

脱胎之制，始于明代永乐、宣德，亦精制器。有名者为昊十九，紫桃轩极称之[1]。其薄者能映见手指之螺纹，真绝品也。康、雍所制，虽亦极薄，然多能映见花与字耳。至道光，瓷尚薄胎，亦有类脱胎之制，识者辨其色泽而知之。

【注释】

①紫桃轩：指明代李日华（1565—1635）。李日华，字君实，号九疑。嘉兴（今浙江嘉兴）人。万历二十年进士，官至太仆寺少卿，工书善画，著有《紫桃轩杂缀》一卷以及《书画想象录》、《六研斋笔记》、《味水轩日记》等。

【译文】

脱胎的制作，始于明代永乐、宣德年间，也是一种制作精良的器物。有名的为昊十九，紫桃轩极其称赞他。所作薄者能映见手指的指纹，堪称绝品。康熙、雍正年间所仿制的虽然也很薄，然而大多只能映见花纹和款字。到了道光年间，瓷器崇尚薄胎的制作，也有类似脱胎的制品，鉴赏者只需分辨它的颜色便可知晓。

红釉中有绿者，谓之苔点。苔点浑成一片者，谓之苹果绿。苹果绿有似老苔，荡漾水中，微放金光者，乃真奇品也。又有一二片段，忽呈鲜红奇采者，兼有金星，尤为可贵。是以品红者恒以苔点、金星为帜志也[1]。

【注释】

①帜志：旗帜。引申指最好。

【译文】

红釉中带有绿色的，称作苔点。苔点浑然形成一片的称作苹果绿。苹果绿有似荡漾在水中的老苔一样，微微闪现金光，乃是真正的奇品。还有在一二个片段上忽然呈现鲜红奇彩的，兼有金星，更为可贵。因此，品评红釉的人们总是以苔点、金星作为最好。

浆胎必轻，缸胎必重，此恒例也。若缸胎而轻且薄者，则宋代之贵品矣。瓷胎则视物之大小，而定其轻重之所宜。凡极轻与极重之品，皆有研究价值者也。辨器之底，而察新旧，此瓷学家所必要也。宋元诸器，底际率多露胎。明器有款者，底必挂釉，而无款露胎者亦不鲜。康、雍仿明制，亦如之。若露胎而有印字款者，昔时所轻，今之所罕也。底际款有釉而外无釉者，明代暨康熙亦间有之。若有釉无款者，则当细辨釉质之新旧矣。色微黄者曰米汤底，色稍黄而似烙痕者曰炒米底，色微近豆青者曰苹果底，辨郎窑者辄于此三致意焉。绿里绿底之器，肆人谓之九江瓷①，此称殊误，然沿讹袭谬久矣。绿底之器，恒露本色釉以容款字，作篆书者多，若作楷书者，非常品也。自款字兴而底露胎者少，乾隆以后，底露胎之器日渐少见矣。

【注释】

①九江瓷：景德镇瓷器的别称。明清时，景德镇瓷器多经九江由水路转输四方，故称。

【译文】

浆胎必轻，缸胎必重，这是一向如此的。如果缸胎轻而且薄，则就是宋代的珍品了。瓷胎要看物体的大小而判定适合它的轻重。凡是极轻或极重的物体都有研究的价值。通过辨别器物的底部而考察它的新旧，这是瓷学家必要的方法。宋元时期的各种瓷器底部大多为露

饮·流斋说瓷

元 龙泉窑青釉刻花炉

胎。明代瓷器有款识的底部必然挂釉，但无款识而露胎的也不少见。康熙、雍正年间仿制明代的瓷器也是如此。如果露胎而有印字款识的，过去不为人重视，现在却极为罕见了。底部款字有釉而外边无釉的，明代及康熙年间也曾有。若有釉而没有款字的，就应当仔细辨别釉质的新旧了。釉色微黄的称作米汤底，釉色稍黄而有如烙印痕迹的称作炒米底，釉色稍近于豆青色的称作苹果底，辨别郎窑的人们要在这三方面多加留意。绿里绿底的瓷器商人们称作九江瓷，这个名称实在大错特错，然而以讹传讹已经很久了。绿底瓷器总是露出本色釉以容纳款字，款字多作篆书，如作楷书就不是一般的物品了。自从款字流行以来底部露胎就很少了，乾隆以后底部露胎的瓷器就日渐稀少了。

古瓷之底有钉痕者，古人思想较拙，以铁签支皿底入窑而烧，烧成则撤去铁签，故底有钉痕也。又有一种底露胎而印花纹，或作花形，或作物形，或深入如钉痕而作辘轳旋形者，亦古瓷之特色也。若作螺旋纹，则明瓷常有。清初底挂釉之器，亦每有螺旋纹。

【译文】

古瓷的底部有钉痕的，这是因为古人思维拙朴，用铁签支撑器皿底部而装入窑炉，烧成之后便撤去铁签，所以瓷器底部有钉痕。还有一种底部露胎而印有花纹的，或作花的形状，或作物体的形状，或者深入好似钉痕，由陶车拉制成型的，也是古瓷的一大特色。如果作螺釉汁中凹而缩者曰棕眼，亦曰鬃眼；浅大而滋润者曰橘眼；隐含黑点而不凹下者曰犀尘；点形较大而微发老米色者曰褐斑；白中有黑者曰尘星；有小沫凝如水泡者曰泡沫星；不起泡沫而含水晕者曰水浪；尘星之晕成黄色者曰鹧斑^①，又曰兔毫^②。

【注释】

①鹧斑：即鹧鸪斑。因有鹧鸪斑点的花纹，故称。

②兔毫：即兔毫斑。在黑釉器上透出黄棕色或铁锈色条纹，因状如兔毫，故称。

【译文】

釉汁中凹下而缩小的称作棕眼，也称作鬃眼；浅大而滋润的称作橘眼；隐约含有黑点而不凹下的称作犀尘；点形较大而微发老米色的称作褐斑；白中有黑的称作尘星；有小泡凝如水泡的称作泡沫星；不起泡沫而含有水晕的称作水浪；尘星晕成黄色的称作鹧斑，又称作兔毫。

釉里蓝一种，其作法系先上一层白釉，再上一层蓝色，复上一层薄釉，最后又画金花，多作龙身夭矫，青云缭绕之画。釉里红之作法亦然。釉里蓝以康熙为最精，新仿者粗恶可厌。釉里红乾隆间尚精，后亦间有仿者，然不足观矣。

【译文】

有一种釉里蓝，它的制作方法是先上一层白釉，再上一层蓝釉，然后再上一层薄釉，最后又画上金花，多绘龙身形矫健、青云缭绕的画面。釉里红的制作方法也如此。釉里蓝以康熙年间制作最精，新近仿品粗俗不堪。釉里红乾隆年间还十分精致，后来也偶有仿制，但不值一看了。

    釉之旧者，谓之宝光；釉之新者，谓之浮光①，所谓"失之毫厘，谬以千里"者也。但以暗淡无光者，谓为历年久远之证，则大不然。彼佳瓷未有无光者，或则曾经入土，光气净尽，名曰失亮，则又当辨土绣花之有无矣②。若伪者，乃用浆砣磨去浮光③，易于掩蔽一时，终难逃识者之明鉴也。

【注释】

    ①浮光：水面或物体表面反射的光。

    ②土绣花：陶瓷器因久埋土中，釉面形成土锈如花，故称。

    ③浆砣：用于擦磨瓷器、玉器上附着物的轮石。

【译文】

    釉质旧的称作宝光，釉质新的称作浮光，正所谓"失之毫厘，谬以千里"。但是若以暗淡无光作为年代久远的证据，就不太准确了。那些精美的瓷器没有不具备光泽的，或者因曾经埋入土中而光泽全失，名为失亮，这时又要辨别有没有土锈花。如系伪作，用浆砣磨去浮光，虽然容易蒙蔽一时，但最终难逃有见识人的明察。

    辨浮光之有无，此易事也。若新制之极精者，不惟毫无浮光，且能露出宝光。而旧瓷之种种特色，几于具体若是者，则难辨矣；然有花彩则细辨花彩，无花彩则细辨质地。花彩之精者，几足与旧制颉颃①，惟质地则剖析毫芒，自形判别，然其间亦有微乎其微者矣。

【注释】

①颉颃（xié háng）：不相上下。

【译文】

辨别浮光的有无，这是件容易的事。如果新制非常精到的，不仅丝毫没有浮光，并且还能露出宝光。而假如旧瓷的种种特征几乎完全具备，就很难辨认了；然而有花彩的就要仔细辨别花彩，没有花彩的就仔细辨别质地。花彩精美的几乎与旧制不相上下，惟有质地只要剖析精微自然能够判别，然而也有差别太过于微小的。

玻璃釉之制，盖甚古矣。自宋迄清初，凡带有玻璃釉者，虽皆透脱如玻璃，然总有浑融气象，自成一种特色。譬如琥珀、水晶，虽亦如玻璃之浏亮①，而与玻璃之质究有别也。若夫新造之釉，则无论厚薄，其色虽亦类似玻璃，然终不能混融，仍露迹象也。

【注释】

①浏亮：明朗，清明。浏，水深而清澈。

【译文】

玻璃釉的制作，历史已经非常久远了。自宋代到清代初年，凡是带有玻璃釉的，虽然通透如同玻璃，但总有一种浑融的气象而自成特色。比如琥珀、水晶，虽也像玻璃一样透亮，然而和玻璃的本质终究有所区别。像那些新造的釉，则无论厚薄、颜色都类似玻璃，但终究不能混和融合，仍然会暴露一些迹象。

宋元之釉极厚，而咸、同间仿宋元者，其釉之厚亦同也。雍、乾之釉极薄，而光、宣间仿雍、乾者，其釉之薄亦同也。然其厚同，其薄同，而其间自有不同者在也，以皮相则失之矣。

【译文】

宋元瓷器的釉非常厚，而咸丰、同治年间仿制的宋元瓷器釉也一样厚。雍正、乾隆年间的釉非常薄，而光绪、宣统年间仿制雍正、乾隆时的瓷器，釉也一样薄。虽然它们厚薄相同，但其中自有不同之处，只是从表面上看就会有所失误了。

器小而开大片，器大而开小片，皆足贵也。晚近以来，则不贵哥窑之开片，而贵郎窑之开片。大抵开片瓷品，概以扪之无痕者，乃为可贵也。

【译文】

瓷器小而开大片，瓷器大而开小片，均足以贵重。最近以来，却不以哥窑的开片为贵，而以郎窑的开片为贵。一般说开片的瓷器，大概以抚摸起来感觉不到痕迹的才为珍品。

清　孔雀绿釉瓜棱罐

辨胎釉之道，盖亦夥矣。手而扪之，审其泽也；指而扣之，听其声也；目而察之，辨其色也。更有附于耳际而听其有无微响，以验火气之曾否退落者，然不甚足恃，故雅人弗取之。

【译文】

辨别胎釉的方法也非常多。用手抚摸，观察它的光泽；用手指轻敲，倾听它的声音；用眼睛观察，辨别它的颜色。还有把耳朵贴在瓷器边上听有没有微弱的声响，以验证火气是否已经消褪，然而不大可信，所以文雅之士多不采用。

有一种香瓷，能于座间发出香气。恽南田有瓯香馆，即指此也。盖宋瓷制胚胎往往杂以香料，历年既久，异香喷溢，最为珍罕之品。有土胎香者，有泥浆胎香者，有瓷胎香者。浆胎香者较多，瓷胎较少。更有藏香胎、沉香胎等等。若小合之属，古时奁具载梳头油久，亦能浸溢成香，是又入于韵事者矣。

【译文】

有一种"香瓷"能在座位间发出香气。恽南田有瓯香馆，即是指此种瓷器。大概宋代瓷器在制作胚胎时往往掺杂香料，年深日久，奇异的香气喷出，乃是最为珍奇罕见的物品。香瓷有土胎香的、泥浆胎香的、瓷胎香的。浆胎香的较多，瓷胎香的较少。还有藏香胎、沉香胎等等。如果是小盒子之类的，乃是古时妆奁用具，内装梳头油时间长了，也能散发香气，这又属于风雅之事了。

香瓷之香，乃在胎骨。宋制器皿釉不到底，恒稍露胎骨于外，故能发香。若釉汁满挂，则纵有香料入胎，而亦不能喷溢芬馥矣。是以香胎间于古瓷中有之，后代则甚罕也。

【译文】

香瓷的香气在于胎骨。宋代制作的器皿釉彩挂不到底部，总是露出胎骨在外面，所以能散发出香气。如果挂满釉汁，即使有香料掺入胎骨，也不能喷放出芬芳香气。因此香胎在古瓷中偶有所见，后来就非常罕见了。

挂釉之法，古时以笔揾釉[①]，病在不匀。后改为以皿入缸，用蘸釉法匀矣，而屡有不到底者。嗣改为吹釉之法，有三四遍吹至十余遍不等，则既匀且净，盖进化之理然也。

【注释】

①搨釉：又称"刷釉"，陶瓷施釉技法之一。即用毛笔蘸釉浆涂于器坯上。此法只宜于上着色釉或同一器物上施数种不同色釉时用之。

【译文】

挂釉的方法，古时用笔搨釉，缺点在于不均匀。后来改为将器皿放入缸中，用蘸釉法，虽然均匀了，但釉汁往往挂不到底部。此后又改为吹釉法，有吹三四遍到十余遍不等，又均匀又干净，这是因为进化的道理。

常见一种混合五色之釉，其文缭绕纷纶，有如五色之玛瑙，又似海滨文蛤之壳，名曰混釉，又曰云釉，谓其如云蒸霞蔚也。施之于小瓶类为多，是亦乾隆间一种好奇之新发明。

【译文】

常见一种混合五色的釉彩，纹理缭绕缤纷，好似五色的玛瑙，又好似海边的贝壳，称作混釉，又称作云釉，意思是如云蒸霞蔚一般美观。多施用于小瓶一类的瓷器上，这也是乾隆年间一种好奇的新发明。

乾隆有专仿木制各皿，远望俨然如木，而实为瓷者，名曰仿木釉。有仿漆器者，名曰仿漆釉。有仿景泰珐琅者①，名曰仿景泰釉。此外，更有玳瑁釉、石釉、花釉等等②，骤视绝不类瓷，细辨始知。皆釉汁变化神奇之至也。

【注释】

①景泰珐琅：即景泰蓝，又名"铜胎掐丝珐琅"，是一种瓷铜结合的独特工艺品。因创始于明代景泰年间，初创时只有蓝色，故名。

②玳瑁釉：釉的一种，是一种釉面黑、黄等色交织混合色调滋润的釉，由于釉层的龟裂、流动、密集、填缝，便在黑色中形成玳瑁状的斑纹，故称。石釉：仿天然石的一种釉色。花釉：指一器具有多种釉色。

【译文】

乾隆时有专仿木制的各种器皿，远看特别像木制，实为瓷制，称作仿木釉。有仿漆器的，称作仿漆釉。有仿景泰蓝的，称作仿景泰釉。此外，还有玳瑁釉、石釉、花釉等等，乍看绝对不像瓷器，仔细辨认后才能认出。这都是因为釉汁变化神奇之至的缘故。

【点评】

瓷的构成不过"胎"与"釉"两端，所以"胎釉"为瓷之基本，"说窑"之后，继"说胎釉"，顺理成章。

"胎釉"为瓷之基本，而胎为釉之肌骨，釉为胎之皮肤；胎承釉，而釉附胎，故本章内容：

一说胎。辨胎先分种类，有瓷胎、浆胎、缸胎（又名瓦胎）、石胎、铁胎。后说各类之特征，于说各类特征中又说及"脱胎"即"卵幕"一种，包括其特色及沿革。并说及诸胎鉴别之法，除"凝重粗厚"者为石胎和"瓷质近黑，有如铁色者"为铁胎之外，则"浆胎质轻而松，缸胎质重而坚，瓷胎音清而脆。瓷胎之沙底者，谓其底露胎不涂釉也。沙底贵白贵细，以细砂底为上。缸胎大半缸底，色贵亮，声贵响。年久之缸胎多有铜音，故鉴别家往往叩其声而知是物历年之久暂也"。

于缸胎即瓦器类附说开片。开片即纹，先说其类有大小之分，又有鱼子纹、牛毛纹、柳叶纹、蟹爪纹之分，其特征顾名可知。后说开片之原因，本瓦器年深日久，自然而然，开在釉汁，隐隐然似坼而未坼，鱼子、牛毛诸纹皆是。哥窑首创人为开片，后人仿之，多用于浆胎，入窑前开之，经烧制定型，故其开在瓷胎，轩豁呈露。又于人为开片附说冰纹，广东谓之"襞裂"，上海谓之"煨瓷"，琉璃厂古董行谓之"格瓷"。凡所叙列，层递以下，清晰明白，辨识之法亦在其中。

二说釉。先说上釉之法及其品类。其法一曰蘸釉，二曰吹釉。其类则蘸釉厚，如堆脂谓之"密淋釉"，如蜡泪谓之"鼻涕釉"，又有"露胎"、"缩釉"等。而均窑之釉有"泪痕"、"蚯蚓走泥印"，广窑有"霞片"、"星点"等。吹釉薄，有玻璃釉等，甚者薄如卵膜。又说罩釉一次，只用一色谓之"纯色釉"，而白色谓之"本色釉"。

后说历代名釉，一曰宝石釉，其中最贵为亮釉即玻璃釉；二曰"疙瘩釉"；三曰"祭红釉"。釉之样式则有灯草边、紫口铁足、铁绣花等，各叙其沿革、特色等。以下除附说"脱胎"与前述稍有重复之外，又说红釉中"苔点"、"苹果绿"、"金星"，则深细而微，足资辨识。

三说胎釉之鉴别。一者从胎釉鉴别瓷器，一看轻重，二看器底，三看款式，四看新旧，五看钉痕，以及釉面之形与色，新与旧、浮光有无等等。二者"辨胎釉之道……手而扪之，审其泽也；指而扣之，听其声也；目而察之，辨其色也"。其他说"香瓷"令人神往，说挂釉法之演进，特别是说五色釉及仿木或漆等釉之发明，为他书所未见。

总之，本章介绍了瓷之胎与釉的基本知识，为说瓷之根本，鉴瓷之大略。通过本章的研习，可对瓷之胎与釉的种类、特征、演进历史等有基本了解，为治瓷学之基础。而其中多所揭示的胎釉鉴别原则，更具有实际的指导作用。

饮流斋说瓷

说彩色第四

兰情寄菩薩蠻

以浅深数种之青色交绘成文，谓之青花。本色地而绘以五色花者，谓之五彩。绘三色花者，谓之三彩。彩地而傅以彩花者，谓之夹彩。先施圈阑，内绘花文，外填色釉或锦文者，谓之开光。黑白等地而绘绿、黄、紫三色花者，谓之素三彩素三彩亦有连地统计者。由窑变而成红、绿、紫三色者，谓之天然三彩。里外皆有花者，谓之两面彩。

【译文】

以浅深不同的多种青色交绘成花纹的，称作青花。在本色地上描绘五色花纹的，称作五彩。描绘三色花纹的，称作三彩。在彩色地上描绘彩花的，称作夹彩。先施加圈栏，里面描绘花纹，外面填加釉色或锦纹的，称作开光。在黑、白等本色地描绘绿、黄、紫三色花纹的，称作素三彩素三彩也有连同本色地一起统计的。因为窑变而成红、绿、紫三色的，称作天然三彩。内外都有花纹的，称作两面彩。

本色地加彩，盖始于宋。或谓始于明者，非也。《陶说》载宋学士王珪召对蕊珠殿[①]，设紫花坐墩，是其有力之证。以余所见，哥窑加彩之器，古物保存所有之。而友人所藏复有一具，确为宋物无疑。花彩古气盎然，殊不类后加者。至元瓷法花之品法花详下章，花与底不一，已开夹彩之权舆[②]。元时既有夹彩，则本色地加彩必在其先，断可知矣。

【注释】

①《陶说》：我国古代陶瓷研究的重要著作之一。清朱琰撰。朱琰字桐川，别号笠亭。海盐（今浙江海盐）人。清乾隆三十一年（1766）进士，曾任直隶阜平县令。著作丰富。王珪（1019—1085）：字禹玉，成都华阳（今四川成都）人。弱岁奇警，出语惊人。举进士甲科，为翰林学士。著有《华阳集》。蕊珠殿：又称"蕊宫"，道教经典所说的仙宫，此为宋宫殿名。

②权舆：本义草木萌芽的状态，引申为起始、初时。

【译文】

本色地上加彩，始于宋代。有说始于明代的，这是不正确的。《陶说》曾记载宋代翰林学士王珪被召见蕊珠殿，赐座紫花坐墩，就是有力的明证。据我所见，哥窑加彩的瓷器，古物保存所就有收藏。而我的朋友所藏也有一件，确属宋代物品无疑。花彩古意盎然，一点也不像后加上去的。至于元瓷中的法花**法花详见下章**，花彩与地色不一样，已经出现了夹彩的苗头。元代既然有了夹彩，那么本色地上加彩必然在它之前出现，这是推断可知的事情。

五彩之器，明永乐制作始盛。证以《博物要览》所载，则穷妍竞巧，花样渐多。或谓五彩间有洪武款者①，皆属明末清初之所托，殆或然欤？明代彩瓷发明，足以夐绝奕世②，震铄一代者，殊不浅鲜。综其迁变，可得而言。

明　五彩龙凤纹提梁壶

【注释】

①洪武（1368—1398）：明太祖朱元璋的年号。

②夐（xiòng）绝：远远超过。奕世：一代接一代。

【译文】

五彩瓷器于明代永乐年间开始盛行。据《博物要览》记载，已是求美斗巧，花样日繁。有人说五彩瓷器偶有款题洪武年间的，都是明末清初的伪托，大概就是如此吧? 明代彩瓷的发明, 足以远远超过一代又一代, 震撼照耀当世者, 实在不少。综合考量其变化之迹, 可以得到了解和说明。

永乐影青一种, 瓷质极薄, 雕暗龙花, 表里可以映见花纹, 微现青色, 故曰影青。《陶雅》称为绝品, 迥非雍、乾所及。或又谓此等影青, 决非永乐, 乃嘉靖瓷而书永乐款者, 亦有雍窑书永乐款。要之, 永乐于明代, 实彩瓷始盛之时也。

【译文】

永乐时有一种影青, 瓷质极薄, 雕暗花龙纹, 里外都可以映见花纹, 微微显出青色, 所以称作影青。《陶雅》称为绝品, 远非雍正、乾隆年间的制品所能企及。还有说这类影青绝对不是永乐, 而是嘉靖年间的瓷器题永乐的款识, 也有说雍正官窑书写永乐款识的。总之, 永乐一朝在明代确实是彩瓷开始盛行的时期。

宣德发明祭红, 乃祭郊坛用品所创之色也[①]。又称霁红, 谓如朝霞霁色[②]。一名积红, 一名醉红, 复名鸡红。则因瓷无专书, 市人以音相呼, 遂成种种异名耳。

【注释】

①郊坛: 古代为祭祀所筑的土坛, 设在南郊。宋周密《武林旧事·大礼》:"冬至有事于南郊, 或用次年元日行事。先于五六月内择日命司漕及修内司修饰郊坛……郊坛, 天盘至地高三丈二尺四寸, 通七十二级, 分四成, 共十二阶, 分三十六龛, 舞阶阔一丈, 主上升降由此阶, 其余各阔五尺。"

②霁(jì)色: 一种蓝色, 与雨后天晴的天空一样的颜色。

【译文】

宣德年间发明祭红,是为了用作郊坛祭祀所创造出的一种颜色。又称作霁红,说它好像雨过天晴后朝霞的颜色。又称作积红、醉红,还有的称作鸡红。这都是因为瓷器方面没有专门的书籍,市场上大家依照近似的发音来称呼,所以形成种种不同的名称而已。

成化五彩、青花,均极工致。青花蓝色深入釉骨,画笔老横[1],康熙犹当却步也。正德发明一种蛋青[2],浅绿色,其釉极厚极透,其色极艳极鲜,迥非后来所能及。嘉靖则锦纹开光之器益夥[3],万历祭红侔于宣德[4],而雕瓷碗白间绿色,雕万不断花纹[5],亦始于是时。

【注释】

①老横:老辣纵横。

②正德(1506—1521):明武宗朱厚照的年号。

③锦纹开光:即锦地开光。在边框外饰以满地锦纹的称为"锦地开光",也称"锦地盒子心"。益夥:益多。

④侔:齐等。

⑤万不断花纹:或称"万字不到头"。传统装饰纹样。卍,本是一种原始符号,起源于亚洲中部和东部新石器时代彩陶文化时期,其形态是人类自身形态或骨骼形式,用来显示灵魂不死的祖先崇拜观念。佛教用此符号代表"轮回",为释迦牟尼三十二相之一。梵文名"室利靺蹉洛刹曩",意为"胸部的吉祥标志"。古时译为"吉祥海云相"。唐武则天长寿二年(693)定读此符为"万",从此"卍"便识为"万"字。"卍"字四端可作四方连续展开,形成"卍"字锦纹,连绵不断,以寓长久不断之意。

【译文】

成化年间的五彩、青花,都非常精致。青花的蓝色深入釉骨,画笔老辣纵横,即使康熙年间的青花也要望而却步。正德年间发明了蛋青，浅绿色，釉非常厚，非常通透，色彩鲜艳异常，远非后世制品所能达到的。嘉靖年间锦纹开光的瓷器更多，万历年间的祭红可与宣德年间的媲美，而雕磁碗白中兼有绿色，雕万不断花纹也是始于此时。

明代发明彩色极多，不胜觇指[1]。大抵康、雍时所有之色，殆几无不沿于明代者。若釉里红、豇豆红、抹红、秋葵绿等新艳可喜之色[2]，明已有之。若豆彩一种[3]，成化亦微露端倪。故就彩色论，朱明一代已极纷纭璀璨[4]，清初益推衍其波澜耳。

【注释】

①不胜觇（zhěn）指：难得一一说明。觇指，一一指出。觇，觇缕，委曲详尽而有条理，多指语言。

②秋葵绿：釉色名。淡黄泛微绿，与秋天葵花之绿色相近，故名。

③豆彩：又名"斗彩"、"逗彩"。见本篇"豆彩"章节。

④纷纭：众多。璀璨（cuǐ càn）：形容珠玉等光彩鲜明。

【译文】

明代发明了许多彩色，难以一一说明。大致说康熙、雍正年间所使用的釉色，几乎无一不沿袭明代的。例如釉里红、豇豆红、抹红、秋葵绿等新鲜艳丽的颜色，明代就已经有了。像豆彩，成化时也微露端倪。所以就彩色而论的话，明代已经十分复杂、光辉灿烂，清代初年不过是更加繁衍、推波助澜而已。

有明彩料，多采自外国：如青花初用苏泥勃青[1]，继用回青[2]；红色则有三佛齐之紫碄、勃泥之紫矿胭脂石[3]，是以彩色浓厚，耀映奕世。而清初采用，犹多前朝内府所遗[4]。

【注释】

①苏泥勃青：制瓷青料名，外来语音译，又称"苏勃泥青"、"苏麻离青"等。产于古波斯或今叙利亚一带。元代青花的一部分和明永乐、宣德官窑所用青料，均为此种。

②回青：有产于西域、新疆、云南等多种说法。此料发色菁幽泛紫，若单独使用则浑散不收，故多与石子青混合使用。朱琰《陶说》卷一《说今·陶冶图说》："明宣德用苏泥勃青，嘉靖用回青。"

③三佛齐：即三佛齐王国，又作"室利佛逝"、"佛逝"、"旧港"，简称"三佛齐"，存在于大巽他群岛上的一个古代王国，在鼎盛时期，其势力范围包括马来半岛和巽他群岛的大部分地区。

④内府：此指明朝管理宫廷事务的机构。

【译文】

明代的彩料多采自外国：如青花最初使用苏泥勃青，后来又用回青；红色用三佛齐的紫碓、勃泥的紫矿胭脂石，所以瓷器的色彩浑厚，光照数代。而清代初年所采用的，大多是明代内府所遗留的。

清代彩瓷变化繁赜，几于不可方物。康熙硬彩，雍正软彩。硬彩者，谓彩色甚浓，釉傅其上，微微凸起也。软彩，又名粉彩，谓彩色稍淡，有粉匀之也。

【译文】

清代的彩瓷变化多端，复杂深奥，几乎无法想像。例如康熙年间硬彩，雍正年间软彩。所谓硬彩，是指颜色浓厚坚硬，釉附其上，微微凸起。所谓软彩，又称作粉彩，是说它的彩色稍淡，用粉使之均匀。

　　硬彩华贵而深凝，粉彩艳丽而清逸，青花幽靓而雅洁。硬彩、青花均以康熙为极轨，粉彩以雍正为绝美。乾隆夹彩最盛，镂金错采，几于鬼斧神工。三朝鼎盛^①，殆叹观止矣。

【注释】

　　①三朝：指康熙、雍正、乾隆三朝。

【译文】

　　硬彩华丽富贵而深沉凝重，粉彩艳丽而清新飘逸，青花幽靓而高雅纯洁。硬彩、青花都以康熙年间制品为最高典范，粉彩则以雍正年间制品为绝世之美。乾隆年间夹彩最为盛行，华丽的装饰，几乎达到鬼斧神工的地步。三朝的鼎盛状况真可以说是叹为观止了。

　　粉彩易于剥落，为其粉质松软故也。然硬彩历年既久，亦时有剥落者。但使完好精美，则雍正之粉彩亦何让康熙之硬彩耶？

【译文】

　　粉彩很容易剥落，因为粉彩质地松软。然而硬彩经历年深日久，也时有剥落现象。如果完整而精美，那么雍正年间的粉彩怎么会逊色于康熙年间的硬彩呢？

清　粉彩百花图花觚

康熙官窑、客货概无粉彩，惟御制料款之碗则有之。其粉红为地，杂以彩绘者，尤为珍罕。市人不察，辄以胭脂水堆料款呼之，实不知粉红与脂水迥乎不同也。或谓此等堆料碗，乃雍正物而书康熙款者，亦属非是。

【译文】

康熙年间的官窑和民窑一概没有粉彩，唯独"御制"料款的碗有过。它以粉红为底色，间杂施以彩绘，尤为珍贵。而市人们不加以考察就以胭脂水堆料款称呼它，实际上却不知道粉红和胭脂水迥然不同。有的说这等堆料碗，乃是雍正年间的器物而书写康熙的款识，这也是错误的。

康熙硬彩，蓝、绿二色堆起甚厚，历年既久，时亦有裂坼之患。红为深色之抹红，且较他色釉质有平凸之差，故亦易于褪落。

【译文】

康熙时的硬彩，蓝色和绿色堆积很厚，因经历的时间长偶尔会产生裂隙。红是深色的抹红，而且比较其他釉质有平凸的差别，所以易于褪落。

五色五章，繁杂纷纶，穷极变化，而细为寻绎①，又似有系统之可言。通称五色，青、黄、赤、白、黑而已，递衍递嬗，迅至不可名状。则红之一色，不下百余种。其次为青，青衍而为绿与蓝，三者一系，不下数十种也。黄者较少，著名者亦十余种，黄与绿之范围时有出入。黑者最少，仅数种耳，盖黑为最难变化之色也。而白亦有数种。

【注释】

①寻绎：反复探索，推求。

【译文】

　　各种颜色，繁多而杂乱，变化无穷，而仔细探索的话，又好像有一定的体系可言。一般通称的五色，是指青、黄、赤、白、黑而已。若依次推衍更替下去，很快就不能用语言来形容了。如红这一种色，就不止百余种。其次是青色，由青色衍变成绿色和蓝色，三者同属一体系，不下数十种。黄色的品种较少，有名的也有十余种，黄色和绿色的范围有些出入。黑色的品种最少，只有几种，这是因为黑色是最难变化的颜色。而白色也有数种。

　　今就最流行之色，而试以系统别之：

　　红附紫：祭红、霁红、积红、醉红、鸡红、宝石红、朱红、大红、鲜红、抹红、珊瑚、胭脂水、胭脂红、粉红、美人祭、豇豆红、桃花浪、桃花片、海棠红、娃娃脸、美人脸、杨妃色、淡茄、云豆、均紫、茄皮紫、葡萄紫、玫瑰紫、乳鼠皮、柿红、枣红、橘红、矾红、翻红、肉红、羊肝、猪肝、苹果青、苹果绿二者皆红色所变，故不入绿类，而入红类。

【译文】

　　现在就最为流行的釉色作一个系统的区分：

　　红色包括紫色：祭红、霁红、积红、醉红、鸡红、宝石红、朱红、大红、鲜红、抹红、珊瑚、胭脂水、胭脂红、粉红、美人祭、豇豆红、桃花浪、桃花片、海棠红、娃娃脸、美人脸、杨妃色、淡茄、云豆、均紫、茄皮紫、葡萄紫、玫瑰紫、乳鼠皮、柿红、枣红、橘红、矾红、翻红、肉红、羊肝、猪肝、苹果青、苹果绿二者均为红色所变，故不入绿类，而入红类。

　　青附蓝绿：天青、东青、豆青、豆彩、梨青、蛋青、蟹甲青、虾青、毡

包青、影青、青花夹紫、新橘、瓜皮绿、哥绿、果绿、孔雀绿、翠羽、子母绿、菠菜绿、鹦哥绿、秋葵绿、松花绿、葡萄水、西湖水、积蓝、洒蓝、宝石蓝、玻璃蓝、鱼子蓝、抹蓝、海鼠色、鳖裙、褐绿、粉色褐。

【译文】

青色包括蓝、绿：天青、东青、豆青、豆彩、梨青、蛋青、蟹甲青、虾青、毡包青、影青、青花夹紫、新橘、瓜皮绿、哥绿、果绿、孔雀绿、翠羽、子母绿、菠菜绿、鹦哥绿、秋葵绿、松花绿、葡萄水、西湖水、积蓝、洒蓝、宝石蓝、玻璃蓝、鱼子蓝、抹蓝、海鼠色、鳖裙、褐绿、粉色褐。

黄：鹅黄、蛋黄、密蜡黄、鸡油黄、鱼子黄、牙色淡黄、金酱、芝麻酱、茶叶末、鼻烟、菜尾、鳝鱼皮、黄褐色、老僧衣。

【译文】

黄色：鹅黄、蛋黄、密蜡黄、鸡油黄、鱼子黄、牙色淡黄、金酱、芝麻酱、茶叶末、鼻烟、菜尾、鳝鱼皮、黄褐色、老僧衣。

清　墨彩山水杯

黑：黑彩、墨彩、乌金、古铜、墨褐、铁棕。

【译文】

黑色：黑彩、墨彩、乌金、古铜、墨褐、铁棕。

白：月白、鱼肚白、牙白、

填白。

【译文】

白色：月白、鱼肚白、牙白、填白。

以言系统，千绪万端，然概括之，不外"浅"、"深"二字，为之归汇。均紫最古，然已有葡萄紫、玫瑰紫之分。至元紫釉，有近猪肝者，有类葡萄者。明代祭红，亦分为二：一宝石红，又曰大红，肆人混称郎窑者也；一鲜红，项子京《瓷器图说》别之为积红者也。大红衍而为抹红、为枣红、为橘红、为猪肝、羊肝、为茄皮紫、为云豆；鲜红衍而为胭脂水、美人祭、豇豆红、桃花片、娃娃脸、杨妃色，皆由一深一浅，竟分派别焉。豇豆红变而成苹果，深者谓之苹果绿，浅者谓之苹果青，黯败者谓之乳鼠皮。至于橘红，又有广橘、福橘之殊；茄紫又有深茄、淡茄之别。条叶益繁，支派百出，盖矜奇而竞巧，亦逞异而标新也。

【译文】

这些颜色如按系统加以区分的话，真是千头万绪，然而概括起来，不外乎"浅"、"深"二字，为之归纳汇总。均紫为最古，但已有葡萄紫、玫瑰紫的区别。到了元代，紫釉有近似猪肝色的，有类似葡萄色的。明代的祭红也分为两种：一种是宝石红，又叫大红，商人们混称作郎窑的；一种是鲜红，即项子京《瓷器图说》里别称为积红的。大红衍化而为抹红、枣红、橘红、猪肝、羊肝、茄皮紫、云豆；鲜红衍化而为胭脂水、美人祭、豇豆红、桃花片、娃娃脸、杨妃色，都是由一深一浅竞相分出的派别。豇豆红衍变而成苹果，深的称作苹果绿，浅的称作苹果青，黯淡的称作乳鼠皮。至于橘红，又有广橘、福橘的差别；茄紫又有深茄、淡茄的不同。可以说枝繁叶茂，门派百出，这都是因为矜奇而竞巧，标新而领异的缘故。

晋缥唐绿①，夐乎远矣。柴周之雨过天青实接其轨②，汴京之东青继之，汝窑之豆青承之，是数者皆青之先河也。哥窑衍而为豆绿，弟窑衍而为果绿。至于瓜皮、孔雀、子母、菠菜、鹦哥诸绿，又其后之孳乳也③。其浅色者，有秋葵、松花、葡萄水、西湖水诸种。其黯色者，有蟹甲、鳖裙、毡包青诸种。推之蓝色，深者有宝石蓝、洒蓝等名，浅者有天蓝、灰蓝诸类。此外黄也、黑也，亦莫不有深浅诸色。吾故谓"浅深"二字可分两大支流，而为概括之总汇也。

【注释】

①晋缥：晋代的缥瓷，属青瓷类。见于潘岳《笙赋》。缥，帛之一种，青白色。唐绿：唐代的绿色瓷。

②柴周：即历史上的五代后周（951—960），郭威所建，后传位给世宗柴荣，故称。

③孳（zī）乳：繁殖，泛指派生。

【译文】

晋代的缥瓷和唐代的绿瓷，年代已经非常久远了。而后周柴世宗的雨过天青，实在是接其轨范，北宋汴京的东青继之而起，汝窑的豆青传承下来，这几种都是青瓷的先河。哥窑衍变而成豆绿，弟窑衍变而成果绿。至于瓜皮、孔雀、子母、菠菜、鹦哥等绿色，又是它们滋生出来的品种。颜色浅的有秋葵、松花、葡萄水、西湖水诸种。颜色黯淡的有蟹甲、鳖裙、毡包青诸种。如此推论下去，蓝色深的有宝石蓝、洒蓝等；浅的有天蓝、灰蓝等。此外，黄的、黑的也无一不有深浅几种颜色。我所说"浅深"二字可分为两大支流，而成为概括的总汇。

今就世人所宝贵之色，择要以说明之，俾辨色者稍得厓略①，非以求备也。其别如左：

<u>宝石红</u>　　　祭红之宝石釉者，俗呼之曰郎窑，今为行文之便，以宝

石红别之。始于宣德，盛于万历，康熙仿者已稍不如前，此后遂绝响矣。此种器皿大都亮釉，其色深红，如初凝之牛血。里外皆有开片，而扪之无痕，开在釉汁之内，若隐若现。底足灯草边，异常齐整。底概无款，有米汤底、苹果底两种，稍黄者曰米汤，稍青者曰苹果，均有小开片。此纯红者为极难得，满带苔点绿者次之，其不纯红者则变为其他名称矣与《说窑》章《郎窑》节参看。

【注释】

①俾（bǐ）：使。厓（yá）略：梗概，大略。

【译文】

现在就世人们所宝爱的釉色，摘要加以说明，以便区分颜色的人们能略知大概，并非求全责备。其区别如下：

宝石红　祭红中的宝石釉，俗称作郎窑，现在为表达意思方便，用宝石红作为区别。它起始于宣德，盛行于万历年间，康熙年间的仿品已比不上从前，以后就失传了。这种器皿大多亮釉，颜色深红，像是刚刚凝结的牛血。瓷器内外都有开片，但用手抚摸却没有痕迹，这是因为开片开在釉内，裂纹若隐若现。底足有灯草边异常齐整。底部一概没有年款，有米汤底、苹果底两种，颜色稍黄的称作米汤底，颜色稍青的称作苹果底，都有小开片。以纯红的为最难得，其次是通体满带苔点绿的。不是纯红的就变为其他名称了参见《说窑》章中《郎窑》一节。

积红　　　祭红之鲜红釉者，据项氏子京说，以积红别之。凡朱红、粉红及变为青绿等色，无开片而有款者，概属于此类。亦始于宣德，其他明代诸朝暨康、雍、乾、嘉均有之。与宝石红之祭红本为一物，其所异者，特一深红、一鲜红，一有小开片、一不开片耳。其灯草边之齐整亦同。惟因其不如宝石红之透亮，价值遂远逊云。

【译文】

　　积红　　祭红中的鲜红釉，根据项子京的说法，用"积红"以区别。凡是朱红、粉红以及变为青绿等色，没有开片而又有款识的，一概属于此类。积红也是始于宣德年间，其他明代各朝以及康熙、雍正、乾隆、嘉庆都有。它与宝石红的祭红本属一类，所不同的是，一个是深红色，一个是鲜红色；一个有小开片，一个不开片。它们的灯草边也同样齐整。仅仅因为积红不如宝石红透亮，所以价值就远远不及了。

　　豇豆红　　此色亦由祭红变化而来，以类于豇豆，故以豇豆红呼之。釉中多有绿苔点或大片绿斑[①]，亦有纯红者。以康熙款者为最多，若雍正款者，则其釉虽与豇豆红无异，人亦辄以雍正祭红呼之矣。豇豆之黯败者，俗称乳鼠皮，价值殊贬。稍深则入云豆色，近紫又入茄皮色。豇红之所以可贵者，在莹润无比，居若鲜若黯之间，妙在难以形容也。

【注释】

　　①绿苔点：又称"苔点绿"，瓷器釉色名。烧制时先在坯上施一层底釉，然后吹上一层颜色釉料，再盖上一层面釉，入窑高温还原焰烧成，呈色变化较多，粉红中有绿点的称"苔点绿釉"。

【译文】

　　豇豆红　　这种釉色也是由祭红变化而来，因为类似豇豆色，所以称作豇豆红。这种釉中多有绿苔点或大片绿斑，也有纯红的。以康熙年款的为最多，若是写了雍正年款的，虽然其釉色

清　豇豆红印盒

与豇豆红无不同，但人们还是以雍正祭红称呼它。豇豆红釉色黯败的俗称乳鼠皮，价值特别低。釉色稍深的归入云豆色，接近紫色的又归入茄皮色。豇豆红之所以可贵，是因为它莹润无比，居于鲜艳和黯淡之间，妙在无法形容。

胭脂水　　胭脂水一色，发明于雍正，而乾隆继之，以其釉色酷似胭脂水，因以得名也。始制者胎极薄，其里釉极白，因为外釉所照，故发粉红色。乾隆所制则胎质渐厚，色略发紫，其里釉尤白，于灯草边处如白玉一道焉。至乾隆末叶，喜满雕阴文细花，绘以杂彩，比之初年，殆不啻上下床之别。而近今伪制，尤以此类为多。客货多系疙瘩釉①，而明艳鲜丽，釉亦极薄。至嘉、道以后，虽有此色，然已比之自郐矣②。

【注释】

①疙瘩釉：瓷器表面凹凸不平或如水波起伏，从旁侧视或用手抚摸可以感觉到此种缺陷，形似疙瘩，故名。

②比之自郐（kuài）：即自郐以下，谓余下的就不值得一说了。本《左传·襄公二十九年》载吴季札观乐于鲁，于诸大国之乐均评论之，唯"自郐以下，无讥焉"。郐，春秋小国名。以郐国地狭人少，季札故弃而不论。后因用"自郐以下"喻指不值得重视的事物。

【译文】

胭脂水　　胭脂水这种颜色，发明于雍正年间，乾隆年间有所继承，因为它的釉色酷似胭脂水而得名。最初制作时瓷胎极薄，里釉极白，因为外釉所照而发粉红色。乾隆年间的制品瓷胎渐厚，釉色略微发紫，里釉尤其莹白，在灯草边处有如白玉一道。到了乾隆末期，喜爱雕满阴文细花，加绘杂彩，和乾隆初年相比，悬殊极大。然而近来伪造的，尤以这类居多。民窑多是疙瘩釉，明艳鲜丽，釉也极薄。到了嘉庆、道光年间虽然也有这种釉色，但相比水平越来越低下。

美人祭　　美人祭又曰美人霁，祭红之淡粉色者也，西人又呼为桃花色。此种，市侩不解其名，或呼为淡缸红，或呼为淡祭红，孰若美人祭名称之娇艳也耶？余若娃娃脸、杨妃色、桃花片、桃花浪诸名，均属于此类。稍深稍浅，吹万不同[①]，而歧名异名，因之遂夥[②]。一言以蔽之，则祭红之淡粉色而不发绿斑者，即此类也。

【注释】

①吹万不同：出《庄子·齐物论》："夫吹万不同，而使其自已也。"成玄英疏："风唯一体，窍则万殊。"吹，指风而言；万，万窍。谓风吹万窍，发出各种音响。这里喻说红则一体，而浅深各异。

②夥：多。

【译文】

美人祭　　美人祭又称美人霁，是淡粉色的祭红，西方人又称作桃花色。这种釉色，市店的伙计不懂其名，或称作淡缸红，或称作淡祭红，但是哪有美人祭这一名称娇艳呢？其余如娃娃脸、杨妃色、桃花片、桃花浪等名称均属于这一类。釉色或深或浅，各不相同，因而别名异名渐多。用一句话概括，祭红的淡粉色而不出现绿斑的就属于这一类。

苹果绿　　积红所变之色。绿者成点，谓之苔点。绿者成片，则谓之苹果绿。其淡红者谓之苹果青。皆积红之巧化者也。凡积红、缸豆红而带绿成片者，均以是呼之。成化始兴，康熙为盛，而宣德则但有苔点而未成绿片也。近人品积红，每每以绿片、绿点为贵，无者辄疑为赝鼎。乌知当日有绿斑者，反为弃材耶？自窑变偶成此色，后遂踵作，且成专名，而价值亦侔于深红者。市人竞利，搜者好奇，不其然欤！

【译文】

苹果绿　　积红所变化的釉色。成点的绿色，称作苔点。成片的绿色，称作苹果绿。淡红色的称作苹果青。都是积红巧妙变化而来的。凡属积红、豇豆红而带成片绿色的都以此称呼。自成化年间兴起，康熙年间达到鼎盛，而宣德年间虽有苔点但未成绿片。现代的人品评积红，往往以绿片、绿点为贵重，无此特征的就怀疑为赝品。哪知道当时有绿斑的反而认为是废品呢？自从窑变偶然变成这种釉色，以后便一个接一个的制作，而且成为专门名称，而价值也与深红色的等同。商人们追求利润，收藏家喜好新奇，难道不是如此吗！

均紫　　　均紫最秾丽^①，为古今所艳称。初制较浓，有类长熟之葡萄；后制则近鲜，有类开透之玫瑰，故有葡萄紫、玫瑰紫等名也。全器纯紫者，近已不易一见。末叶蓝、紫相间，成垂涎纹^②，如蔚蓝水光中泛出片片之紫浪，洵异彩也^③。元紫成鱼、蝠、蝶等形，釉能深入胎骨，故亦可贵。至明迄清，仿均之品，如涂涂附^④，大抵浅紫，尚可形似，而深紫已渺不可追。或则紫中发红，或则紫中发黑，殆非正紫矣。

【注释】

①秾丽：艳丽。

②垂涎纹：釉多透亮，隐约间可以看见像垂流涎水一样的聚釉现象。

③洵：诚然，实在。

④涂涂附：仿均窑之瓷名，具体不详。

【译文】

均紫　　均紫最艳丽，为古今所羡慕并赞美。最初所制紫色较浓，像成熟的葡萄；后来制品釉色接近鲜艳，像开透的玫瑰，所以有葡萄紫、玫瑰紫等名称。完全纯紫的器物，近来已不易见到。末期所制蓝紫相间，形成垂涎纹，好像蔚蓝的水光中泛起片片紫浪，确实绚丽异常。元代的紫色变成鱼、蝙蝠、蝴蝶等形状，釉能深入胎骨，因此也很可贵。到了明清时期仿均的制品，如涂涂附的颜色，大体来说浅紫还可形似，而深紫已很难见到了，或是紫中发红，或是紫中发黑，都不是纯正的紫色了。

茄皮紫　　茄紫一色，始于明末，康熙继之，皆系玻璃釉。淡者比茄皮之色略淡，深者比煮熟茄皮之色又略重，故有淡茄、深茄之分。淡茄尤为鲜艳，介于豇豆、云豆之间。自雍正至乾隆，虽间有茄紫，然已不甚多见，盖其色甚难摹拟故也。最近仿制者，紫中发红，且不匀净，不难一望而知，真伪立判。又此色器皿，大半有雕花者。

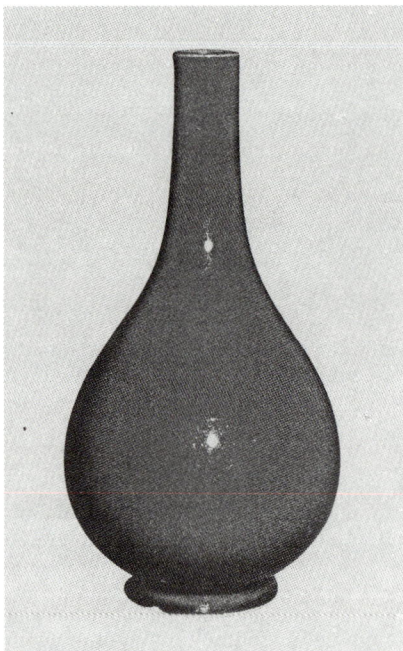

清　茄皮紫釉胆瓶

【译文】

　　茄皮紫　　茄皮紫这种釉色始于明末，康熙年间承袭下来，都是玻璃釉。颜色稍淡的比茄子皮的颜色略淡，颜色稍深的比煮熟茄子皮的颜色略重，所以有淡茄、深茄之分。淡茄尤为鲜艳，介于豇豆、云豆之间。自雍正到乾隆年间，虽然偶尔有茄紫，然而已不多见，因为这种釉色非常难于模仿的缘故。最近仿制的紫中发黑，而且釉色不匀净，不难一眼看出，真伪立刻便知。再者这类釉色的器皿，大多刻有雕花。

各种红紫　　红有百余种，至繁赜矣。除上所述诸种外，其他亦可略述也。粉红，为鲜红之化身，亦即积红之最淡者，或呼为娃娃脸，或呼为牡丹、芍药，或呼为桃花片、海棠红，总不外形容其艳丽而已。朱红，色若正朱，康、乾之制鲜明夺目，以后则比之自郐。抹红，釉质极薄，参入夹彩，以乾隆间为多。其间又有柿红、橘红、枣红之别。橘红与朱红判别，又在微妙之间。抹红带黄者，又谓之杏子衫矣。珊瑚一种，釉汁极薄，乾窑最精，此后殆如涂附。至羊肝、猪肝，则殊不足轻重。盖红之为色，变化至夥，而近之所重，则偏在于祭红一脉云。

【译文】

　　各种红紫　红有一百多种，非常繁多复杂。除了上述各种以外，其他的也可略为叙述。粉红是由鲜红变化而来，也是积红中最淡的，或称作娃娃脸，或称作牡丹、芍药，或称作桃花片、海棠红，总之不外乎形容其艳丽而已。朱红，釉色好似纯正的朱砂，康熙、乾隆年间的制品鲜明夺目，以后所制就不值得一说了。抹红，釉质极薄，掺入夹彩，以乾隆年间制品为多。其间又有柿红、橘红、枣红的区别。橘红与朱红的差别非常微妙。抹红带有黄色的，又称作杏子衫。珊瑚红这一种釉质极薄，以乾隆官窑制品最为精美，以后的差不多都像涂附之色。至于羊肝、猪肝就无足轻重了。因为红色变化非常多，近来所受到重视的偏于祭红一派。

　　天青　天青一色，肇端北宋。柴周遗制，复乎渺矣。自宋迄明，代有作者，至康、雍集其大成，幽隽淡永，兼而有之。往往于淡隽中有秾蒨之小点，尤为可喜。其釉色变迁，略有不同。康熙初年之天青，其釉极厚，其色微青，釉色混融，有同鱼脑。康熙末年之天青，其釉略混，其色略蓝。雍正时之天青，其釉略混，其色殆与天蓝无甚大别，此时制器，又往往书成化款也。自康至乾，无论天青、天蓝，其釉皆厚而且润，新者釉混而且粗，鱼脑之说渺不可复追矣。

【译文】

　　天青　　天青这一种釉色，起源于北宋。柴周时期遗留下的瓷器制品，已非常渺茫了。自宋代到明代，代代都有所制作，到康熙、雍正年间而集其大成，幽静、隽美、淡雅、深远，一概俱全。往往在淡雅隽美中带有鲜明的小斑点尤为引人喜爱。此种釉色的变迁，略有不同，康熙初年的天青釉质极厚，釉色微青，釉质混融如同鱼脑一般。康熙末年的天青，釉质略混，釉色微蓝。雍正年间的天青，釉质略混，色泽与天蓝无太大差别，这一时期的器物，又往往写作成化年款。从康熙到乾隆，无论天青、天蓝，釉质都较浑厚而且莹润，新仿制品釉则混浊、粗糙，有如鱼脑的釉色已遥不可及了。

　　豆青、豆绿　　此二色，宋哥、弟窑为最盛。哥窑多作豆绿，弟窑多作豆青，皆滋润莹泽，至为可爱。弟窑留传比哥窑较夥。明暨清初，亦仿弟窑为多。雍正仿制之品，沪上名曰果绿，莫解其由。谓是哥绿转音，以弟为兄，未必谬陋至此。谓是苹绿省文，则色泽殊亦不类。殆沿讹袭谬，不可究诘耳。明以前之豆青，微近黄色，至清则纯近绿色。雍、乾以后，往往加以彩绘，素地者遂处于平淡无奇。此色易制，沿袭过多，世人淡漠置之，殆如老去秋娘①，无复当年声价矣。

【注释】

　　①老去秋娘：喻说人或物过时不再为人所重。秋娘，唐代金陵著名歌妓。杜牧有《赠杜秋娘》诗并序，写杜秋娘青春繁华，老去凄凉。

【译文】

　　豆青、豆绿　　这两种釉色以宋代哥窑、弟窑最为兴盛。哥窑多作豆绿，弟窑多作豆青，都很滋润莹泽，十分可爱。弟窑流传下来的瓷器比哥窑要多。明代及清代初年也以仿制弟窑为多。雍正年间仿制的瓷器，上海一带称为果绿，不知什么原因。若说是哥绿的转呼音，则以弟为兄也未必简陋到如此地步。若说是苹果绿的省略音,却在色泽上不大相像。大概是沿袭错误不可深问穷究而已。明代以前的豆青,略近黄色,到了近代则纯然近乎绿色。雍正、乾隆以后往往加以彩绘,因而素底无纹的瓷器便平淡无奇了。这种釉色容易制作,沿袭过多,世人逐渐淡漠而不予重视,像是年老的杜秋娘,再无当年的声价了。

瓜皮绿 瓜皮绿如西瓜之皮,因以得名。康窑有一种罐,作西瓜状,盖上有瓜藤,弥可珍贵。釉上满开小片,其纹略如牛毛。雍正所制,釉厚而且润,色绿而略黄,或如春时之柳叶,或如秋末之葱心。乾隆制者,绿色略深,开片亦较前略粗,然皆滋润莹泽,纹内亦不发黑。若新制,则燥而不润,绿而发黑,故不足珍也。

【译文】

瓜皮绿 瓜皮绿色如西瓜皮,因而得名。康熙官窑有一种罐子做成西瓜形状,盖上有瓜藤,更加珍贵。釉上布满小开片纹,略似牛毛。雍正年间所制釉质厚而且莹润,釉色绿中略闪黄,或像春天的柳叶,或像秋末的葱心。乾隆年间的制品绿色略深,开片也较以前略粗,但都滋润莹泽,纹内也不发黑。若是新的制品,釉质干燥而不莹润,绿中发黑,所以不足珍贵。

各种青绿 深色诸绿,以孔雀绿为最可爱,葱翠夺目,制亦近罕。其次则蟹甲青,古气盎然,扑人眉宇。新橘满含棕眼,亦有足多。若鳖裙者,俗谓之忘八绿[①],殆非雅品。大抵青绿之色,不贵深而贵浅,以浅者鲜艳可爱,变化无穷也。葡萄水如新长之葡萄,西湖水、松花绿亦不甚相远。淡绿而微发黄者,名曰秋葵绿。青而略同虾肉色者,名曰虾青。数者均标新领异,殊可珍贵。至色微近浅蓝之鹦哥绿与发黄较多之梨青，则稍近于平庸矣。

【注释】

①忘八：即王八，乌龟与鳖的俗称。有时用于骂人，指妻子的外遇。

【译文】

各种青绿　　各种深绿，以孔雀绿最为可爱，葱翠夺目，近来也很少制作。其次是蟹甲青，古气十足，扑人眉宇。新橘满身含有棕眼，也有很多足以称美的地方。若是鳖裙之类，俗称王八绿，不是典雅的品种。大体说青绿这种颜色不贵深而贵浅，因为浅色鲜艳可爱，变化无穷。葡萄水好像新长成的葡萄一样，西湖水、松花绿也相差不远。淡绿色而微微发黄的称作秋葵绿。青而稍似虾肉的称作虾青。这几种都是标新立异，格外珍贵。至于颜色微近浅蓝的鹦哥绿和以及发黄较多的梨青，就略近乎平淡无奇了。

洒蓝、积蓝　　康窑于洒蓝中加绘金彩云龙，奕奕有生气。其作法，系先上一层白釉，再上一层蓝色，复上一层薄釉，最后乃画金花。积蓝又名霁蓝，作法与洒蓝有别，乃将蓝色与釉水融和，挂于瓷釉之上，并不先上白釉。因此之故，其釉比洒蓝为厚，而色则大略相同也。

【译文】

洒蓝、积蓝　　康熙官窑于洒蓝中加绘金彩云龙，神采奕奕，生气勃勃。它的制作方法是，先上一层白釉，再上一层蓝釉，然后再上一层薄釉，最后才画上金色花纹。积蓝又叫霁蓝，作法与洒蓝不同，是将蓝色与釉汁融合挂在瓷胎上，并不先上白釉。由于这个缘故，积蓝的釉比洒蓝的釉厚，而颜色大体相同。

至若青色之较浓者，曰天蓝。浅蓝而近于绿者，曰翠蓝。深蓝而有芝麻星者，曰鱼子蓝，殆谓其形有类似，非谓其色同鱼子也。至于蓝紫相和而蓝尤浓厚者，曰毡包青，亦好奇之所嗜云。

【译文】

　　至于较浓的青色，称作天蓝。浅蓝而近于绿色的称作翠蓝。深蓝而含有芝麻星的，称作鱼子蓝，是说它的形状相似，而不是说它的颜色像鱼子一样。至于蓝紫相互谐调而蓝色尤为浑厚的，称作毡包青，也是好奇者所嗜好的。

　　豆彩　　何谓豆彩？盖所绘花纹以豆青色为最多，占十分之五六，故曰豆彩也。或称斗彩，谓花朵之攒簇，有类斗争。或称逗彩，谓彩绘之骈连[1]，有同逗并。实则市人以音相呼，辗转讹述，殊非正诠[2]。是彩康、雍至精，若人物、若花卉、若鸟兽，均异采发越[3]，清蒨可爱。至乾隆以后，喜作团彩[4]，稍欠风致矣。然于华丽之中别饶葱茜之致[5]，足为清供雅品[6]，弥可宝贵也。

【注释】

　　[1]骈连：即骈门连室。形容为数众多。《南齐书·竟陵文宣王子良传》："自宋道无章，王风陵替，窃官假号，骈门连室。"

　　[2]诠：解释。

　　[3]发越：犹焕发。宋沉作喆《寓简》卷四："（古法书）人间殆不复见，其仅存者皆归御府，但追想其笔势飞动，精神发越耳。"

　　[4]团彩：又名"皮球花"，是一种不规则地呈放射状或旋转式圆形纹样。

　　[5]别饶：另有。葱茜：草木青翠茂盛貌。

　　[6]清供：犹清玩。明袁宏道《瓶史·器具》："大抵斋瓶宜矮而小，铜器如花觚、铜觯、

明 斗彩花蝶纹罐

尊罍、方汉壶、素温壶、匾壶、窑器如纸槌、鹅颈、茹袋、花樽、花囊、蓍草、蒲槌，皆须形制短小者，方入清供。"

【译文】

豆彩　　什么是豆彩？因为所描绘的花纹以豆青色为最多，占十分之五六，所以叫豆彩。或称作斗彩，是因为好像花朵争奇斗艳。或称作逗彩，是说彩绘的并列连接好似逗并。实际上这都是商人们以音相呼，辗转传讹，并非正确的解释。这种釉彩以康熙、雍正年间最为精美，人物、花卉、鸟兽都异彩焕发，清秀可爱。到乾隆以后喜作团彩，稍欠风趣了。但是于华丽中别有一种葱翠之美，堪为清赏雅玩之物，弥足珍贵。

各种黄色　　黄亦宣德时所尚之色。其时色深，有同密蜡，故有宣黄之称。至嘉靖始夹青花，色同鱼子，深者又别之为鸡油黄矣。康熙以后，专尚淡黄，统称蛋黄也。其稍深者谓之熟蛋黄，稍浅者谓之生蛋黄。若和黑、绿二色者，则名茶叶末。茶末导源最古，一为纯正之茶末，一为不纯之茶末。不纯正者或偏于黄，或偏于绿。纯正者如将茶叶研成细末，调于釉中，其色古雅幽穆，足当清供焉。其黑色稍浓，而有黄色碎点周遭围绕于底足间者，谓之鳝鱼皮，亦象形语也。若鼻烟、若菜尾、若老僧衣，皆茶叶末之变体。鼻烟最浓，菜尾较淡。至如黄、黑、紫相和，砌成斑点，则谓之虎皮斑。在昔偶然风尚，今则无复问津矣。金酱而加金花，亦乾隆间所尚，然皆小品居多，究未足当鼎、彝之巨制也。

【译文】

各种黄色　　黄色也是宣德年间所崇尚的颜色。当时有色深如同密蜡的，以至于有宣黄的名称。到嘉靖年间开始夹杂青花，颜色如同鱼子，深色的又别称作鸡油黄。康熙以后专崇尚淡黄，统称作蛋黄。其中颜色深的叫熟蛋黄，稍浅的称作生蛋黄。若融合黑和绿两种颜色的，则称作茶叶末。茶叶末起源最古，一种是纯正的茶叶末，一种是不纯正的茶叶末。不纯正的那种颜色或偏于黄，或偏于绿。纯正的如同将茶叶研成细末而调和在釉彩里，色调古雅幽静，足可清赏。黑色稍浓而有黄色碎点周遭围绕的称作鳝鱼皮，也是象形的说法。其他的，像鼻烟、菜尾、老僧衣，都是茶叶末的变种。鼻烟颜色最浓，菜尾较淡。至于黄、黑、紫三色融合而堆砌成斑点的，称作虎皮斑。在此前偶然形成风尚，到现在则无人关心了。在金酱釉上而加金花，也是乾隆年间所崇尚的，但都以小件居多，终究不能当鼎、彝那样的大件制品。

素三彩　　紫、黄、绿三色绘成花纹者，谓之素三彩。以黑地为最贵，亦有浅黄、浅绿等地，而花则黄绿较深者，亦有间露白地者。茄紫为地，殆稍罕见。有则花仅绿、黄二色耳，殆合地统计为三色也。绿套绿、黄套黄，于浅深中分先后，故有实四、五彩而亦称素三彩者。西人嗜此，声价极高，一瓶之值，辄及万金。以怪兽最为奇特，人物次之，若花鸟，价亦不赀也[1]。同一年代，而素三彩之品，视他彩乃腾踊百倍[2]，且其瓷质较粗，底多沙眼[3]，而视同拱璧，殆有解人难索者矣[4]。

【注释】

①不赀（zī）：不可比量，不可计数。形容十分贵重。

②腾踊：跳跃，喻物价飞涨。

③沙眼：指釉中棕眼。

④解人难索：能理解道理或解释问题的人，已经很难找到了。

饮流斋说瓷

明　素三彩菊花耳瓶

　　素三彩　　紫、黄、绿三色绘成花纹的，称作素三彩。以黑色地最为贵重，也有浅黄、浅绿等色地，而花纹则是较为深重的黄色和绿色，也有偶然露出白色地的。茄紫色作为胎地的器皿比较罕见。如果有则花纹仅为黄、绿二色而已，连同底色总共为三色。绿色套绿色，黄色套黄色，在浅深中分出先后，因此有的实际上是四五彩而仍称作素三彩。西洋人尤其喜欢这类瓷器，所以声价非常高，一件瓷瓶常常价值万金。瓷器造型以怪兽最为奇特，人物稍次，即使花鸟价值也不低。同一年代的制品，素三彩比较其他彩器竟能升值百倍，而其质地粗糙，底部多有沙眼，却被看作珍品，大概是有人难以理解的奥妙吧！

　　黑彩、墨彩　　黑彩以质地言，墨彩以绘事言。凡黑地而花，或五彩、或三彩者，皆称黑彩。墨彩则以淡墨绘诸白地而已。墨彩视同常品，不外备鉴家之一格。若黑彩则声价甚昂。素三彩而兼黑彩者，尤为殊绝，五彩兼黑彩者，次之。

【译文】

　　黑彩、墨彩　　黑彩就质地而言，墨彩就绘事而言。凡是黑色胎地而有花纹是五彩或者三彩的，都称作黑彩。墨彩只是用淡墨绘在白色胎地上而已。墨彩被看作普通瓷器，不过是在鉴赏家心目中算作一个格式而已。若是黑彩，则声价十分昂贵。素三彩而兼黑彩的尤其特殊，五彩兼黑彩的稍次。

乌金者，黑彩之尤莹亮者也。古铜者，茶末之和深黑者也。铁绣花者，近古铜而色深紫者也。铁棕者，茄紫之和深黑者也。墨褐者，墨彩之弥漫全体者也。四者皆黑之支流也。

【译文】

所谓乌金，是指尤为晶莹明亮的黑彩。所谓古铜，是指茶叶末釉和深黑色的。所谓铁锈花，是指近似古铜的深紫色。所谓铁棕，是指茄紫加深黑色。所谓墨褐，是指能够弥漫全体的墨彩。这四种都是黑彩的支流。

月白、鱼肚白　　乃色之最淡者，牙白则稍闪黄色矣。若稍闪红色者，又称为虾肉白。填白者，系以粉料堆填瓷上，再蘸釉汁。或讹甜白，失之远矣。以素瓷而论，白亦有种种之别焉。

【译文】

月白、鱼肚白　　乃是颜色中最浅淡的，牙白，就是略闪黄色的。如果稍闪红色的，又称作虾肉白。所谓填白，是先用粉料堆填在瓷器上，再蘸釉汁，或误称作甜白，未免相差太远了。若以素瓷而论，白也有种种区别。

洋彩　　雍、乾之间，洋瓷逐渐流入，且有泰西人士如郎世宁辈供奉内廷，故雍、乾两代，有以本国瓷皿摹仿洋瓷花彩者，是曰洋彩。画笔均以西洋界算法行之[1]，尤以开光中绘泰西妇孺者为至精之品[2]。至于花鸟，亦喜开光。又有不开光者，所用颜色纯似洋瓷。细辨之，则显然有别，且底内往往有华字款也。

【注释】

①界算法：应为"界画法"。我国古代绘画有一种以界笔直尺画线的技法，叫"界画"。

②开光：装饰方法之一。在器物的某一部位留出某一形状（如扇形、菱形、心形等）的空间，然后在该空间里饰以花纹。常见于景泰蓝、雕漆、陶瓷器皿上的图案装饰。

【译文】

洋彩　　雍正、乾隆年间，洋瓷逐渐流入中国，而且有西洋人郎世宁等人供奉朝廷，所以雍正、乾隆两代有用本国瓷器模仿洋瓷花彩的，称作洋彩。绘画方法等都使用西洋的界画法，尤其以开光中绘有西洋妇女儿童的瓷器最为精绝。至于花鸟也喜用开光。还有不开光的，所用的颜色纯似洋瓷。仔细观察，则显然有所不同，而且底内往往有中文的款字。

洋瓷　　洋瓷有两种，一为泰西流入之洋瓷，本不入考古家赏鉴。然清初流入之品，有极精者，如绘女神像、自由神之属，恢诡可喜，至旧至精者亦堪藏庋一二也①。一为吾国所造铜胎挂瓷之品②，市人通称亦曰洋瓷。实则此类彩绘，大半本国华风，尤以绘《西厢》等故事为多③。其兼仿洋彩者，反居少数。则呼曰洋瓷，称名殊嫌不当。大抵互市伊始，洋瓷流入，有铜胎者遂印市人之脑。由是凡瓷之铜胎者，不问其为本国制与否，概以洋瓷呼之，相沿成习，牢不可破耳。

【注释】

①藏庋（guǐ）：收藏。庋，收藏，置放。

②铜胎挂瓷：即铜胎画珐琅和瓷胎画珐琅。

③《西厢》：即《西厢记》，全名《崔莺莺待月西厢记》，元王实甫（1260—1336）著。王实甫，字德信。元代著名杂剧作家，大都（今河北定兴）人。《西厢记》大约写于元贞、大德年间（1297—1307），是他的代表作，有"《西厢记》天下夺魁"之誉。

【译文】

洋瓷　　洋瓷有两种，一种是西洋流入的洋瓷，原本不为考古家所鉴赏。然而清代初年流入的瓷器有的做工极为精细，如绘有女神像、自由女神像之类，十分新奇可喜，其中极旧极精的制品，也值得收藏一两件。另一种是我们本国所制作的铜胎挂瓷器皿，商人们通常也称作洋瓷。实际上这类描绘大半为本国风俗，尤其以《西厢记》等故事居多。而兼仿洋彩的，反而只占少数，如此称作"洋瓷"，格外嫌其不恰当。大概在互通贸易时，洋瓷流入而有铜胎制品，因而在人们的脑海里留有印象。因此凡是瓷釉而铜胎的瓷器，不问它是否本国所制，一概以洋瓷称呼。相沿日久成为习惯，牢不可破了。

清　珐琅彩松竹梅纹橄榄瓶

红之一色，康不同于雍，雍不同于乾，乾又不同于嘉、道以后，故后仿者惟红最难摹拟。康熙之蓝，复绝一代，而近来新发明蓝，亦能得八九，超轶于光绪初年所仿者多矣①。若绿与黄，略得四五，亦易于鱼目混珠。惟紫则新仿者甚少。若红、若白，最难逃识者之眼。然纯色釉之器，红亦有仿制极精，不止四五成者。惟白较难追步前朝，而判别乃在微之又微云。

【注释】

①超轶：超越，胜过。

【译文】

红这种釉色，康熙时不同于雍正时，雍正时不同于乾隆时，乾隆时不同于嘉庆、道光以后，所以后来仿制的，唯独红色最难模拟。康熙年间的蓝釉，远远冠绝一代，而近来新发明的蓝色也能得其八九分，超过光绪初年的仿制品很多了。若绿色和黄色，略能得其四五分，也容易鱼目混珠。唯独紫色新仿的很少。红色和白色最容易辨识。然而纯一色釉的器皿，红色也有仿制得非常精到而不止四五分相似的。只有白釉较难以达到前朝水平，而作为判断区别则更是微乎其微了。

【点评】

本章说彩色，要点有三：

一说彩色的历史与种类。于其历史沿革、变化发明等，略谓本色加彩始于宋，彩瓷始盛于明永乐朝。明彩料多采自外国，清沿明制，变化出新，硬彩、软彩即其发明。硬彩、青花盛于康熙，软彩盛于雍正，夹彩盛于乾隆等。而以彩色之形式分为十类，表见如下：

类名	形式特征
青花	以浅深数种之青色交绘成文
五彩	本色地而绘以五色花者
三彩	绘三色花者
夹彩	彩地而傅以彩花者

类名	形式特征
开光	先施圈阑，内绘花文，外填色釉或锦文者
素三彩	黑白等地而绘绿、黄、紫三色花者，（素三彩亦有连地统计者）
天然三彩	由窑变而成红、绿、紫三色者
两面彩	里外皆有花者
硬彩	彩色甚浓，釉傅其上，微微凸起也
软彩	又名粉彩，谓彩色稍淡，有粉匀之也

二说彩色之属性分青、黄、赤、白、黑五色，并述其衍化之系统。为直观方便，也以表见之：

五色名	衍化色名
红（附紫）	祭红、霁红、积红、醉红、鸡红、宝石红、朱红、大红、鲜红、抹红、珊瑚、胭脂水、胭脂红、粉红、美人祭、豇豆红、桃花浪、桃花片、海棠红、娃娃脸、美人脸、杨妃色、淡茄、云豆、均紫、茄皮紫、葡萄紫、玫瑰紫、乳鼠皮、柿红、枣红、橘红、矾红、翻红、肉红、羊肝、猪肝、苹果绿、苹果青（二者皆红色所变，故不入绿类，而入红类）。
青（附蓝绿）	天青、东青、豆青、豆彩、梨青、蛋青、蟹甲青、虾青、毡包青、影青、青花夹紫、新桔、瓜皮绿、哥绿、果绿、孔雀绿、翠羽、子母绿、菠菜绿、鹦哥绿、秋葵绿、松花绿、葡萄水、西湖水、积蓝、洒蓝、宝石蓝、玻璃蓝、鱼子蓝、抹蓝、海鼠色、鳖裙、褐绿、粉色褐
黄	鹅黄、蛋黄、密蜡黄、鸡油黄、鱼子黄、牙色淡黄、金酱、芝麻酱、茶叶末、鼻烟、菜尾、鳝鱼皮、黄褐色、老僧衣
黑	黑彩、墨彩、乌金、古铜、墨褐、铁棕
白	月白、鱼肚白、牙白、填白

作者对彩色系统的分别极有见地，曰："以言系统，千绪万端……不外深、浅二字，为之归汇。"这是釉彩分类学上的一大发明，本章也因此纲举目张，眉目清晰，述说明白。

三说时尚贵重之彩色，计有红色类：宝石红，积红，豇豆红，胭脂水，美人祭，苹果绿，均紫,茄皮紫,各种红紫;青色类:天青,豆青、豆绿,瓜皮绿,各种青绿,洒蓝、积蓝,豆彩;其他:各种黄色,素三彩,黑彩、墨彩,月白、鱼肚白、牙白,洋彩,洋瓷。于各类名品除逐一述其历史沿革,给予总体评介之外,更深入细述其内部不同色调,具体而微,析入毫芒。

结末论各类彩色仿制之难易,而当时仿品,仍偶有极精者。

总之,本章对瓷之釉彩作了全面、系统、深入的探讨,既尊重历史,实事求是,又针对时尚,详略有当,重点突出,再次体现了本书鉴识精微,体例允当的特点。但也不无微误,如童书业《〈饮流斋说瓷〉评》指出"杂色瓷器,唐代已有,如所谓'唐三彩'便是",所以本章"本色地加彩,盖始于宋"之说是错误的。

饮流斋说瓷

说花绘第五

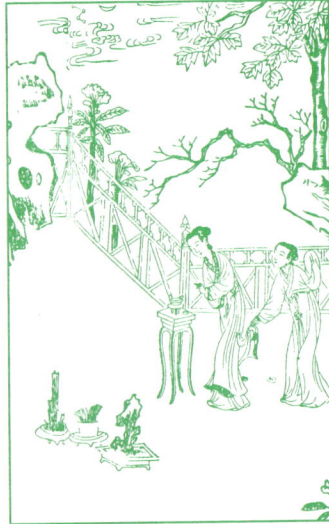

瓷之有花，宋代已渐流行。苏东坡诗"定州花瓷琢红玉"，仁宗召见学士王珪①，设紫花坐墩是已。今则宋定流传，递衍尚夥。若耀窑、磁窑，均宋器之仿定者也。花多作盘螭、飞凤、牡丹、萱草等形，其精者几与玉琢细器无异，与乾隆御窑后先媲美，殆于异曲同工。自明迄清初，仿定之品，亦足为世重，乾隆后则无复仿者矣。章龙泉窑亦多花纹，其可贵逊于粉定一等。明清仿者，价亦视代之远近为差。耀窑间有黑花者，但不甚为世所重。至紫花宋瓷暨有红绿花彩者，殆如威凤祥麟，不易一见，然亦间有之也。

【注释】

①仁宗：北宋第四代皇帝，真宗的第六个儿子赵祯（1010—1063）的谥号。

【译文】

瓷器上有花纹，宋代就已逐渐流行。苏东坡有"定州花瓷琢红玉"的诗句，典籍中也曾记载宋仁宗召见学士王珪，赐座紫花坐墩。而今宋代定窑瓷器流传发展的还很多。例如耀州窑、磁州窑，都是仿制宋代定窑的瓷器。花纹多作盘螭、飞凤、牡丹、萱草等形状，其中精品几乎与细琢的玉器没有区别，它们和乾隆年间的御窑瓷器先后媲美，几乎异曲同工。自明代到清代初年，仿定窑的制品也非常为人所重视，乾隆以后就再没有仿制的了。章龙泉窑也多有花纹，它的可贵之处比粉定还略逊一筹。明清的仿制品价格也依年代远近而有所差别。耀州窑偶尔有黑花花纹的，但是不太为世人重视。至于紫花宋瓷及有红绿花彩的，几乎是凤毛麟角，难得一见，但偶尔也有。

定窑、章龙泉窑之花，皆雕花也。定雕较深，章雕较浅，然亦有种种名目之殊。有平雕，谓花纹与地平，釉罩其上，扪之不觉也。有凸雕，谓花皆阳文凸起也①。有凹雕，谓花皆阴文凹入也。凹雕亦名划花②，凸雕亦名法花^③，平雕亦名暗花。

【注释】

①阳文：凸起的花纹。采用模印、刀刻、笔堆等方法，使得花纹高出瓷器平面谓阳文。

②划花：制瓷装饰技法之一。在尚未干透的陶瓷器表面用木刀、竹条或铜铁制器等尖状工具浅划出的线条状花纹。

③法花：制瓷装饰技法之一，又名"法华"、"珐华"。采用彩画技术中的立粉方法，在陶胎上用特制带管的泥浆，圈出凸线的纹饰轮廓，再分别以色料填出底子和花纹色彩，入窑烧成。以黄、绿、紫三色居多，间有蓝、白等色。

【译文】

定窑、章龙泉窑的花纹都是雕花。定窑雕花较深，章龙泉窑雕花较浅，然而也有各种名目的差别。有所谓平雕，是指花纹与胎底一样平，釉罩在上面抚摸没有感觉。有所谓凸雕，是指花纹都是凸起的阳文。有所谓凹雕，是指花纹都是凹入的阴文。凹雕也叫划花，凸雕也叫法花，平雕也叫暗花。

《博物要览》谓："定器有划花、绣花、印花三种^①。划花者最佳，绣花者次之。"可见当时制作之盛矣。划花用刀刻，绣花用针刺，印花用版印。更有锥花^②，乃用锥尖凿成花纹。又有堆花^③，以笔揩粉成凸堆形。堆花又名填白。绣花、锥花二种，后世罕有仿者。

【注释】

①绣花：以针剔刺纹饰。印花：用带有图样的陶范压印有凹凸花的花纹。

②锥花：用铁锥在坯体上锥成纹饰。

③堆花：又称"堆锦"。用不同颜色的冻子，堆在黑色漆胎上，未干前用角抄印划出

花纹来；或用模子将冻子脱印出花纹和锦地，再上颜色的做法。

【译文】

《博物要览》说："定器有划花、绣花、印花三种。划花者最佳，绣花者次之。"可见当时制作的盛况了。划花用刀刻，绣花用针刺，印花用版印。还有一种锥花，乃是用锥尖凿成花纹。也有堆花，用笔揩拭白粉做成凸堆形状。堆花又叫填白。绣花、锥花这两种，后世很少有仿制的。

印花，肆人亦谓之法花，或谓之鼓花，盖皆市声也。

【译文】

印花，商人们也称作法花，或称作鼓花，都是市井商贾们的叫法。

前所云凸雕、平雕、凹雕云者，又与雕瓷无涉①。雕瓷盛于乾隆，所雕之花，尤为深入显出，市人既名，是为雕瓷，彼宋之雕法，则用暗花、划花等名以别之。

【注释】

①雕瓷：瓷器的一种制作工艺。技法多样，有圆雕、捏雕、镂雕、浮雕等。烧成后瓷质晶莹光洁，易于清洗。

【译文】

前面所说的凸雕、平雕、凹雕，又同雕瓷毫无关系。雕瓷盛行于乾隆年间，所雕的花纹尤其深入显出，商家既然称其为雕瓷，那些宋代的雕法便用暗花、划花等名以示区别。

近人亦能取景德镇素瓷，以针或刀刺成种种花纹，花成以墨填之，俗称刻瓷^①。其用针、用锥、用刀也，固与宋法无涉。

【注释】

①刻瓷：用特制刀具在瓷器、瓷板表面刻划、凿镂各种形象和图案，通常也指在瓷器、瓷板上刻凿而成的雕塑工艺品。

【译文】

近来的人们也能用景德镇的素瓷，用针或刀刺成种种花纹，再填入墨色，俗称刻瓷。这种用针、用刀、用锥的刻法，与宋代技法无关。

素瓷甚薄，雕花纹而映出青色者，谓之影青。镂花而两面洞透者^①，谓之玲珑瓷。花纹堆起高于质地乃用笔抹成者，谓之堆料花。

【注释】

①镂花：又名"镂孔"，陶器的一种雕饰方法。用工具把陶坯从表到里雕镂成圆形、方形或三角形的小孔洞。镂，刻。

【译文】

素瓷很薄，雕有花纹而映出青色者称为影青。镂空花纹而内外两面洞穿挂釉透明的称为玲珑瓷。花纹堆起高过胎地，而是用笔抹成的称为堆料花。

填白之堆花，花纹之疏落者也。堆料花者，花纹之繁密者。增一"料"字，亦有别矣。

【译文】

填白的堆料花，是花纹中稀少的。堆料花，是那种花纹繁密的。增添一"料"字，也是有所区别的。

釉里红之花，亦为花之别派，大抵此等绘花，须费两番手法也。若两面彩而映光照之[1]，花纹一一相对者，亦奇隽之品。

【注释】

[1]两面彩：陶瓷器内外壁施以同样花纹，在日光下照之，可见两面花纹完全相同，称为"两面彩"。

【译文】

釉里红的花纹，也属于花纹中另一派别，大概这类绘花，需费两道手法。若是两面彩而映光透视，花纹可以一一相对，也是一种特别精美的作品。

以上所云，皆由瓷之本身出花者也。若不由本身出花而别刻花嵌入者，则又当谓之嵌花。

【译文】

以上所说的，都是在瓷器本身上做出花纹的。如果不是在瓷器本身上做出花纹而是另外刻花嵌入的，则又当称作嵌花。

影青，固甚薄之瓷也。乃有瓷质颇厚，仅能一面影出青色雕花者，此则名为隐青[1]。盖雕花后微傅以青色，再加釉汁云尔。制亦始于明代云。

【注释】

[1]隐青：即青白瓷。因其晶莹润泽，透明性强，青色隐约可见，故名。

宋　影青瓷带温碗酒注

【译文】

影青，原是很薄的瓷器。另有瓷质很厚，仅能一面映出青色雕花的，称作隐青。雕花后微微附上青色，再加釉汁。制作方法也始自明代。

法花之品，萌芽于元，盛行于明。大抵皆北方之窑。蒲州一带所出者最佳，蓝如深色宝石之蓝，紫如深色紫晶之紫，黄如透亮之金珀[①]；其花以生物花草为多。平阳、霍州所出者，其胎半属瓦质，蓝略发紫，绿略发黑，殆非精品。西安、河南所出者，较平阳、霍州略为鲜亮，盖属瓷胎也。至清初始有景德仿造，则纯是玻璃釉，花既玲珑，地尤细净，人物众兽，毫发毕现矣。雍正以后间有仿造，已失良工。故乾窑虽精，亦趋入雕瓷一途，罕见法花之制，其他更无论矣。

【注释】

①金珀：用黄金锤成的纸状薄片。

【译文】

法花作品，起始于元代，盛行于明代。大概都是北方的瓷窑制器，蒲州一带所出为最佳，蓝色如同深色宝石的蓝色，紫色如同深色紫晶的紫色，黄色如同透亮的金箔，花纹以生物及花草为多。平阳、霍州所出产的，瓷胎多半瓷半瓦，蓝色略微发紫色，绿色略微发黑色，都不是精品。西安、河南所出产的，比平阳、霍州的制品较为鲜亮，因为是瓷胎。到了清代初年景德镇开始仿造，则纯是玻璃釉，花纹即很玲珑，胎地尤为细净，人物众兽均能毫发全部显现。雍正以后偶尔有仿造，但已没有技艺高超的工匠。因此乾隆官窑虽然精美，但也归附于雕瓷的途径，很少见到法花制品，其他的更不用说了。

脱胎与影青之别何在乎？曰其薄如纸，映光照见指纹者是谓脱胎，此吴十九卵幕之制，所以独绝于明代也。笔细如发，表里花纹发青者是谓影青，此永乐云龙小碗所以超前轶后也。

【译文】

脱胎和影青的差别在哪里？就是说胎薄如纸，借光能照见指纹的称作脱胎，这是吴十九卵幕的制作冠绝于明代的缘故。笔画细如毫发，里外花纹发青的称作影青，这是永乐云龙纹小碗超前绝后的缘故。

明瓷花样，绘事亦既争妍斗巧，观朱琰《陶说》所载，不下百余种，书不胜书。兹但就其创始特别之点，纪载一二，亦足见前代美术之一斑焉。

【译文】

明代瓷器的花样，绘画上也是争奇斗艳，朱琰《陶说》里所记载就不下百余种，写也写不完。仅就它的创始和有特点的器物略记一二，也足以窥见前代美术的一些成就吧！

永乐压手杯[①]，底中心画双狮滚球、球内篆款字，为最奇之品。鸳鸯心者次之，花心者又其次，此为底内绘花之始。至康、雍诸器，底内亦有绘花者，皆沿其遗制也。乾隆以后，底内只有款字，纵有花，亦非精品。

【注释】

①压手杯:古代瓷器名。坦口折腰,手把之,其口正压手,故名。

【译文】

永乐压手杯,底部中心画有双狮滚球,球里有篆书款字为最奇异的制品。画有鸳鸯心的稍次,画有花心的又再其次,这是底内绘花的开始。至于康熙、雍正年间各种瓷器底内也有绘花的,都是沿袭永乐遗制。乾隆以后底内只有款字,纵然有花也算不上精品。

宣窑之美,为有明一代冠。不但宣红、宣黄彪炳奕叶已也①,即青花、五彩各器,亦发明极多,咸为后代所祖②。如"轻罗小扇扑流萤"等画诗句入瓷③,实开其先。若海兽、人物靶杯④,亦极奇肆可喜⑤。至于漏空花纹填五彩⑥,又五彩实填花纹,皆绚艳悦目。又有蓝地填画五彩者,则夹彩之制盛兴矣。戗金之制⑦,亦始宣德。吴梅村有《戗金蟋蟀盘歌》⑧,可知当时瓷业美术之发达,震古铄今也。

明 青花海水云龙纹扁瓶

【注释】

①彪炳:文采焕发的样子。此指宣窑成就辉煌。奕叶:累世,世代。

②咸:全部。

③轻罗小扇扑流萤:出自唐代杜牧《秋夕》诗。

④靶杯:即高足杯,上为碗形,下有

柄，柄呈圆柱形或竹节形。

⑤奇肆：奇特奔放。

⑥漏空：即镂空。

⑦戗金：在器物图案上嵌金。

⑧吴梅村（1609—1671）：即明末清初著名诗人吴伟业，字骏公，号梅村，又号梅村居士、梅村叟等。太仓（今江苏太仓）人。著有《梅村家藏稿》、《绥寇纪略》、《春秋地理志》等。

【译文】

宣德官窑瓷器之精美，冠绝于明代。不仅宣红、宣黄光耀世代，即使是青花、五彩等各种瓷器也有很多发明，全部被后世所效法。比如"轻罗小扇扑流萤"等图画、诗句绘在瓷器之上，实在是开其先例。又如海兽靶杯、人物靶杯也极其奇特奔放可喜。至于漏空花纹填五彩和五彩实填花纹都绚艳悦目。还有蓝地填花五彩的瓷器，由此夹彩的制作便兴盛起来。戗金的制作也始于宣德年间。吴梅村有《戗金蟋蟀盘歌》可知当时制瓷业美术的发达，震惊古人而显耀今世。

鸡缸始于成化，画石山、牡丹，下有子母鸡，跃跃欲动，小儿扬袂其侧。又，器之中心往往绘和、合二仙也①。《高江村集》有《成窑鸡缸歌》②。此后，乾、嘉、道历朝，均有鸡缸之制，款称"仿古成化"云。今日乾隆之鸡缸，亦已珍同拱璧。若成化者，又在景星庆云之列③，莫之或觏矣。

【注释】

①和、合二仙：民间传说之神，亦作和合二圣，主男女婚配。世传之和合神像亦一化为二，然而僧状，犹为蓬头之笑面神，一持荷花，一捧圆盒，意为和（荷）谐合（盒）好。婚礼之日挂悬于花烛洞房之中，或厅堂上，以祈求吉祥美满。

②《高江村集》：清高士奇（1645—1704）著。高士奇，字澹人，号江村、全祖。钱塘（今浙江杭州）人。另著有《江村销夏录》等。

③景星庆云：明代方孝孺《御书赞》："惟天不言，以象示人，锡羡垂光，景星庆云。"比喻难得一见的吉祥征兆。

【译文】

鸡缸始于成化年间，画有石山、牡丹，下绘有子母鸡跃跃欲动的样子，旁边还有扬起袖子的小孩。在瓷器中心往往绘有和、合二仙。《高江村集》里曾有《成窑鸡缸歌》。此后乾隆、嘉庆、道光各朝均有鸡缸制品，款识称"仿古成化"。现在乾隆年间的鸡缸已珍同拱璧了。如果是成化年间制品，更在景星庆云之列，偶然也难得一见了。

成窑如画秋千士女、斗龙舟、周茂叔爱莲、五子相戏、八吉祥、西番莲、锦灰堆等[①]，皆开清康、乾之先路。尤以画人物各器，足为世珍也。

【注释】

①周茂叔（1017—1073）：即宋代著名理学家周敦颐，字茂叔，号濂溪。世称濂溪先生，卒谥元公。道州营道（今湖南道县）人，著有《周元公集》、《太极图说》、《通书》等。八吉祥：瓷器传统吉祥纹样之一。由法螺、法轮、宝伞、白盖、莲花、宝瓶、金鱼、盘长八种吉祥物组成，偶有火珠状吉祥物代替其中之一，常见与莲花组合成图案。此纹样从西藏喇嘛教流传而来。西番莲：蔓生植物，又名"大丽花"。锦灰堆：明清瓷器贯用的一种图案，又称"锦盆堆"。

【译文】

成化官窑中如画秋千士女、斗龙舟、周茂叔爱莲、五子相戏、八吉祥、西番莲、锦灰堆等纹饰，都为清代康熙、乾隆年间制品开拓先河。尤其以画人物的各种器皿，足可为人间的珍宝。

嘉靖绘事，喜内外夹花，喜锦地，渐趋于华缛一派。其特色有数种，如外龙凤鸾雀内云龙、外出水龙内狮子花之类，即所谓两面彩也。如海水苍龙捧八卦、天花捧"寿山福海"字。捧字一种，谓花上夹以圆圈，书字其内，此制当兴于是时。清代"万寿无疆"等捧字盘，即仿此也。惟清制多捧四字，明制于器中间，多有仅捧一字或"福"或"寿"者。

【译文】

嘉靖年间的绘画偏爱内外夹花的锦地，渐渐趋向华彩繁富一派。其特色有数种，如外绘龙凤鸾雀、内画云龙，外绘出水龙、内画狮子花之类，即所谓的两面彩。如海水苍龙捧八卦、天花捧"寿山福海"字。捧字是花纹上夹以圆圈，字写在其内，这种制作方式应是兴起于此时。清代的"万寿无疆"等捧字盘，即是仿制于此。不过清代制品多捧四字，明代制品在器皿中间很多仅仅捧一个字的，或为"福"字，或为"寿"字。

嘉靖八仙捧"寿"、或群仙捧"寿"等盘[1]，以视龙凤捧"寿"、海水飞狮捧"寿"者，尤为可贵。"寿"字居盘中，余花围之。龙凤轻易配置，八仙、群仙则颇费匠心矣。转枝莲托百宝、或转枝莲托百"寿"字[2]，此种奇制，配置极难，而大体又过于琐碎，是以后代罕有仿者。

【注释】

[1]八仙：传说中长生不老的八位神仙。八仙之名，至明吴元泰《八仙出处东游记》始定为：铁拐李、汉钟离（钟离权）、吕洞宾、张果老、曹国舅、韩湘子、蓝采和、何仙姑。

[2]转枝莲：又名"串枝莲"、"缠枝莲"。其样式以花草为基础，模仿其辗转滋长，缠绵不绝，加入各种花果为边缘或主题纹饰。

【译文】

嘉靖年间的八仙捧"寿"字或群仙捧"寿"字等瓷盘,比起龙凤捧"寿"字、海水飞狮捧"寿"字等瓷器来,尤为可贵。"寿"字居盘中央,其余花纹围绕。龙凤花纹比较容易配置,而八仙、群仙的配置就颇费心机了。至于转枝莲托百宝、或转枝莲托百"寿"字,这种奇妙的制品,花纹的配置就非常困难了,而且过于琐碎,因此后世就很少仿制了。

万历瓷踵嘉靖法,而益务华丽,两面彩、夹彩之品甚多,花样奇巧绚烂,不胜枚举。捧字一种,尤其所尚。当时回回字、西藏喇嘛字已入中国①,故花内捧回回字者,亦始于是时。喇嘛字亦称藏经字,与篆书之"寿"字仿佛相似,当时谓之真言字②。插入五彩花朵中,亦颇奇观。

【注释】

①回回字:即阿拉伯文字。回回,指信仰伊斯兰教的民族。西藏喇嘛字:即西藏民族文字。喇嘛,对僧侣的尊称。

②真言:即咒语,指佛教经典的要言秘语。

【译文】

万历年间的瓷器继承了嘉靖年间的制作方法,而且更追求华丽,两面彩、夹彩之类的很多,花样奇巧绚烂,不胜枚举。捧字这种式样,尤为当时所崇尚。当时回回字、西藏喇嘛字已传入中国,因此在花纹内捧回回字的也是始于这个时期。喇嘛字也叫藏经字,与篆书的"寿"字样子差不多,当时称作真言字。插入五彩花朵中,非常奇特壮观。

明代绘事,人物虽不甚精细,而古趣横溢,俨有武梁画像遗意①。若绘仕女,又似古轵之《列女传图》也②。成化人物,多半意笔,高古疏宕③,纯似程孟阳④。若花卉有极整齐者,虽开锦纹夹花之权舆,然色泽深古,一望而知为朱明之物矣。若绘龙凤众兽，则颜色深入釉骨，时露古拙之致，却非庸手所能及。若万历之九龙盘碗、五龙四凤盘等，古泽扑人眉宇，虽俪红妃绿，亦同于夏鼎商彝。

【注释】

①武梁画像：东汉石刻画像。在今山东嘉祥武翟山（旧称紫云山）下，是东汉末年嘉祥武氏家族墓葬的双阙和四个石祠堂的装饰画。其中以武梁的祠堂为最早，故名。现存画像内容丰富，取材广泛，不仅是精美的古代石刻艺术品，也是研究东汉时期政治、经济、文化的重要实物资料。

②古椠(qiàn)：旧的刻本。椠，书的版本。《列女传图》：不详。当为《列女传》所作图。《列女传》，西汉刘向撰，是一部记载汉代及其以前著名女子的书。

③疏宕(dàng)：亦作"疏荡"，恬淡隽永。

④程孟阳(1565—1643)：即明代著名诗人、画家程嘉燧，字孟阳，号松圆，又号松圆老人等。晚年皈依佛教，释名海能。明休宁（今安徽休宁）人。工诗善画，著有《松园浪淘集》、《松园偈庵集》、《破山兴福寺志》等。

【译文】

明代绘画，人物虽然不是十分精细，然而古趣横溢，俨然有武梁画像的风韵。若绘画的是仕女，又好似古刻的《列女传图》一样。成化年间的人物，多半意笔高雅古朴、恬淡隽永，完全像程孟阳的画风。如果是花卉，也有非常整齐的，虽然是纹夹彩的初创时期，但是色泽深沉古朴，一看便知是明代的器物。如果画龙凤及各种兽类，则颜色深入釉骨，不时露出古拙的风致，却决非凡庸的工匠所能达到的。如万历年间的九龙盘碗、五龙四凤盘等，古朴的色泽扑人脸面，虽是色彩艳丽，也如夏鼎商彝一样深幽拙朴。

康熙画笔为清代冠，人物似陈老莲、萧尺木[1]，山水似王石谷、吴墨井[2]，花卉似华秋岳。盖诸老规模，沾溉远近故也。雍正花卉，纯属恽派[3]。没骨之妙，可以上拟徐熙[4]，草虫尤奕奕有神，几于误蝇欲拂。人物山水则稍不如康，然先正典型，犹未之坠。乾隆大兴锦地花，参入泰西界画法，俗谓之规矩花。镂金错彩，叹观止焉。人物细微，毫发毕现，翎毛尤极工致，均以古月轩为极则，又与蒋南沙、沈南苹等把臂入林矣[5]。道光精者，亦如改七芗、王小梅[6]。此盖一代画笔与一代名手相步趋，故一望其画，已知为某朝某代之器也。

【注释】

①萧尺木（1596—1673）：即萧云从，原名萧龙，字尺木，号默思，又号无闷道人，晚称钟山老人。芜湖（今安徽芜湖）人。明末清初著名画家，著有《梅花堂遗稿》等。

②王石谷（1632—1717）：即王翚，字石谷，号耕烟散人、乌目山人、清晖主人等。师王鉴、王时敏，临摹宋、元名迹，而自成一家，有"画圣"之誉。常熟（今江苏常熟）人。吴墨井（1632—1718）：即吴历。本名启历，号渔山，桃溪居士。常熟（今江苏常熟）人。一生布衣，以卖画为生，与"四王"、恽寿平并称"清初六大家"。著有《墨井诗钞》、《墨井画跋》等。

③恽派：即以恽南田为代表的画派。

④徐熙：五代南唐画家。钟陵（今江西南昌）人，一说金陵（今江苏南京）人。工花木、蔬果、禽鸟、鱼虫等。

⑤蒋南沙（1669—1732）：即蒋廷锡，字扬孙，一字西君，号南沙、西谷、青桐居士。常熟（今江苏常熟）人。康熙四十二年（1703）进士，雍正年间曾任礼部侍郎、户部尚书、文华殿大学士、太子太傅等职，是清代中期重要的宫廷画家之一。卒谥文肃。著《青桐轩秋风》、《片云诸集》等。沈南苹（1682—？）：即沈铨，字衡之，号南苹。德清（今浙江

德清)人，一说吴兴(今浙江湖州)人。清代著名画家，工写花卉翎毛，设色妍丽，画人物得不传之秘。传世作品有《松鹤图》、《梅花绶带图》、《鹤群图》、《松鹿图》等。把臂入林：谓与友人一同归隐。南朝宋刘义庆《世说新语·赏誉》："谢公道：'豫章若遇七贤，必自把臂入林。'"七贤，指竹林七贤。此言兄弟朋友彼此不分高下的人。

⑥改七芗(1773—1828)：即改琦，字伯韫，号香白，又号七芗、玉壶山人、玉壶外史、玉壶仙叟等。松江(今上海)人。清代著名画家，宗法华嵒，喜用兰叶描画仕女，衣纹细秀，树石背景简逸，造型纤细，敷色清雅，创立了仕女画新的体格，时人称为"改派"。能诗词，著有《玉壶山房词选》。王小梅(1794—1877)：即王素，字小梅，晚号逊之。甘泉(今江苏扬州)人。清代著名画家，幼师鲍芥田，又多临华嵒，凡人物、花鸟、走兽、虫鱼，无不入妙。自悔书拙，每晨必临数百字，至老无间，其虚心若此。

【译文】

康熙年间的画笔为清代第一，人物像是陈老莲、萧尺木，山水好似王石谷、吴墨井，花卉有如华秋岳。这是因为无论远近，都会受老先生的规模、风格影响的缘故吧。雍正年间的花卉，完全属于恽派。没骨技法的奥妙可以上比徐熙，草虫也神采奕奕，几乎让人误以为是活的苍蝇而想用拂子把它赶走。人物、山水画却不如康熙时的制品，但先贤的典型影响尚未坠落。乾隆年间大兴锦地花纹，加入西洋的界画法，俗称作规矩花，镂金错彩，叹为观止。所画人物细微，毫发都完全显现，翎毛尤为精工细致，均以古月轩为典范，又同蒋南沙、沈南苹等人不分高下。道光年间的精品也有如改七芗、王小梅的画风，这是由于一代画笔与一代名手相互模仿，因此一看其画，就知道某朝某代的瓷器了。

近日仿康熙青花之品，亦有极精者。其蓝色竟能仿得七八，至一观其画，乃流入吴友如、杨伯润之派①，不问而知为光绪器矣。若仿乾隆人物，至精者颇突过道光，虽明知新制，价亦不赘。盖与乾窑已具体而微，其所差者乃在几希耳。

【注释】

①吴友如（？—1893）：即吴嘉猷，字友如。元和（今江苏吴县）人。学画曾师张志瀛，又学钱杜、改琦、任熊等。工于人物肖像，曾为清廷画《中兴功臣图》。后为申报馆《点石斋画报》主绘。杨伯润（1837—1911）：名佩夫，一作佩甫，字伯润，号茶禅，别号南湖，又作南湖外史。嘉兴（今浙江嘉兴）人。工诗，善书画。著有《南湖草堂集》、《语石斋画识》等。

【译文】

近来模仿康熙时青花的瓷器也有非常精工的。其蓝色竟能仿制至七八分像，但一看它的绘画，便归入吴友如、杨伯润一派，不问而知是光绪年间的瓷器了。而仿乾隆年间人物的，其中最精的颇能突破道光年间的水平，虽明明知道是新制作的，但也价值不低。与乾隆官窑相比各部分已大体具备，不过形状和规模比较小些，彼此的差距已经很小了。

成化五彩人物，其工细者，系以蓝笔先绘面目、衣褶，继乃加填五色。清初康、雍犹沿此例。其用红笔绘面目者，大抵皆粗材耳。至乾隆以后，则无不用红笔者矣。

【译文】

成化年间的五彩人物，其中精巧而细致的是先用蓝笔描画面目、衣褶，然后再填充五色。清初康熙、雍正年间仍沿用此法。其中用红笔绘画面目的基本上都是粗材而已。到乾隆以后，就没有不用红笔的了。

乾隆绘人物面目，其精细者用写照法，以淡红笔描面部凹凸，恍若传神阿堵者①。然嘉、道以后，无复斯制。若康熙绘美人，亦用淡红笔涂双脸微赭，乃愈觉其妩媚也。

【注释】

①传神阿堵：形容用图画或文字描写人物，能得其精神。传神，指好的文学艺术作品描绘的人物生动、逼真。阿堵，六朝人口语，即这、这个。语出《世说新语·巧艺》。

【译文】

乾隆时绘画人物面目，其做工精细的是用写照法，用淡红笔描画面部的凹凸，仿佛传神阿堵的样子。然而嘉庆、道光以后，再也没有达到这种水平的了。如果康熙时绘画美人，也是用淡红笔涂抹双颊微微的羞赧，因而更加觉得妩媚。

明瓷人物，以淡描青花者为精。描青而加填五彩者，亦殊可喜。至纯粹五彩不杂描青者，大抵瓶、罐为多，于生野中弥见俊逸，而赝制最夥，即属此种。

【译文】

明代瓷器上的人物，以淡描青花的制品为最好。描青花而加填五彩的，也格外可喜。至于纯粹五彩而不杂描青花的，基本上以瓶罐为主，于生僻粗犷中又显出几分俊逸，然而赝品中最多的也正是此类。

明瓷所绘故事，若周茂叔爱莲、陶渊明赏菊、竹林七贤、流觞曲水之属①，均极俊逸雅倩之致。康熙人物，无一不精，若饮中八仙、若十八学士、十八罗汉与夫种种故事②，皆神彩欲飞，栩栩欲活。以视道光之画《无双谱》必书人名小传者③，殆有仙凡之别。

【注释】

①竹林七贤：魏晋间七位名士的合称，即嵇康、阮籍、山涛、向秀、刘伶、王戎、阮

清 青花十八罗汉图炉

咸。七人并有名声，以常聚在当时的山阳县（今河南修武一带）竹林之下肆意酣畅，世谓"竹林七贤"。流觞曲水：即曲水流觞，旧时三月初三上巳节的一种饮宴风俗。其俗为众人围坐在回环弯曲的水渠边，将特制的酒杯（多是质地很轻的漆器）置于上游，任其顺着曲折的水流缓缓漂浮，酒杯漂到谁的跟前，谁就取杯饮酒。如此循环往复，直到尽兴为止。东晋永和九年（353）上巳日，王羲之与谢安、孙绰等名士四十余人宴集于山阴（今浙江绍兴）兰亭，做流觞曲水之戏，当时吟咏之作编为《兰亭集》，由王羲之作序，书文并佳，尤为我国书法艺术史上的瑰宝。

②饮中八仙：指唐朝嗜酒的八位学者名人，亦称酒中八仙或醉八仙。《新唐书·李白传》载，李白、贺知章、李适之、汝阳王李进、崔宗之、苏晋、张旭、焦遂为"酒中八仙人"。杜甫有《饮中八仙歌》。瓷器画面绘饮中八仙，每于人物之上书以人名。十八学士：唐代十八学士，先后有二：一是唐太宗在做秦王时建文学馆，收聘贤才，以杜如晦、房玄龄、于志宁、苏世长、姚思廉、薛收、褚亮、陆德明、孔颖达、李玄道、李守素、虞世南、蔡允恭、颜相时、许敬宗、薛元敬、盖文达、苏勖十八人并为学士，画家阎立本为《十八学士写真图》，褚亮题赞。二是唐玄宗开元时，于上阳宫食象亭，以张说、徐坚、贺知章、赵冬曦、冯朝隐、康子元、侯行果、韦述、敬会真、赵玄默、毋煚、吕向、咸廙业、李子钊、东方颢、陆去泰、余钦、孙季良为十八学士，命董萼画像，并标识所有十八学士的姓名、表字、爵位、籍贯等。十八罗汉：指佛教传说中十八位永住世间、护持正法的阿罗汉，由十六罗汉

加二尊者而来。他们都是历史人物，均为释迦牟尼的弟子。

③《无双谱》：清康熙时浙派版画的力作，又名《南陵无双谱》。绍兴金古良画，御用刻工朱圭镌刻，刊于清康熙三十三年（1694）。题材是从汉代至宋一千四百多年间的40位名人，如项羽、苏武、李白、司马迁等。以其事迹举世无双，故称《无双谱》。画有题诗，毛奇龄序称："是谱名无双，而实具三绝，有书有画又有诗也。"

【译文】

明代瓷器所画的故事，如周茂叔爱莲、陶渊明赏菊、竹林七贤、流觞曲水之类都是极为俊逸高雅潇洒的。至于康熙时的人物，都非常精致，如饮中八仙、十八学士、十八罗汉以及各种故事都神采飞扬，栩栩如生。对比道光年间画《无双谱》而必书人名和小传的，简直有仙境和凡间的差别。

人物故实，标新领异，波澜推衍，穷极诙诡，大抵皆导源于小说稗官[①]，然皆与历代丹青画法相合也。至雍正小品，始有绘剧场装者，其须必为挂须，或作小丑状盘辫于顶，又有作清朝袍帽装者，皆入恶道。然康熙仕女，已有绘纤趺弓鞋之恶习[②]，则又不自雍正始矣。乾隆亦间有绘剧场装者，然甚罕见。至小儿游戏作清朝装，微拖小辫，而画笔工细，乃反不觉其可厌也。

【注释】

①稗（bài）官：小官。《汉书·艺文志》说小说家出于稗官，后因称野史小说为稗官。

②纤趺（fū）：称妇女的小脚。旧时妇女缠足，以脚瘦小为美，故称。纤，细小。趺，同"跗"，足背，引申指足。弓鞋：亦作"弓鞵"。旧时缠脚妇女所穿的鞋子。

【译文】

人物故事、标新领异、波澜迭起、诙谐奇特的作品，大多起源于小说、野史，然而均与历代丹青的画法相符合。到了雍正年间的瓷绘小品里，才开始有描画剧场戏装人物的，须髯一定是挂须的，或者扮作小丑模样盘辫于头顶上，还有的画成清代袍帽装束的，都入于邪道。然而康熙时的仕女，又出现了绘作纤趺弓鞋的恶习，如此说这种恶习不是从雍正年间开始的了。乾隆年间也偶有描画戏装人物的，不过很少见。至于画作儿童游戏，穿着清朝服装，微拖小辫，而画工精细，反而不觉得讨厌。

康熙仕女，其绘弓鞋纤趺者，雅人所鄙，而价值辄累千金。乾隆贡品，绘碧瞳卷发之人，精妙无匹，西商争购，值亦奇巨也。若绘八蛮进宝、群蛮校猎等巨盘[1]，虽稍次之，近亦如凤毛麟角矣。

【注释】

①八蛮：古谓南方的八蛮国。《礼记·王制》："南方曰蛮。"孔颖达《疏》引《尔雅》汉李巡注云："一曰天竺，二曰咳首，三曰僬侥，四曰跛踵，五曰穿胸，六曰儋耳，七曰狗轵，八曰旁春。"后以泛指外族。

【译文】

康熙年间瓷器上的仕女，绘弓鞋纤趺的，为文雅之人所鄙视，然而价值却达数千金。乾隆年间的贡品有描画碧眼卷发人物的也精妙无比，西方商人争相竞购，价格也极为昂贵。若是绘有八蛮进宝、群蛮校猎等图案的巨盘，虽然价格稍次，近来也像凤毛麟角一样难得了。

乾隆以古月轩声价为最巨。古月轩所绘，乃于极工致中饶极清韵之致，以人物为最难得，即绘杏林春燕[1]，声价亦腾噪寰区[2]；疏柳野凫[3]，亦殊绝也。当时由景镇制胎入京，命如意馆供奉画师绘画于宫中[4]，开炉烘花。或谓曾见有"臣董邦达恭绘"者[5]，然寻其画笔派别，殆出诸蒋廷锡、袁江、焦秉贞之流**参《款识》章**[6]。

【注释】

①杏林春燕：源于"杏林春满"。据《神仙传》记载，三国时吴人董奉医术高明，治病不取酬，只求种几株杏树，久而杏树成林。后以"杏林春满"称颂医风高尚的名医。

②腾噪：喧腾叫嚷。寰区：天下，人世间。

③凫：水鸟名，俗称"野鸭"。

④如意馆：清代宫廷画苑。画师：画工，画家。

⑤董邦达（1699—1769）：字孚存，一字非闻，号东山。富阳（今浙江富阳）人。工书，尤善画。

⑥袁江（1662—1735）：字文涛，号岫泉。江都（今江苏扬州）人。雍正时，召入宫廷为祇候。清著名画家，界画能手。焦秉贞：字尔正。济宁（今山东济宁）人。清初画家，康熙时供奉内廷。擅画人物，吸收西洋画法，重明暗，楼台界画，刻划精工，绘有《仕女图》、《耕织图》等。

【译文】

乾隆年间以古月轩瓷器声价最高。古月轩瓷器所绘纹样是能够非常精致并富有清韵，尤其以人物画最为难得。即使绘画杏林春燕，其声价也可噪动天下；画疏柳野鸭，亦格外称绝。当时由景德镇制胎运入京城，命如意馆的画师在宫中作画，开设窑炉烘烤花纹，有人说曾见到写有"臣董邦达恭绘"的瓷器，然而寻求它的画派，又疑似蒋廷锡、袁江、焦秉贞之流

参阅《款识》章。

绘战争故事者，谓之刀马人，无论明清瓷品，皆极为西人所嗜。至挂刀骑马而非战争者，亦准于刀马人之列也。康窑大盘有两阵战争过百人者，尤为奇伟可喜。又有青花加紫，其皿绝大，而仅一人一马者，笔端恣肆，亦非恒品。

【译文】

描画战争故事的纹样，称作刀马人，无论明清瓷器，都极受西方人喜爱。至于画挎刀骑马而并非战争的制品，也同样入刀马人之列。康熙官窑大盘有两阵交战超过百人以上的画面尤为奇特雄伟令人喜爱。还有青花加紫的瓷器，器皿巨大，而仅画一人一马，笔触豪放，也不是常见之物。

康窑所画怪兽最为生动，嘘气喷雾，毛毿毿欲跃[①]，真神品矣。若绘翔凤、孔雀，则稍不如绘燕雀小鸟，以小鸟易有神致。至花卉画笔，以白地者为佳，老横无匹，俨然华秋岳也。雍正粉彩花鸟，逸丽过于乾隆。若人物，则青花胜于五彩，盖犹循康熙前轨也。乾隆花鸟，除古月轩外，殆不能比迹康、雍，惟人物仕女，工致秀媚，乃殊尤耳。

【注释】

①毿毿(sān)：毛发、枝条等细长垂拂、纷披散乱的样子。

【译文】

康熙官窑所画的怪兽最为生动，嘘气喷雾，长毛毿毿，跃跃欲活，堪称最精妙之品。若是绘画凤凰、孔雀，是不如绘燕雀、小鸟，因为小鸟更易有神采和趣味。至于花卉的画法，以白底为佳，老辣无双，仿佛像是华秋岳的作品一般。雍正年间的粉彩花鸟，比乾隆年间的要高超秀丽。若绘人物，则青花胜于五彩，是因为仍旧遵循康熙年间的规范。乾隆年间的花鸟除了古月轩外，大多不能与康熙、雍正年间的制品相比，只有人物、仕女画细致秀丽妩媚，是卓越的佳作。

康窑画松树，苍翠欲滴，古干森郁，其粉本纯由宋画而出[①]，若李思训、赵大年殆其私淑者也[②]。配以人物高士，亦飘飘有仙气。

【注释】

①粉本：画稿。古人作画，先施粉上样，然后依样落笔，故称"画稿"为"粉本"。

②李思训（651—716，一作653—718）：字建睍，一作建景。唐宗室，高祖从弟长平王李叔良孙，李孝斌子。陇西成纪（今甘肃天水）人。封彭国公，卒赠秦州都督。擅画青绿山水，受展子虔的影响，笔力遒劲，画史称"大李将军"。赵大年：即赵令穰，字大年。汴京（今河南开封）人。宋太祖赵匡胤五世孙。官崇信军节度使观察留后，卒赠"开府仪同三司"，追封"荣国公"。有文采，尤擅绘画。私淑：未得正式被接收为学生而私下奉为受业之师。《孟子·离娄下》："予未得为孔子徒也，予私淑诸人也。"

【译文】

康熙官窑所画的松树，苍翠欲滴，古干深郁，其画稿纯粹脱自宋画，如李思训、赵大年或是其私淑的典范。再配上人物、高士，也就飘飘然有几分仙气了。

素彩海马之碗，声价极巨，以九兽者为最佳。其余有五兽，亦有一兽者，盖视碗之大小为多寡也。海涛作圈纹，多深绿色，兼泛海花。兽或绿、或紫、或黄，作腾跃蹲踞状。亦有参绘八宝于其间者①。

【注释】

①八宝：又称"八瑞相"、"八吉祥"。依次为宝瓶、宝盖、双鱼、莲花、右旋螺、吉祥结、尊胜幢、法轮，是藏传佛教中八种祥瑞之物，以象征吉祥幸福和圆满。

【译文】

素彩绘海马碗，声价极高，以画九兽的为最好。其他有画五兽，也有只画一兽，因其碗的大小而定多少。海涛画作圈纹多作深绿色，同时泛起海花。兽则或绿色、或紫色、或黄色，画作腾跃蹲踞的形状。也有其间加绘八宝的。

瓷花之有龙，盖自宋定始，明代绘龙者指不胜屈[①]。大抵龙象至尊，为中国历代以来之古说久矣。近者绘龙瓷品，颇为世人所不喜，实则此类微嫌陈俗则有之，若谓龙为有清国微之故，则殊伧父之见也[②]。

【注释】

①指不胜屈：扳着指头数也数不过来。形容为数很多。清陈康祺《郎潜纪闻》："本朝大臣夺情任事者，指不胜屈。"

②伧父：粗鄙之人。南北朝时南人讥骂北人的话。

【译文】

瓷器花纹有龙，始于宋代定窑，明代绘龙就数不胜数了。大概是龙象征着至尊，在中国历代以来的古老传说已然很久了。近来绘有龙纹的瓷器，颇不为世人所喜爱，其实这类制品还是稍显陈旧庸俗，如果说因为龙是清朝国微的缘故，就实在是粗陋之见了。

所不喜于龙者，如五彩盘龙之属，无甚特色者，乃嫌陈俗耳。若教子升天之杯，古人且至兴大狱。若九龙，若海水飞狮龙，若龙捧八卦之类，又皆明瓷之卓卓有名者也[①]。康、雍釉里红之品，云龙夭矫，尤以不见全身或兼釉里蓝云者为佳。至乾窑胭脂水、堆料花之龙，亦非恒品。大抵绘龙贵夫特别，若板滞无奇，不外穿云赶珠之属，则诚不足贵。至出乎习见之外，而戛戛独造者[②]，是又乌能以陈俗目之！

【注释】

①卓卓：特立，高超出众的样子。

②戛戛独造：形容文章别出心裁，富有独创性。

【译文】

　　所不喜欢画龙的瓷器,像五彩盘龙之类,没有什么特色而嫌其陈旧庸俗。若教子升天的瓷杯,古人还会引来牢狱之灾。像九龙、海水飞狮龙、龙捧八卦之类的制品,又都是明瓷中高超出众之品。康熙、雍正年间的釉里红瓷器,云龙身形矫健,尤其以不见全身或者兼有釉里蓝云的为佳妙。至于乾隆官窑的胭脂水、堆料花的龙纹也不是一般的制品。大概画龙贵在特殊,如果呆板不动,毫无奇异,不外乎穿云赶珠之类的,则实在不足宝贵。若出于日常所见之外,而别出心裁的制品,又怎能以陈俗看待呢!

　　瓷之绘一龙一凤者,大抵皆历代君主大婚时所制,以志纪念者也。宣德青花最有名,近则康、乾之品,亦足为世重矣。至所绘不止一龙一凤者,则大都取御用之意,而不关乎大婚纪念也。

【译文】

　　瓷器上画一龙一凤的,大多都是历代君主大婚时所制作的,以作纪念。宣德青花最有名,近来康熙、乾隆年间的制品,亦足以为世人所看重。至于所绘不止一龙一凤的,大都表示御用的意思,而无关于大婚纪念。

　　绘小儿游戏之画,亦自明始,谓之耍娃娃。有五子、有八子、有九子、有十六子、有百子。百子之制,道光时尤为盛行。近所见百子舞龙灯、十六子在鱼缸边游戏之类,则新制甚夥,殊不足贵。九子穿串枝莲之瓶,若乾窑者,价值殊巨。至五子夺魁、或九子夺魁之属[①],则稍近于平庸矣。

【注释】

　　①五子夺魁:民间吉祥图案。古代科举考试,父母望子登科及第。然每科状元全国仅

一名，故望五子各自努力争取。图案常作大儿手中持一盔帽，"盔"、"魁"同音，以示夺盔者即象征高中状元之意。五子夺魁的由来，在五代晚期，渔阳（今北京密云）人窦禹钧很会教育子女，他的五个儿子后来个个都很有成就，被人称为"燕山窦氏五龙"。画中表现的是兄弟们嬉戏的情景。

【译文】

绘儿童游戏的图画也是从明代开始的，称作耍娃娃。有五子、八子、九子、十六子、百子的分别。百子之制，在道光年间尤为盛行。近来所见到百子舞龙灯、十六子在鱼缸边游戏之类的，则新的制品很多，但都无足珍贵。九子穿串枝莲的花瓶，若是乾隆官窑瓷器，则价值特别昂贵。至于五子夺魁、或九子夺魁之类的，则就近于平庸了。

绘桃实九颗连带枝叶者，谓之九桃。康窑大瓶，价亦不资。此后九桃瓶、罐、盘、碗，代有踵作。雍正九桃盘多作豆彩，又兼外绘团鹤者，亦足珍也。又有八桃及二十余桃者。

【译文】

绘有连枝带叶的桃实九颗，称作九桃。康熙官窑大瓶，价值也十分昂贵。此后九桃瓶、罐、盘、碗，历代均有制作。雍正年间的九桃盘多作豆彩，有的外面加绘团鹤，也十分珍贵。还有画八个桃或二十余桃的器皿。

过枝花杯、碗，雅称隽品。过枝者，自彼面达于此面，枝叶连属之谓也。成化开其先，雍正继其轨。雍窑多画翠竹、碧桃，又有兼绘采凤者。至道光时，盛行过枝癫瓜及过枝葡萄，雍窑已多逊色，然较胜于寻常绘花卉者。

【译文】

过枝花的杯、碗，雅称精品。所谓过枝，是指从那面到这面枝叶相连不断的意思。成化年间开其先河，雍正年间继承发展。雍正官窑多画翠竹、碧桃，还有的兼画彩凤。到道光时，盛行过枝癞瓜及过枝葡萄，与雍正官窑相比已多有逊色，但是尚能略胜平常绘画花卉的制品。

瓷品之画，以绘人物为上，绘兽次之，花卉、山水又次之。至锦灰堆者，即俗所谓规矩花①，在管见颇为不取②。然乾隆之精品，于极华缛之中饶有清空之处，不尽填满也。精者华腴富丽，恍见党太尉貂裘羊酒之风③，夫亦足以自豪矣。

【注释】

①规矩花：工笔花鸟画。

②管见：狭隘的见识，如从管中窥物，为自谦见识浅小之辞。

③党太尉貂裘羊酒之风：指豪放不羁、挥金如土的人生态度。此用典似有误，当作党太尉羊酒为一事，貂裘为另一事。前事本《诗话总龟前集》卷四十一《诙谐门下》载："世传陶穀学士买得党太尉家故妓，过定陶，取雪水烹团茶，谓妓曰：'党太尉应不识此。'妓曰：'彼粗人，安有此景？但能以销金暖帐下浅斟低唱吃羊羔儿酒尔。'穀愧其言。"羊酒，即羊羔儿酒。后事本《晋书·阮孚传》载："（孚）迁黄门侍郎散骑常侍，尝以金貂换酒，复为所司弹劾。"貂裘，貂皮做的大衣。

【译文】

瓷器上的绘画，以绘画人物为上，画鸟兽的稍次，画花卉、山水的又次。至于锦灰堆，即俗称作规矩花的，依我个人的愚见认为并不可取。但乾隆年间的精品，在极尽华丽繁缛之时，仍留有清淡空虚之处，不完全填满花纹。精致者华美丰腴，富丽堂皇，恍惚中看到党太尉貂裘羊酒的风貌，如此也足以自豪。

仙女乘槎之杯①，雍、乾、嘉、道均有之。海水往往浅雕，乃在后叶。其初海水以极细之笔绘之，更胜于浅雕者。又，此杯器之中心绘一红日，彩云绕之，觉亦秀倩可宝。

【注释】

①乘槎：亦作"乘楂"。乘坐竹、木筏。传说天河与海通，有人居海渚者，年年八月见有浮槎去来，不失期，遂立飞阁于楂上，乘槎浮海而至天河，遇织女、牵牛。此人问此是何处，答曰："君还至蜀郡访严君平则知之。"后至蜀，君平曰："某年月日有客星犯牵牛宿。"正是此人到天河时。见晋张华《博物志》卷十。

【译文】

仙女乘槎的瓷杯，雍正、乾隆、嘉庆、道光各朝均有。海水往往用浅雕的方法，乃是清代后期制品。在初期是用极细的笔描绘海水，更胜过浅雕。再有这种杯子中心还绘有一轮红日，彩云缭绕，也觉得秀美可宝。

《耕织图》为康熙官窑精品①，兼有御制诗，楷亦精美，声价殆侔于鸡缸也。若乾隆之绘田家乐者，亦犹耕织遗意。又有渔家乐兼绘仕女者，则不禁诵渔洋"青荷中妇镜，黄竹女儿箱"之句②，为之神往不置。

【注释】

①《耕织图》：古代男耕女织，是最基本的生产活动，从而为世所重，画家亦以为题材。南宋刘松年曾画有《耕织图》，同时另有《农耕二十一图》并《纺织二十四图》，有木刻流传。清康熙帝命内廷画家重绘《耕图》与《织图》各23幅。乾隆亦曾命冷枚、陈枚各绘

《耕织图》。瓷器上出现的耕织图纹，始见于康熙三十五年（1696），康熙五十一年（1712）以后广为流行，并成为传统题材，多用青花或五彩表现。

②渔洋：即王士禛（1634—1711），原名士禛，字子真、贻上，号阮亭，又号渔洋山人。顺治十五年（1659）进士，康熙朝官至刑部尚书。卒谥文简。新城（今山东桓台）人，常自称济南人。倡"神韵诗"，康熙间文坛盟主，被誉为"一代正宗"。著有《渔洋诗文集》、《池北偶谈》等。

清　青花耕织图碗

"青荷"二诗句：见王士禛《渔阳精华录》卷一《秋柳四首》之二，原诗作"浦里清荷中妇镜，江干黄竹女儿箱"。上句惠栋注引徐燮曰："梁江从简《采荷讽》：'欲持荷作柱，荷弱不胜梁。欲持荷作镜，荷暗本无光。'"中妇镜，家中主妇用的镜子。下句惠栋注引徐燮曰："乐府《黄竹子》：'江干黄竹子，堪作女儿箱。'"女儿箱，女子的衣箱。

【译文】

　　《耕织图》是康熙官窑花绘的精品，兼题有御制诗，楷书也很精美，声价几乎与鸡缸杯不相上下。像乾隆年间的田家乐制品，也还有耕织图的遗意。还有绘渔家乐兼画仕女图的瓷器，则令人不禁吟诵王渔洋的"青荷中妇镜，黄竹女儿箱"的诗句，让人向往不已。

　　乾隆人物工致绝伦，故事则举汉晋以来暨唐人小说[1]，几于应有尽有。下至《西厢》、《三国》、《水浒》之伦，亦穷秀极妍，并称佳妙。至末

叶乃益曼衍②，如"水浸金山"等不经之事实③，亦入绘事。盖争奇斗巧，踵事增华④，势必至也。然明末清初，已有采取《封神演义》绘千里眼、顺风耳者⑤，则又不自乾隆始矣。

【注释】

①唐人小说：即唐代的文言短篇小说，内容多传述奇闻异事，后人称为"唐代传奇"，或称"唐传奇"。

②曼衍：蔓延。

③水浸金山：出《白蛇传》故事。故事说蛇仙白素贞寻夫，与僧法海斗法而水漫金山寺。金山寺，在今江苏镇江。

④踵事增华：继续前人之业，使更加完善美好。踵，脚后跟，用为动词，表继续。

⑤《封神演义》：古代神魔小说，明许仲琳（或陈仲琳）撰。一说为明代道士陆西星。千里眼、顺风耳：《封神演义》中虚构的轩辕庙中的两个鬼使。见该书第九十回。

【译文】

乾隆官窑的人物画，精工细致，无与伦比，所画的故事多来自汉晋以后的掌故以及唐人小说，几乎应有尽有。下至《西厢记》、《三国演义》、《水浒传》之类，也极其秀丽，同样称作佳作。到了清末则更加繁衍，如"水浸金山"等传说不实的故事也有所描画。这是因为争奇斗艳、踵事增华的必然结果。然而明末清初就已经有反映《封神演义》里千里眼、顺风耳的瓷器绘画，如此看来，就又不是从乾隆年间才开始的了。

康、雍瓷品所绘八仙带有水波纹者，吕洞宾旁立一人①，头戴柳枝，状殊怪异，俗谓之柳树精②。乾、道诸窑仿者，亦同斯制。若八仙而无水波纹配以他景者，则不带柳树精也。又，康瓷八仙盘具，其中必兼绘南极老人及麻姑、童子、仙鹿③，亦有但绘南极、童子等而不绘麻姑者。

【注释】

①吕洞宾（798—?）：唐代诗人，名岩，字洞宾。传说后来入道成仙，为八仙之一，称吕祖、纯阳子、吕纯阳等。《全唐诗》收有他的诗，皆关于修道学仙者。

②柳树精：柳树成精的妖怪，小说《飞剑记》中吕洞宾所收的一个随行不离的徒弟。

③南极老人：又叫"老人星"，即寿星。麻姑：道教女仙之一，见葛洪《神仙传》。旧时为女性祝寿多赠麻姑像，取名"麻姑献寿"。

【译文】

康熙、雍正年间瓷器上所绘八仙并带有水波纹的制品，在吕洞宾旁站立一人，头带柳枝，样子非常怪异，俗称作柳树精。乾隆、道光各窑的仿品也是同样。若是八仙而无水波纹，配以其他景致的，则不带柳树精。又有康熙官窑八仙盘等器皿，其中必定兼绘南极老人、麻姑、童子、仙鹿，但也有只绘南极老人、童子等，而不绘麻姑的。

厌胜瓷品①，颇为猥亵。明穆宗好内②，故隆庆杯、碗始有之。康、雍、乾、道诸朝亦有递作者，旁及花囊、屏、枕诸器③，风斯靡矣。然汉广川王画屋已有此种④，则滥觞为已古矣。若但写风怀含蓄不露者⑤，犹为彼胜于此。

【注释】

①厌胜：意即"厌而胜之"，系用法术诅咒或祈祷以达到制胜所厌恶的人、物或魔怪的目的。古代方术之一。"厌"字此处念yā（阴平韵），通"压"，有倾覆、适合、抑制、堵塞、掩藏、压制等义。

②明穆宗：即朱载坖（1537—1572），明世宗朱厚熜第三子。嘉靖四十五年（1566）继位，翌年改元隆庆，在位6年卒。好内：贪恋妻妾姬侍。

③花囊：中国古代花器的一种。

④汉广川王：《汉书》卷五十三《列传·景十三王》："赵敬肃王彭祖以孝景前二年立为广川王。"并载其生活淫乱。广川，今河北景县广川镇。画屋：事不详，当指屋内画男女猥亵故事。

⑤风怀：犹风情，指男女相爱的情怀。

【译文】

厌胜瓷器，相当淫秽。明穆宗贪恋女色，所以隆庆年间的杯、碗才有此类制品。康熙、雍正、乾隆、道光各朝，也有继续制作的，并且涉及到花囊、屏风、枕头等器具，风气由此败坏。然而汉代广川王的画屋已经有这种画了，则可知起源已经很久了。若仅仅描画男女的爱情，含蓄而不显露的制品，还可认为彼胜于此。

绘百蝠者①，殊嫌呆滞。百鹿、百子较胜②，而新制亦最多，故百鹿不如十鹿也。是等彩绘，皆有康、乾精制，然继者踵作，未免陈陈相因。至二十一鸟、二十喜鹊、十二肖生之类，较为可喜。若三羊开泰、五鸡、鹌鹑之属③，精妙者亦殊足珍。然尚不及异兽朝龙与怪兽狮熊之尤为奇伟也。

【注释】

①百蝠：一百只蝙蝠，取"蝠"、"福"同音，象征幸福之意。

②百鹿：一百只鹿，取"鹿"、"禄"同音，象征官高禄厚之意。百子：一百个儿子。我国古人认为多子多福，传说周文王百子，因有《百子图》，寓多子多福之意。

③三羊开泰：《周易》阴阳学说中，十月为坤卦，纯阴之象。十一月为复卦，一阳生于下。十二月为临卦，二阳生于下。正月为泰卦，三阳生于下。时当冬去春来，阴消阳长，有吉亨兴盛之象，故称三阳开泰。吉祥图案以羊寓阳，"三羊"为"三阳"，与日纹和风景等组成纹样，常见于民间建筑，器物装饰与木版年画等。

【译文】

　　瓷器上画百蝠的特别显得呆滞。画百鹿、百子的要好一些，而新的制品也最多，所以百鹿不如十鹿。这类彩绘均有康熙、乾隆年间的精品，但是后来各朝仿制的，未免沿袭老一套，毫无创新。至于二十一鸟、二十喜鹊、十二生肖之类，都比较可爱。若是三羊开泰、五鸡、鹌鹑之类的，做工精妙的也非常珍贵。然而还比不上异兽朝龙与怪兽狮熊的雄奇伟绝。

　　十二肖生之物以入瓷画者，乾隆、道光均有之。乾隆瓷灯有锦地开光三圆幅，每幅绘生物二者，配景楚楚[①]，殊有新趣，灯一对则十二生物适齐矣。康熙十二月花卉酒杯[②]，每花各配以一生物，然是等生物又不按地支生肖者也。

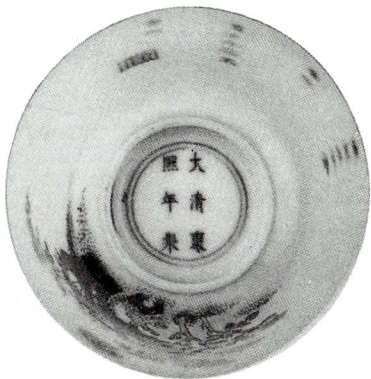

【注释】

　　①楚楚：排列整齐貌。

　　②十二月花卉酒杯：即十二花神酒杯，康熙时

清　五彩十二月"花神"杯

造，一套12只酒杯，各绘花卉一种，相应12个月的时令。

【译文】

　　十二生肖用来作为瓷画的，乾隆、道光年间均有。乾隆瓷灯上有锦地开光的三个圆幅，每幅内绘画两个生物，配以风景，排列整齐，饶有趣味，灯为一对，则十二生肖齐备。康熙时十二月花卉酒杯，每种花配以一种动物，然而这等生物却又不按地支生肖而绘制。

　　雍正花卉兼草虫者，多画络纬娘、蜻蜓、蚱蜢、蜗牛之属[①]。道光草虫最喜画螳螂，其花卉多作碎花[②]，以视雍正之善绘折枝者，真如小巫见大巫矣。惟绘五毒，差堪鉴录[③]。五毒而兼人物者乃稗官故事也，亦道光窑之别开生面者。

【注释】

　　①络纬娘：虫名。即莎鸡，俗称"络丝娘"、"纺织娘"。夏秋夜间振羽作声，如纺车响，故名。

　　②五毒：五种有毒性的动物，分别是青蛇、蜈蚣、蝎子、壁虎和蟾蜍。

　　③差堪：略可。

【译文】

　　雍正时画的花卉、草虫，多是络纬娘、蜻蜓、蚱蜢、蜗牛之类。道光时画草虫最喜爱画螳螂，花卉以碎花居多，比起雍正时善画折枝花来，真好像是小巫见大巫了。唯有描画五毒的制品，还略可鉴赏。画五毒而兼有人物的，是稗官野史的故事，也是道光官窑瓷器中别开生面的一类。

　　瓷品满画花朵，种种色色，形状不一者谓之万花，以黑地者为最贵，即白地者亦可珍。若中有五蝠者，则乾隆五福堂物也，虽嘉、道仿制之品，价值亦巨。花之形状大小偏反，各尽其致。繁密之极，盖几不见有地矣。

【译文】

瓷器上满画花朵，各式各样，形态不一的称作万花，以黑色地为最贵，即使白色地的也很珍贵。若中间画有五只蝙蝠的，则是乾隆五福堂的瓷器，虽然是嘉庆、道光仿制的瓷器，价值也很高。花朵的大小偏侧，各尽其妙。繁密非常，几乎看不到还有胎底。

　　嘉、道之间所画楼台之画，书有地名者，大约绘西湖景为多，绘庐山十景者亦有之[①]。至有绘海珠景者，乃粤人向景德镇窑定制之品，而非出于广窑所自制也。又有羊城八景之类[②]，亦然。

【注释】

　　①庐山十景：指江西庐山的十个著名景点，分别是锦绣仙洞、含鄱吐日、五老听泉、白鹿书院、植物王国、花径觅春、别墅春秋、黄龙宝树、云中街市、龙崖天池。

　　②羊城八景：指广州的八个著名景点，历代所指不一。羊城，即五羊城，广州的别称。

【译文】

嘉庆、道光年间所画的楼台而写有地名的，以绘西湖的为最多，绘庐山十景的也有一些。至于绘有海珠风景的，乃是广东人向景德镇窑定制的瓷器，而不是广窑自己烧造的。还有绘羊城八景之类的也同样如此。

　　雕瓷之巧者，有陈国治、王炳荣诸人[①]，所作品精细中饶有画意。其仿木、仿竹、仿象牙之制，尤极神似，故谓此等釉为仿竹木、象牙之釉也。至于仿漆之器，精雕花纹，所涂之釉又极似漆，或谓有竟髹以漆者。

【注释】

①陈国治：祁门（今安徽祁门）人，清道光、咸丰间景德镇著名雕瓷艺人。善瓷雕花卉，仿竹木、象牙器形神俱备，仿漆器釉色极似髹漆。王炳荣：清朝同治、光绪年间景德镇瓷雕名家，传世以文房用具为多。

【译文】

雕瓷的能工巧匠有陈国治、王炳荣等人，所作器物精细之中透着几分诗情画意。他们作的仿木、仿竹、仿象牙的瓷器，非常相似，所以称这类釉为仿竹木釉、仿象牙釉。至于仿漆器，精雕花纹，涂的釉很像漆，或说其中竟有使用髹漆的制品。

嵌花之制①，清初已盛行。康窑笔洗嵌龙螭者常有②，若嵌九螭之杯尤佳。九螭聚于一处，蜿蜒浮突，有一尾口衔小螭，余螭绕之成杯耳形，隽品也。乾窑胭脂水瓶，有一螭盘绕瓶身，概属脂水釉，亦称罕觏。若上方供品，或数小儿作牵索状之瓶，或小儿游戏突出全身之瓶，或十八罗汉一一突嵌之瓶，皆可宝贵。

【注释】

①嵌花之制：嵌花的瓷器。嵌花，本卷前述曰："若不由本身出花而别刻花嵌入者，则又当谓之嵌花。"

②笔洗：文房用具中用来盛水洗笔的器皿。

【译文】

嵌花的制品在清初已经盛行。康熙官窑笔洗常有嵌龙、螭的，如果嵌九螭的杯具就更为绝妙。九螭聚在一处，蜿蜒浮雕而凸起，有一条口衔小螭，其余各螭环绕成杯耳形状，乃是佳品。乾隆官窑胭脂水瓶，有一螭盘绕于瓶身上，均属于胭脂水釉，也可称罕见。若是皇家贡品，有的是几个儿童作牵绳状的瓷瓶，或者是儿童游戏突出全身的瓷瓶，或者是十八罗汉雍正豆彩花果之盘，其所绘花枝有若字形者，虬结连蜷[1]，不甚可识。或谓乃藏满、蒙文于其内也。此后道光亦有之。

【注释】

①虬（qiú）：古代传说有角的龙。

【译文】

雍正豆彩花果盘，所绘花枝有很像字形的，弯曲盘结，难以认识。或者说是暗藏满、蒙文字于其内。此后道光年间也曾有过类似的瓷器。

百鸟归巢，绘百鸟一一不同，极飞翔动静之致，后仿者颇多，神采殊失。若绘喜鹊三十只者，有一红月，名曰一月三十喜，又名日日见喜，皆吉祥语也。若不足三十者，即以其数名之曰若干喜，杂以红梅，亦颇不俗。

【译文】

百鸟归巢，所画百鸟各不相同，飞翔、动静描绘得淋漓尽致，后世仿品很多，但神采尽失。若是绘画三十只喜鹊的器皿，图中有一红月，称作一月三十喜，又叫日日见喜，都是所谓的吉祥语。如果不够三十只的，即以其数目称呼为若干"喜"，夹杂绘有红梅，也很不俗气。

道光所绘人物，亦有极精者。惟好于人物之旁，位置琴棋书画之属，又题诗于其间，或书传于其后，虽存论世知人之意，而乏配景布局之观，故鉴家抑之。

【译文】

道光年间所绘人物也有极其精细的。只是好在人物之旁设置琴棋书画之类，并且在其间题诗，或者在后面写小传，虽然有知人论世的意思，然而缺乏配景布置的观感，因此鉴赏家多鄙视。

明瓷之画也，用笔粗疏而古气横溢，且有奇趣。其地之色釉浓厚深穆，却非后来所有。康熙画花，于肆臬之中而行其缜密，于工致之中而寓其高古。雍正则逸丽而秀倩。若乾隆则繁密富丽之极，而时露清气。其颜料之色泽，又一代有一代之特色，而不容以相掩。要而言之，皆非后来所及而已。

【译文】

明代瓷器的绘画，用笔粗疏而古气纵横，并且富有奇趣。其胎底作为底色用的颜色浓厚深沉，却非后来所能做到。康熙时所画的花纹能在豪放矫健中而显出细致，工致之中而寄托高古。雍正时制品则雅丽而秀美。到乾隆年间则富丽堂皇中而时露清高之气。至于其所用颜料的色泽，也是一代有一代的特色，而不容相互掩饰。简要说来，都不是后世所能达到的。

【点评】

瓷之花绘是其作为艺术品的第一道风景，向来为制作与收藏者所重。本章综论瓷之花绘，主要内容有以下几个方面：

一考其瓷有花绘肇始及其历代变迁。瓷之花绘在宋代定、耀、磁诸窑已经流行，至今仍见珍品，而瓷之有花绘当在宋代以前早就开始了。其后递衍嬗变，明清二代由仿定窑、章龙泉窑等进而创造，无论仿制或自创，均有其价值。此瓷之花绘发展的大略。

二论花绘之种类。一是以瓷之本身出花者。其中以技法分有雕花。宋瓷定窑、章龙泉窑之雕花，有平雕、凸雕、凹雕。三者亦分别名暗花、法花、划花。平雕与凹雕实即后世乾隆朝之雕瓷，但与近来之刻瓷不是一回事；又定窑又以成花之工具分，刀刻者为划花，针刺者为绣花，版印者为印花，锥凿者为锥花，笔堆者为堆花。印花亦称法花，或又称鼓花，堆花又名填白，皆市肆间随意为之；又素瓷雕花以品质分则有影青、玲珑、堆料花。影青中别有隐青。法花兴起于元，盛于明，清初有仿制，而乾隆后即罕见。二是不由瓷本身出花而别刻花嵌入者，谓之嵌花。

三论花绘样式之创始。底内绘花始于永乐压手杯，相沿至乾隆以后即少见；画诗句入瓷以及夹彩、戗金之制，均始自宣（德）窑；鸡缸始自成化，至清末尤有仿制；画秋千士女、斗龙舟、周茂叔爱莲、五子相戏、八吉祥、西番莲、锦灰堆等，起自成（化）窑；两面彩、捧字始自明嘉靖，而捧回回字始自万历，等等，有明一代瓷之花绘创制甚多。

四论花绘之风格。嘉靖、万历朴拙高古；康熙画笔有明代遗风，为清代冠；雍正花卉草虫，得没骨之妙，奕奕有神，而人物山水逊于康熙；乾隆吸纳西洋画法，规矩花堪称观止，人物画尤极工致，古月轩是其代表；道光间改七芗、王小梅，均一代名家。近日仿康熙青花、乾隆人物亦有极精者。

五论花绘题材。有人物，有故事，明瓷所绘如周茂叔爱莲、陶渊明赏菊、竹林七贤、流觞曲水；康熙瓷所绘如饮中八仙、十八学士、十八罗汉；道光所绘《无双谱》等，其标新立异者大都取材小说，明末清初即有取材《封神演义》者，乾隆间则历代小说人物应有尽有。康熙间仕女已有绘弓鞋纤跌之恶习，至雍正间乃有绘剧场妆者。乾隆间以古月轩所绘声价最高，而其时贡品已有绘西方人物者，为西商所珍。西商所贵者尚有战争图，谓之刀马人；有文字，如梵文、经语、百福、百寿字、阿拉伯文字以及诗、词、歌、赋、颂等。其他题材尚有动物、植物、山水、文字等。例举有康（熙）窑所画松树，素彩海马碗，龙盘始自宋代定窑，一龙一凤或不止一龙一凤者皆为御用；画小儿游戏亦始自明代，康窑九桃盘，过枝花盘始自明成化，以及《耕织图》、八仙、厌胜瓷品、十二生肖、十二月花卉、楼台等。并附说雕瓷名家仿木或象牙、漆诸作，以及嵌花名品、雍正豆彩花果之盘、“百鸟归巢”等等。

最后总论明清花绘成就曰:"明瓷之画也,用笔粗疏而古气横溢,且有奇趣。其地之色釉浓厚深穆,却非后来所有。康熙画花,于肆隶之中而行其缜密,于工致之中而寓其高古。雍正则逸丽而秀倩。若乾隆则繁密富丽之极,而时露清气。其颜料之色泽,又一代有一代之特色,而不容以相掩。要而言之,皆非后来所及而已。"

综上本章说花绘,于历代变迁,种类样式,名家名品,名题名式,高下优劣,皆有述评。其行文则既面面俱到,又重点突出;既纵横交错,又条理分明。使见每代每式,变动不居,既精彩纷纭,又潮起潮落,作者所谓"一代有一代之特色",不仅在"颜料之色泽",而在花绘乃至瓷艺之全体。但结末"要而言之,皆非后来所及而已",实作者身处衰世所见所感,百年以后至于今,我国瓷艺有新的发展,其所说已不是事实。

饮流斋说瓷

说款识第六

瓷皿有款①，肇始于宋。宋瓷有"内府"二字者，书法与大观钱相类②，间有"政和年制"字样者。至均窑底内有一、二、三、四、五、六等数目字，或谓红朱色者用单数，青蓝色者用双数，于花盆则然，余器则不尽然也。又，均窑器底有横镌数字、直镌数字③，上罩以芝麻酱釉者④，尤为希世之珍。

【注释】

①款：落款，题款。此指器物上刻的字。

②大观钱：北宋大观年间（1107—1110）铸造的钱币，上面的字体与宋徽宗赵佶的"瘦金体"的书法如出一辙。

③镌：刻。

④芝麻酱釉：宋代均窑精品带有数码的底部，往往呈芝麻酱色且略有光泽，故称。

【译文】

陶瓷器皿上有款识，始自宋代。宋代瓷器有"内府"二字的，书法与大观钱类似，其间也有"政和年制"字样的。至于均窑瓷器底部有一、二、三、四、五、六等数目字的，有的说红朱色的用单数，青蓝色的用双数，这种规律对花盆来说是如此，其他瓷器却不尽然。此外均窑瓷器底部有横行镌刻数字，直行镌刻数字，上面罩有芝麻酱釉的制品更是稀世珍宝。

元瓷款识，惟官窑有"枢府"二字款①。其余民窑，底有字者甚少，纵有字亦不挂釉，在器底随意刓成②，若可识不可识之间。刓成花纹及辘轳形者，亦间有之。

【注释】

①枢府：多指枢密院，主管军政大权的中枢机构。

②刓（wán）：刻。

【译文】

元代瓷器款识，唯有官窑有"枢府"二字款识。其余的民窑，底部有字的非常少，纵然有字也不挂釉，在器物底部随意刻划而成，在可识不可识之间。刻成花纹及辘轳形状的，也偶尔有之。

明代瓷品款识，盖有种种。有凹雕款字而挂以黑釉者，有印花者，有绘花者，有雕花者。最奇者以永乐窑底绘狮子滚球，球内藏款字，至为罕觌。其次则嘉靖官窑，底款有书作环形者，又有于器之中心书字者，亦殊特别。若底之螺旋纹①，乃当时制器手法之事，与款识固无涉耳。

【注释】

①螺旋纹：一种陶瓷器传统纹样，在器物成型过程中由于旋削而留于器底的螺旋状线痕，因形似螺旋，故名。

【译文】

明代瓷器款识，有各种各样。有凹雕款字而挂以黑釉的，有印花的，有绘花的，有雕花的。最奇特的是以永乐官窑器物底部绘狮子滚球，球里面藏有款识，十分罕见。其次则是嘉靖官窑底款写作环形，也有在器物中心书写款字的，也十分特殊。至于底部是螺旋纹，则是当时制作瓷器的手法造成的，与款识无关。

明代官窑，题"某某年造"字样，亦有用"制"字者。清代则概用"制"字，罕见有用"造"字。题款位置，以在底足内居中者为最普通。若高足者，或题于足内层之边际，亦有题于足外层边际者，盖皆横款也。又有题于口上或腰腹际者，亦属横款。横款最为珍罕，始于明代，至清嘉

【译文】

　　明代的官窑，题作"某某年造"字样，也有用"制"字的。清代则一概用"制"字，很少用"造"字。题款的位置，以在底足内居中最为普通。若是高足瓷器，有的题于底足内层的边缘，有的题于底足外层的边缘，都是横款。还有题于口部或腰腹部的，也是横款。横款最为稀罕，始于明代，到清代嘉庆以后逐渐减少了。

　　有清瓷品之最高贵者，厥惟料款。料款有两种，曰"某某年制"，曰"某朝御制"，大抵皆四字为多，间有六字，书法似欧、王①，间亦有似虞永兴及宋椠者②，有竟作宋体书者③。乾隆末叶，间有作铁线篆者④。

【注释】

　　①欧、王：即唐代欧阳询与东晋王羲之的合称。欧阳询（557—641），字信本，潭州临湘（今湖南长沙）人，楷书四大家（欧阳询、颜真卿、柳公权、赵孟頫）之一。隋时官太常博士，唐时封为太子率更令，也称"欧阳率更"。与同代另三位（虞世南、褚遂良、薛稷）并称初唐四大家。因其子欧阳通亦通善书法，故其又称"大欧"，为唐人楷书第一，世称"欧体"。王羲之（303—361），字逸少，号澹斋。琅琊临沂（今山东临沂）人。官至右军将军，东晋大书法家，被后人尊为"书圣"。

　　②虞永兴：即唐著名书法家虞世南（558—638），字伯施。余姚（今浙江余姚）人。隋炀帝时官起居舍人，入唐历任秘书监、弘文馆学士等。以仕隋为秘书监曾赐爵永兴县子，故世称"虞永兴"或"虞秘监"。宋椠：宋代所刻的版本。

　　③宋体：或称"明体"，是为适应印刷术而出现的一种汉字字体，在中国宋代开始使用。

④铁线篆：书法小篆的一种。唐代李阳冰为代表，因用笔圆活，细硬似铁，划一首尾如线，故名。

【译文】

清代瓷器品格最为高贵的只有料款。料款有两种，如"某某年制"、"某朝御制"，基本上以四字为多，偶尔也有写六字的，书法近似欧阳询、王羲之，也有好似虞永兴或宋絮的，有的竟作宋体字。乾隆末年，偶尔有写作铁线篆的制品。

凡料款之字，皆釉汁凸起，双圈方边，至为名贵。康、雍、乾、嘉四朝皆有之，嘉庆已极罕，道光殆未之有矣。

【译文】

凡属料款的字，都是釉汁凸起，双圈方边，极为名贵。康熙、雍正、乾隆、嘉庆四朝均有此种制品，嘉庆时已极少见，道光年间则几乎没有了。

古月轩彩，为有清一代最珍贵之品，价值奇巨。而同时仿者，值亦相等也。古月轩为内府之轩名，当时选最精画手为之绘器。所绘有题句，上下有胭脂水印章，引首印一文曰"佳丽"、或曰"先春"①。下方印二文曰"金成"、曰"旭映"，大抵即绘画之人名欤？当时所制不多，同时即须饬工仿制②，故仿古月轩彩者亦系乾隆之物，其价略与之相埒③。若直书"古月轩"三字者，乃属后来伪制，而近亦罕见。故精者亦颇不赀也。

【注释】

①引首印：我国书画题识，前面右上方多盖一长方或椭圆形印章，称引首。

②饬：同"敕"，告诫，命令。

③相埒（liè）：相等。

【译文】

　　古月轩彩是清代最为珍贵的制品，价格高昂。而同时期的仿制品价值也相当。古月轩是内府的轩名，当时选用最精良的画家为其绘画瓷器。所绘有题句，上下有胭脂水印章，引首印一文名"佳丽"、或名"先春"。下方印二文名"文成"、"旭映"，大概是绘画者的名字吧？当时制作不多，同时就需命工匠仿制，所以仿古月轩彩的瓷器，也就是乾隆时的制品，其价值与原作略可相等。若是直书"古月轩"三个字的，就属于后来的伪制品，近来也很少见。因此精品的价值也很高。

　　或谓古月轩乃胡姓人，精画料器。所画多烟壶、水盛等物①，画工之精细，一时无两。其曾否画瓷器，未可臆断，而"乾隆御制"，乃取其料器精细之画，而仿制入瓷耳。又谓胡氏之款凡三种，有"古月轩"三字者，有"乾隆年制"者，有"大清乾隆年制"者皆指料器而言。是有"古月轩"三字者，亦非伪托，与前说异。然谓为精画料器则甚有据，谓为胡姓人者，则又传闻异词矣。

【注释】

　　①水盛：一种用来盛装磨墨用水器皿。

【译文】

　　或者说"古月轩"是一姓胡的人，善于绘画料器。所作多为烟壶、水盛等器物，画工的精细，一时间无人匹敌。他是否曾画过瓷器，还未能妄加判断，而"乾隆御制"只是采取他料器上的精细之图画仿制入瓷而已。也有的说胡氏的款识共有三种，有"古月轩"三个字的，有"乾隆年制"的，有"大清乾隆年制"的都是指料器而言。所以有"古月轩"三个字的也并非是伪作，与前一说法不同。然而说是精画的料器很有根据，说是胡姓人，则又是一不同的传闻了。

至市人，凡属堆料款之器，无论康、雍、乾诸朝，概谓之古月轩。其说则谓历代此种最精之瓷品，藏庋于此轩，故以此得名也。

【译文】

至于古玩市场中人，认为凡属堆料款的瓷器，无论康熙、雍正、乾隆各朝一概称作古月轩。这种说法的根据是说历代这种最精美的瓷器制品，都收藏于古月轩，因此而得名。

是古月轩凡三说：一谓古月轩属于乾隆之轩名，画工为金成字旭映者也；一谓古月轩系胡姓人精画料器，而"乾隆御制"瓷品仿之也；一谓古月轩为清帝轩名，不专属乾隆，历代精制之品均藏于是轩也。三说者所闻异词，所传闻又异词。要之无论其孰确，一言以蔽之，则凡属堆料款画极精细而饶有清气往来者，皆为最名贵、最瑰宝之品也。

【译文】

所以关于"古月轩"共有三种说法：一是古月轩属于乾隆的轩名，画工为金成，字旭映；一是古月轩是一个姓胡的人精画料器，而"乾隆御制"的瓷器是模仿他的；一是古月轩是清代皇帝轩名，不专属乾隆，而历代精制品都收藏于轩里。三种说法所闻不同，所传闻又不同。总之，无论其中哪个正确，用一句话来概括，凡属堆料款，画质精细而饶有清俊之气的，都是最名贵、最瑰宝的制品。

堆料款之器，始于康熙末年，终于嘉庆初年。康熙末年者，款多用粉红釉。雍正至嘉庆，皆用蓝料釉。又，"康熙御制"堆料款小饭碗，有用红、紫、天青、湖水各色以书款字者，四字堆料，笔法端整，是又不止粉红一色矣。

【译文】

堆料款瓷器始于康熙末年，终止于嘉庆初年。康熙末年的堆料款瓷器款识多用粉红釉。雍正至嘉庆年间的款识都用蓝料釉。还有"康熙御制"堆料款小饭碗，有用红色、紫色、天青色、湖水色书写款字的，四字堆料，笔法端庄整齐，这样看来又不止粉红一种釉色了。

乾隆堆料，而天蓝色用铁线篆者，所画花卉多团簇成锦黄地五彩①，视白地之疏落秀倩者，虽同系料款，其价值乃少逊。

【注释】

①团簇：又称"皮球花"，是一种不规则的呈放射状或旋转式圆形纹样。

【译文】

乾隆堆料款瓷器而为天蓝色用铁钱篆书写款识的，所画花卉大多是团簇花并成锦黄地五彩，若比起白地的疏阔大方、清秀美妙，虽同属堆料款，价值就低一些了。

乾隆时之"宁晋斋"、"宁静斋"、"宝啬斋"款亦系用堆料者。"二宁"为亲贵诸王之制品，"宝啬"乃李姓制品也。此种名之曰私家堆料款，视官家御制之堆料，其声价又远逊云。

【译文】

乾隆时的"宁晋斋"、"宁静斋"、"宝啬斋"款，也都是用堆料款的。"二宁"是皇亲国戚各位王爵的制品，"宝啬"是李姓制品。这种称作私家堆料款，比起官家御制的堆料款，名气价值就差远了。

辨款识之是非，以定瓷品之新旧，此仅鉴别之一端，似可凭而不尽可凭也。官窑无款，而客货有款，此历朝所恒有，且新制之字有极工，而旧制有极率者。至近年仿乾隆之品，字之整齐工雅，殆不止十得七八。故但凭是以判断，往往有毫厘千里之差。

【译文】

辨别款识的是非，以确定瓷品的新旧，这只是瓷器鉴别的一个方面，似乎可以凭信又不可以尽信。官窑没有款识，而民窑有款识，这是历朝所常有的事情，并且新制品的款字有极工整的，而旧制品的款字也有书写非常草率的。至于近年来仿制乾隆年间的制品，款字的整齐典雅几乎不止得到十之七八。所以仅凭这一点来判断，往往有差若毫厘，却有千里的不同。

顺治仅一度开窑烧瓷，故顺治瓷品极少。有之，则楷书也。

【译文】

顺治年间仅一度开窑烧瓷，所以顺治年间的瓷器很少。如果有的话，那么款字用楷书。

有"开元年制"四字者，非唐代物也，乃康窑之仿古铜者，并仿其年号耳。

【译文】

有"开元年制"四个字的，并不是唐代瓷器，而是康熙官窑仿制古铜的制品，并且模仿其年号而已。

康熙一代款识，形式最夥，兹汇录之如下：

单圈、双圈、无圈阑、双边正方形、双边长方形、凸雕、凹雕、地挂白釉字挂黑釉、地与字统挂一色釉、白地写蓝字、白地写红字、绿地写红字、楷书、篆书、半行揩、虞永兴体、宋椠体、欧王体、六字分两行每行三字、六字分三行每行二字、四字分两行省去"大清"二字、红紫色款、天青色款、湖水色款，沙底不挂釉而凹雕天字、方阑内不可识之字、满清文、回回文、喇嘛文以上为有字者①。

【注释】

①半行楷：介于行书与楷书之间的一种字体。不可识之字：明清景德镇青花瓷器底部有一种类似文字、符号的线条、方格，形似汉字而又无法辨认。满清文：即满文、满洲族文。我国明末满族入关前清太祖努尔哈赤命额尔德尼和噶盖二人参照蒙古文字母所创制，俗称无圈点满文或老满文。字母数目和形体与蒙古文字母大致相同。后清太宗皇太极于1632年命达海（1594—1632）加以改进，形成比较完善的字母体系和拼写法，与蒙古文字母特征有了明显区别，俗称"有圈点满文"。

【译文】

康熙一代的款识，形式最多，今汇录如下：

单圈、双圈、无圈阑，双边正方形、双边长方形、凸雕、凹雕、地挂白釉字挂黑釉、地与字统挂一色釉、白地写蓝字、白地写红字、绿地写红字、楷书、篆书、半行揩、虞永兴体、宋椠体、欧王体、六字分两行每行三字、六字分三行每行二字、四字分两行省去"大清"二字、红紫色款、天青色款、湖水色款，沙底不挂釉而凹雕天字、方阑内不可识之字、满清文、回回文、喇嘛文以上为有字的。

双圈、秋叶、梅花、团龙、团鹤、团螭、花形、物形，完全无字以上为无字者。

【译文】

双圈、秋叶、梅花、团龙、团鹤、团螭、花形、物形，完全无字以上为无字的。

有书"景镇康熙年制"六字者，康窑之客货也。用"景镇"二字，雍、乾以下，殆未之见矣。

【译文】

有书写"景镇康熙年制"六个字的，康熙年间的民窑瓷器。用"景镇"二字的，雍正、乾隆以后大概就见不到了。

雍正一代形式较之康熙为少，然亦递变屡易也。缀录如左：

六字双圈、四字无边阑、四字方边、六字凹雕、四字凹雕、六字单圈、双边正方形、双边长方形、地挂白釉字挂黑釉、地与字统挂一色釉、白地写红字、白地写蓝字、楷书、篆书、虞永兴体、宋椠体、图书款、方栏内不可识之字、满清文、回回文、喇嘛文以上为有字者①。

【注释】

①图书款：即图章款。图章，图书印章，后泛指印章为图章。陶瓷作品的印章一般都是绘画者用毛笔描画的。

【译文】

雍正一代的款识的样式比康熙时少，但也多有变化。缀录如下：

六字双圈、四字无边阑、四字方边、六字凹雕、四字凹雕、六字单圈、双边正方形、双边长方形、地挂白釉字挂黑釉、地与字统挂一色釉、白地写红字、白地写蓝字、楷书、篆书、虞永兴体、宋椠体、图书款、方栏内不可识之字、满清文、回回文、喇嘛文以上为有字的。

花形、物形、完全无字以上为无字者。

【译文】

花形、物形、完全无字以上为无字的。

雍正之无字者，除双圈、秋叶、团龙、团鹤、团螭外，其余大抵与康制不甚相远，盖花形、物形皆承明代之旧派也。康熙、雍正皆曾禁用"款"字，未几旋复用焉。

【译文】

雍正年间没有字的款识，除了双圈、秋叶、团龙、团鹤、团螭以外，其余大概与康熙年间制品相差不远。因为花形、物形都是继承明代的旧制而来。康熙、雍正年间都曾禁用"款"字，但不久又恢复使用了。

康熙、雍正又多不书本朝代款而书明代款者，康书"宣德"者为多，雍书"成化"者为多。盖宣、成为明代瓷品最盛之时期，而清初所制，犹以之为轨范也①。

【注释】

①轨范：规范，楷模。

【译文】

康熙、雍正年间还有很多不书本朝代款识而书明代款识的，康熙年间书写"宣德"的最多，雍正年间书写"成化"的最多。因为宣德、成化年间是明代瓷器最鼎盛时期，而清代初年的制品仍以此作为楷模。

雍正外脂水内粉彩之杯，花绘极细。其底画一桃形，内藏"雍正年制"四字，盖沿明花藏款字之法也。在清代瓷品亦为罕见。

【译文】

雍正年间外涂脂水、内饰粉彩的杯子，花绘非常精细。杯底画一个桃形，里面藏有"雍正年制"四个字，是沿袭明代花藏款字的方法。这在清代瓷器中也非常罕见。

乾隆朝之款识，又微有小异，述之如左：

六字双圈、六字单圈、六字无边阑、四字无边阑、四字方边、双线正方形、凹雕、地与字统挂一色釉、白地蓝字、白地红字、绿地红字、绿地黑字、楷书、篆书、欧王体、宋椠体、宋体书、图书款、沙底不挂釉凹雕、满清文、回回文、喇嘛文、西洋文以上有字者。

【译文】

乾隆一代的款识又微有小异，述之如下：

六字双圈、六字单圈、六字无边阑、四字无边阑、四字方边、双线正方形、凹雕、地与字统挂一色釉、白地蓝字、白地红字、绿地红字、绿地黑字、楷书、篆书、欧王体、宋椠体、宋体书、图书款、沙底不挂釉凹雕、满清文、回回文、喇嘛文、西洋文以上为有字的。

印花、团花、完全无字_{以上无字者。}

【译文】

印花、团花、完全无字_{以上为无字的。}

凡六字分三行，每行二字；或六字分两行，每行三字；四字分两行，省去"大清"二字。三种历朝皆有之。六字分两行者，大都官窑；若分三行者，则有官窑，有客货也。字以端楷庄重整饬者为美，若字形较大，方横四、五分者，尤为可贵。

【译文】

所有六字分三行，每行二字；或六字分两行，每行三字；四字分两行，省去"大清"二字。

清　粉彩百鹿纹双耳尊

这三种历朝均有。六字分两行的，大都是官窑；若分三行的，则有官窑又有民窑。字体以端正楷书、庄重整齐为美，若字形较大，方横四、五分的更加可贵。

方圈内不可识之字者，非字也，亦非回回、喇嘛、西洋等文也，乃一种花押之类耳①。此制明代有之，故康、雍亦有仿者。

【注释】

①花押：旧时文书契约末尾的草书签名或代替签名的特种符号。也叫"花书"或"押字"。

【译文】

方圈里不可识的字并不是字，也不是回回、喇嘛、西洋等文字，而是一种花押之类而已。此种制作明代已有，所以康熙、雍正也有仿品。

嘉、道以后，大率沿前朝诸式，有减而无增，渐有趋于一致之势。间有楷书，即前所云六字分两行、分三行二种也。至四字楷书省去"大清"二字者，嘉、道甚为罕见，惟篆书有之耳。篆书之款，自乾隆至同治，均居其大部分。篆书有两种：一种无边阑，字或红或蓝不等；一种有双边，红字居多，即俗所谓图书款也。

【译文】

嘉庆、道光以后，大多沿袭前代各种样式，有减而无增，渐渐有趋于一致的形势。其中楷书，即前面所说六字分两行、分三行二种。至于四字楷书省去"大清"二字，嘉庆、道光年间非常少见，唯独篆书有这样的。篆书的款识，自乾隆至同治年间占有绝大部分。篆书有两种：一种没有边阑，字或红或蓝不等；一种有双边，以红字居多，即俗称的图书款。

图书款以道光末年暨咸、同间为最盛行，鄙见所雅不喜。间有雍正、乾隆款者，虽不敢谓其必无，然属于赝鼎者，殆八九也。

【译文】

图书款在道光末年及咸丰、同治年间最为盛行，本人所最不欣赏。偶尔也有雍正、乾隆年款识的，虽然不敢断定一定没有真品，但是恐怕十之八九属于赝品。

同治一朝流行客货，凡篆书者，几无不图书款，且省去"大清"二字为尤多。

【译文】

同治年间流行民窑瓷器，凡是篆书题写的，几乎都是图书款，并且省去"大清"二字的特别多。

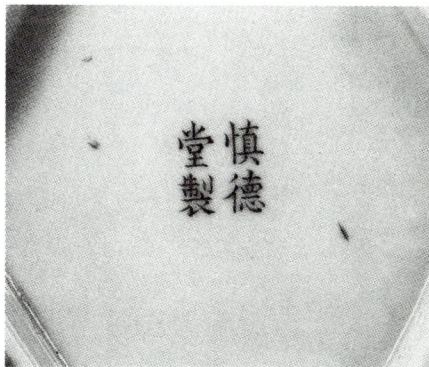

清 绿彩花卉纹六角花盆

就大概而论，康、雍两朝为楷书盛行时期，篆书者偶或一见。自嘉庆至同治为篆书盛行时期，而楷书亦偶一见也。乾隆篆、楷兼有，而篆究多于楷。至光、宣二代，除仿古外则又楷多于篆矣。

【译文】

就其大概说来，康熙、雍正两朝为楷书盛行的时期，篆书偶尔也能见到。自嘉庆至同治年间为篆书盛行时期，而楷书偶尔也能见到。乾隆年间篆书、楷书都有，而篆书还是多于楷书。到了光绪、宣统两朝，除仿古者外，又楷书多于篆书了。

瓷品有但书"大清年制"不书何朝号者，乃同、光间肃顺当国时所制品也①。当时肃顺势焰熏天，将有非常之举，监督官窑者，虑旦夕有改元事，故阙朝号以媚肃顺。物虽近代，而有一段故实，亦瓷学家所不可不知。

【注释】

①肃顺（1816—1861）：字雨亭，清末满洲镶蓝旗人，宗室贵族，爱新觉罗氏，郑献亲王济尔哈朗七世孙，郑慎亲王乌尔恭阿子。历任御前大臣、总管内务府大臣、户部尚书、协办大学士等职。祺祥政变时被杀。

【译文】

瓷器只书写"大清年制"而不写朝代年号的，都是同治、光绪年间肃顺掌权时制作的。当时肃顺权倾朝野，有可能发动政变夺权，监督官窑的人担心随时有改朝换代的事情，因此故意空缺朝代年号，以向肃顺献媚。器物虽然是近代的，但有一段典故，也是瓷学家不能不知道的。

瓷款之堂名、斋名者，大抵皆用楷书。制品之人有四类：一为帝王，一为亲贵，一为名士而达官者，一为雅匠良工也。

【译文】

瓷器款识的堂名、斋名，大多都用楷书。制品的人有四类：一是帝王，一是亲贵，一是名士而成达官显贵，一是雅匠良工。

有清仁庙、纯庙两代君主好讲理学[1]，故所命堂名多理学语。康熙则有乾惕斋、中和堂，乾隆则有静镜、养和、敬慎诸堂，皆内府堂名也。由是亲贵诸王，亦趋重于理学，成为风气，如拙存斋、绍闻堂在康熙间，敬畏堂、正谊书屋在雍、乾间，宁静、宁晋、宁远、德诚诸斋在乾、嘉间，慎德堂、植本堂、有恒堂均在嘉、道间，大抵多属亲贵诸王之制品。

【注释】

①仁庙、纯庙：分别指清代康熙、乾隆两位皇帝。理学：宋、元、明、清四代陆续成长起来的哲学思潮，又称"道学"。

【译文】

清代康熙、乾隆两代君主好讲理学，因此所命堂名多理学词语。康熙时有乾惕堂、中和堂，乾隆时有静镜、养和、敬慎等堂名，都是内府所用的堂名。从而亲贵诸王也日益重视理学，蔚然成风，比如康熙年间的拙存斋、绍闻堂，雍正、乾隆年间的敬畏堂、正谊书屋，乾隆、嘉庆年间的宁静、宁晋、宁远、德诚等斋名，嘉庆、道光年间的慎德堂、植本堂、有恒堂，大都是亲贵诸王的制品。

若不以理学语名者，乾隆有彩华、彩秀二堂，皆内府物也。雍正为东园、文石山房，雍、乾间为红荔山房，乾隆为友棠、浴砚书屋、瑶华道人，道光为十砚斋、巘竹主人、文甫珍玩，大抵皆亲贵也。若名士而达官者，则乾隆时之雅雨堂制，卢雅雨故物也[1]；玉杯书屋者，董蔗林也[2]；听松庐者，张南山也③。雅匠名工则有宝啬斋，有陈国治，有王炳荣，有李裕元④。

【注释】

①卢雅雨（1690—1768）：即卢见曾，字抱孙，号澹园，别号雅雨山人。清德州（今山东德州德城区）人。著名文学家，著有《雅雨堂诗集》、《雅雨堂文集》等。

②董蔗林（1740—1818）：即董诰，字雅伦、西京，号蔗林，一号柘林。富阳（今浙江富阳）人。董诰历任礼、工、户、吏、刑各部侍郎，《四库全书》副总裁，奉命辑《满洲源流考》，充武英殿总裁，以至文华蓌大学士，卒谥文恭。工诗文，善书画。

③张南山（1780—1859）：即张维屏，字子树，号南山，因癖爱松，又号松心子，晚年也自署珠海老渔、唱霞渔者。广东番禺（今广东番禺）人。嘉庆九年（1804）举人，道光二年（1822）进士。著有《张南山全集》等。

④李裕元：清代末期的雕瓷名匠。擅长雕反瓷。所谓反瓷，就是将瓷雕好后不上釉，施以彩，直接入窑焙烧的一种瓷器。

【译文】

不以理学词语命名的，乾隆时有彩华、彩秀二堂，都是内府的器物。雍正时有东园、文石山房，雍正、乾隆年间有红荔山房，乾隆时有友棠、浴砚书屋、瑶华道人，道光时有十砚斋、嶰竹主人、文甫珍玩。大体上都是王亲贵戚。如为名士而达官的，乾隆时有卢雅雨的雅雨堂制；董蔗林的玉杯书屋；张南山的听松庐。能工巧匠的则有宝啬斋，有陈国治、王炳荣、李裕元等。

榷陶者，即唐英，即著《窑器肆考》之唐雋公也。亦有题"唐英"款下钤"榷陶"二字印章者①。

【注释】

①钤（qián）：盖章，盖印。

【译文】

所谓榷陶，即唐英，即著《窑器肆考》的唐隽公。也有题"唐英"款下钤"榷陶"二字印章的。

若深珍藏为康熙制品，又有略园、荔庄、坦斋、明远堂、百一斋等，皆乾、嘉间制品。听雨堂、惜阴堂乃道光制品，其主制者未详。

【译文】

若深珍藏是康熙时制品，又有略园、荔庄、坦斋、明远堂、百一斋等，都是乾隆、嘉庆年间制品。听雨堂、惜阴堂是道光年间制品，主持制造者不详。

亲贵中雅制之品，以慎德、绍闻、嶰竹为最有名。余则东园、文石、瑶华、十砚、红荔等，亦堪珍玩也。慎德瓶类，近极罕见，有之则价值甚昂。绍闻、嶰竹，皆以杯、盘、盂、碗等类为多。

【译文】

亲贵中制作典雅的瓷器，以慎德、绍闻、嶰竹最为有名。其余还有东园、文石、瑶华、十砚、红荔等，也值得珍玩。慎德堂瓶类，近来十分罕见，如果有也价值昂贵。绍闻、嶰竹，都以杯、盘、盂、碗等类居多。

款字之最多者，以道光间有恒堂为最，曰"道光某年定府行有恒堂珍赏"凡十余字，奇品也。本以"行有恒堂"四字连属成文，而市肆辄简称有恒堂，姑仍之。

【译文】

款字最多的，以道光年间的有恒堂为最多，写着"道光某年定府行有恒堂珍赏"十几个字，乃是奇品。原本是以"行有恒堂"四个字连属成文，而市场上则简称"有恒堂"，所以姑且如此。

中和堂款书"康熙辛亥中和堂制"八字带干支者^①，亦属瓷话一种故实。

【注释】

①干支：即天干地支。"干支"取义于树木的"干枝"。十天干，即甲、乙、丙、丁、戊、己、庚、辛、壬、癸；十二地支，即子、丑、寅、卯、辰、巳、午、未、申、酉、戌、亥。十干和十二支依次相配，组成六十个基本单位，古人以此作为年、月、日、时的序号，叫"干支纪法"。

【译文】

中和堂款写"康熙辛亥中和堂制"八个字而带有天干地支的，也是有关瓷器故事中的一个典故。

称堂、称斋者，帝王、亲贵、达官、名匠皆有之。若称书屋、山房者，称珍藏、珍玩、雅制、雅玩者，亲贵、达官有之，而帝王无是也。故此类款概谓之私家款。

【译文】

称堂、称斋的，帝王、亲贵、达官、名匠均有。若称书屋、山房、珍藏、珍玩、雅制、雅玩的，亲贵、达官有，而帝王没有这种称说。所以这类款识统称为私家款。

"晓岚雅制"之品，字作四、五分大楷，分列上下左右，以四圆圈围之，绿地开光红字，概无花绘，质极莹润，以乾、嘉间物，骤睹之，几疑为纪晓岚制也[1]。及阅底，多有同治年款，不禁嗒然[2]。

【注释】

　　[1]纪晓岚（1724—1805）：即纪昀，字晓岚，晚号石云、春帆。沧州（今河北沧州）人。乾隆十九年（1754）进士，授翰林院庶吉士，编修，充《四库全书》总纂官。后擢兵部侍郎、左副都御史、礼部尚书、协办大学士。卒谥文达，世称纪文达公。著有《阅微草堂笔记》等。

　　[2]嗒（tà）然：形容沮丧怅惘的神情。

【译文】

　　"晓岚雅制"的瓷器，字作四五分的大楷，分列上下左右，用四个圆圈围绕起来，绿底开光红字，全都没有花绘，质地非常莹润，仿佛乾隆、嘉庆年间的器物，乍一看，几乎怀疑是纪晓岚制作的。但见到底部多有同治年款识，不禁失望。

　　大雅斋者，清孝钦后所制品也[1]。以豆青地、黑线双钩花者为最多，五彩者亦有之。所绘多牡丹、萱花、绣球之属。豆青地者，横题"大雅斋"三字，旁有"天地一家春"印章，底有"永庆长春"四字。亦有"大雅斋"字在底者，虽甚近代，而值亦颇昂。

【注释】

　　[1]孝钦后（1835—1908）：即慈禧太后，咸丰帝妃，同治帝生母，光绪帝养母。咸丰

去世后曾垂帘听政，成为清朝实际的统治者。同治继位后尊为圣母皇太后，上尊号为慈禧太后，俗称"西太后"、"那拉太后"、"老佛爷"。死后清朝上谥号为"孝钦慈禧端佑康颐昭豫庄诚寿恭钦献崇熙配天兴圣显皇后"。

【译文】

　　大雅斋，清代孝钦皇后所用的制品。以豆青色底、黑线双钩花的居多，也有五彩的。所画多为牡丹、萱花、绣球之类。豆青地的瓷器横题"大雅斋"三字，旁有"天地一家春"印章，底部有"永庆长春"四字。也有"大雅斋"字在底部的制品，虽然是近代器物，然而价值也相当昂贵。

　　康、雍、乾三朝，但绘画不题字之品为最多，有题字者较少。若题字，必精楷。又以御制诗为至珍贵，其次则长篇成文也。若行草数字，乃客货之随意者，殊不足赏，且所制亦不多。盛时大率无题字者矣。道光画《无双谱》，题识最夥。如画数人物，则每人系以一小传，分占其器之半；若楼台景者，又必于其旁书明西湖各地名胜，虽非甚可厌，比较为差矣。若同、光间客货之粗者，辄题行章短句，至可憎恶。而近年所作各器，又必无题字，颇合于有清盛时矩矱也。

【译文】

　　康熙、雍正、乾隆三朝，只有花绘而不题字的瓷器最多，有题字的比较稀少。若有题字，必是精美的楷书。又以题御制诗的为最珍贵，其次则是书写长篇现成文章的。若是几个行草字体的字，乃是民窑中随意的制品，很不值得观赏，而且制作也不多。清代兴盛的时候大多没有题字的。道光年间画《无双谱》，题识最多。如画几个人物，则每人都附以小传，占据瓷器表面一半；如画楼台风景，又一定在旁边写明西湖各地的名胜，虽然不是特别讨嫌，但相比之下就较差了。若是同治、光绪民窑的粗糙制品，常常随意题写行章短句，甚为憎恶。然而近年来所制作的各种瓷器又必定没有题字, 很符合清代全盛时期的规矩法度。

　　书长篇成文者, 如《赤壁赋》、《圣主得贤臣颂》、《归去来辞》、《兰亭序》、《出师表》①, 皆全篇录齐, 笔法出入虞、褚②, 均康窑之铮铮者③。《赤壁赋》一边绘画, 一边写字, 尤为珍品, 其余则有字无画。后代殊不敢仿制, 一则无此善书之手, 一则制近古朴, 难博俗人之嗜好耳。

【注释】

　　①《赤壁赋》: 赋篇名。北宋苏轼作。有前、后两篇。写于作者两度游览黄州(今湖北黄冈)赤壁(赤鼻矶)时。《前赤壁赋》最为有名。赋中凭吊古迹, 表达了作者对江山风物的热爱和旷达的心胸, 映射出超脱的思想境界。《圣主得贤臣颂》: 汉代王褒作。王褒字子渊, 蜀人。宣帝时应召作此篇, 见《汉书》卷六十四下《王褒传》载。《归去来辞》: 全称《归去来兮辞》, 东晋陶潜名作。《兰亭序》: 又名《兰亭集序》, 晋王羲之作文并书。书法原本已佚, 今存摹本, 历代书家推为"天下第一行书"。《出师表》:《出师表》有前、后两篇, 三国蜀诸葛亮(181—234)撰。《前出师表》载《三国志》卷三十五, 作于建兴五年(227)。《后出师表》有人以为伪作。

　　②虞、褚: 即虞世南和褚遂良。虞世南, 即虞永兴, 见前注。褚遂良(596—659), 字登善。杭州钱塘(今浙江杭州)人, 祖籍阳翟(今河南禹州)。唐太宗时官至通直散骑常侍, 封河南郡公, 世称"褚河南"。唐代著名书法家。

　　③铮铮: 比喻声名显赫, 才华出众。

【译文】

　　书写长篇文章的, 如《赤壁赋》、《圣主得贤臣颂》、《归去来辞》、《兰亭序》、《出师表》, 都是全篇抄录完整, 笔法近似虞世南、褚遂良, 都是康熙官窑非常有名的。《赤壁赋》为一边绘画, 一边写字, 尤为珍品, 其余的则有字无画。后世都不敢仿制, 一是因为没有善于书法的能手，一是因为制作近于古朴，难以博得凡夫俗人的喜爱。

康熙书《圣主得贤臣颂》及《归去来辞》等文，施之大笔筒为多，且有四体书者[1]，底款有"熙朝传古"四字。

【注释】

①四体书：汉字最主要的四种字体，即正（真）、草、隶、篆。其中正（真）即楷书。晋卫恒《四体书势》称四体为古文、篆、隶、草。

【译文】

康熙时书写《圣主得贤臣颂》及《归去来辞》等文字而施加以大笔筒的居多数，并且有四体书书写的，底款为"熙朝传古"四字。

康熙《耕织图》为瓷界可珍之品，所作以盘、碗为多。图凡多幅，每幅各系以御制诗一，诗乃短五古也[1]。青花、五彩均有之，五彩尤为罕觏。

【注释】

①五古：五言古诗的简称。

【译文】

康熙时的《耕织图》是陶瓷界的珍品，所制以盘、碗居多。图有多幅，每幅都附有御制诗一首，诗为短五古。青花、五彩都有，五彩尤其罕见。

《耕织图》画意既媲美宋人，其题句楷法，亦足与虞永兴抗手[1]。若彩盘于所题诗句，又有作篆书者。

【注释】

①抗手：匹敌。

【译文】

《耕织图》的画意既可媲美宋人，而其所题句的楷书，也足以和虞永兴相匹敌。若是彩盘，则于所题诗句中又有作篆书的。

鸡缸为成化精品，康熙、乾隆暨嘉、道各朝均有之。以乾隆者为尤精。上题御制诗，有"乾隆丙申御题"字样，款识为篆书"大清乾隆仿古"六字，其后各朝亦俱称仿古也。所题诗字体有两种：一种字较小，体近虞、王之间；一种字较大，楷法凝重，又颇似颜鲁公矣①。缸亦有两种，一种较小，尤为难得。

【注释】

①颜鲁公：即颜真卿（709—785），字清臣。琅琊孝悌里（今山东临沂费县）人。唐代杰出书法家，世称"颜体"。楷书与赵孟頫、柳公权、欧阳询并称"楷书四大家"，与柳公权并称"颜筋柳骨"。

【译文】

"鸡缸"为成化年间的精品，康熙、乾隆及嘉庆、道光各朝均有这种瓷器。以乾隆时制作尤为精美。上面题写着御制诗，并有"乾隆丙申御题"字样，款识是篆书"大清乾隆仿古"六个字，其后各朝也称作仿古。所题诗字体有两种：一种是字体较小，书体近似虞世南、王羲之之间；一种字体较大，楷法凝重，又很类似颜真卿。鸡缸也有两种，一种较小，十分难得。

鸡缸之可贵，固已腾溢人口①，然乾隆同时贡品，驾轶于鸡缸者②，不可缕指③，何独于是而惊心动魄耶？道光之仿乾隆，与同治、光绪之仿道光者，亦较他种瓷品值涨倍蓰④，大抵因御制一诗增其声价耳。

【注释】

①腾溢：翻腾漫溢。人口：人的口，指言谈、议论。

②驾轶：凌驾，超过。

③缕指：详细指出。

④倍蓰（xǐ）：谓数倍。倍，一倍。蓰，五倍。

【译文】

鸡缸的可贵，固然已经誉满人口，然而乾隆年间的贡品超过鸡缸的不可胜数，为什么唯独在此方面惊心动魄呢？道光时模仿乾隆时的，与同治、光绪时仿道光时的制品，也比别种瓷器价值高数倍，大概是因为一首御制诗提高了它们的声价。

乾隆间有种杯盘，专录御制诗于上而无画者，诗乃五古诗，末有"某朝御题"字样，下有胭脂小方印，其楷法之精美者亦殊可珍。

【译文】

乾隆年间有种杯盘，专录御制诗在上面而没有图画，诗为五言古诗，末尾题有"某朝御题"字样，下有胭脂小方印，楷书写得精美的也特别珍贵。

嘉庆官窑盖杯，有外题御制诗，而器与盖中心绘花者，诗乃五律①，咏品茶者也。康窑十二月花卉之酒杯，于题句下有印章，文系一"赏"字。雍正料款之器，瓷面有印二，一曰"月古"，一曰"香清"。同时文石山房制品，亦于瓷面作两印，分列"文石山房"四字。乾隆题御制诗之品，句末"乾隆"二字，分为两印，"乾"字作三画卦文②。

【注释】

①五律："五言律诗"的简称，属于近体诗中律诗的一种。

②三画卦文：指《周易》中八卦的乾卦，以由三画上下排列而成，故称，并可与乾卦之"乾"互相代替。

【译文】

嘉庆官窑的盖杯，有的外面题写御制诗，杯和盖的中心都画着花纹的制品，诗为五言律诗，是吟咏品茶的。康熙官窑绘十二月花卉的酒杯，在题句下面有印章，是一个"赏"字。雍正时料款瓷器上有两枚印章，一是"月古"，一是"香清"。同时文石山房的制品，瓷器上面也作两个印章，分列"文石山房"四个字。乾隆题御制诗的瓷器，句末"乾隆"二字分为两印，"乾"字作三画卦文。

慎德堂以三字直款者为可贵，款多系抹红色，亦间有描金色。若有题句者，下书一印作椭圆形，篆"道光"二字。慎德所以鼎鼎有名，盖其瓷质之白、彩画之精，固足颉颃御制也。

清　黄地粉彩云龙纹镂空帽筒

【译文】

　　慎德堂以三字直款的为贵，款字多为抹红色，也偶尔有描金色。如果有题句的，下面有一作椭圆形的印章，篆书"道光"二字。慎德名气极高的原因，是它的瓷质莹白、彩画精美，实足以和御制瓷器相抗衡。

　　嶰竹主人亦道光瓷之精者，固以质白画美为其特长，然亦有寻常粗品，若红地双钩画竹之类是也。小杯最精，碗亦不俗，然其所制颇少巨大之品。

【译文】

　　嶰竹主人也是道光瓷器的精品，固然也以瓷质莹白、彩画精美为特长，然而也有普通粗糙制品，比如像红地双钩画竹之类便是。小杯最精，碗也不俗，然而这种制品很少有巨大的器物。

　　若深以小品茶杯为多。或谓制者乃一嗜茶雅士也。有不书"若深"而书一"玉"字者，亦是同一人所制。

【译文】

　　"若深"以小品茶杯为多数。据说制造者是一位嗜好品茶的雅士。有不写"若深"而写一个"玉"字的，也是同一个人所制。

　　敬畏堂所制器具，多系豆青一色。彩华、彩秀则雅好作豆彩花。养和堂、静镜堂所绘花鸟有极精者。宁远、宁晋诸斋，"宁"字不避讳，亦在道光以前之一证_{道光名旻宁}。其质极润细，而花彩则规矩花、三品球之类为多①。宝崙瓷花独出新意，尤好作堆料也。雅雨堂人物画工一时妙手，骚坛盟主自是不凡②。

【注释】

①三品球：疑指皮球花。

②骚坛盟主：指雅雨堂主人卢见曾，他是康熙、乾隆年间著名诗人，故称。骚坛，诗坛。

【译文】

敬畏堂所制造的器具多为豆青色。彩华、彩秀则喜好作豆彩花纹。养和堂、静镜堂所绘花鸟有的非常精细。宁远、宁晋诸斋，"宁"字不避讳，也是在道光以前的一个明证道光名旻宁。其瓷质非常细润，而彩绘花纹也以规矩花、三品球之类居多。宝啬的瓷器花纹能够别出心裁，尤其喜作堆料。雅雨堂瓷器的人物画工为当时的妙手，作为诗坛的领袖，自然不同于一般。

嶰竹喜作八宝、碎花及团鹤之属。至绘折枝而饶有雅致者，慎德堂当推妙选矣。文甫雅玩之器多画金鱼，乃殊不觉其可喜。

【译文】

嶰竹喜欢画八宝、碎花及团鹤之类。至于绘画折枝花纹而饶有趣味的，当数慎德堂最为精妙。文甫雅玩的瓷器上多画金鱼，并不特别令人喜欢。

蓝款、红款与作楷、作篆，大有泾渭分流之象。大抵乾隆以前多系楷书，又兼多系蓝字也。乾隆以后多系篆书，又兼多系红字也。底杂色釉而款写黑字者，惟乾隆有之，此外殆未之见。

【译文】

蓝款、红款与作楷书、篆书，大有泾渭分流的现象。大体上说乾隆以前多作楷书，而且多为蓝字。乾隆以后多作篆书，而且多为红字。底部有杂色釉而款写黑字的，唯独乾隆时有，此外几乎未曾见过。

　　瓷品之有回回、喇嘛、西洋等文者。回回文或于花地开光处书之，或有全体书回回文而不绘花者；喇嘛文多于绘花之上书之，即明瓷所谓"花捧真言字"者也，或作圆形，字如八卦之围列；西洋文则于画空隙处书之，或于器底书之。又一种旧洋瓷，表面纯系洋式，器底有华字"某某年制"者[1]，字作宋体书，亦奇品也。若写洋文款兼有基督纪年者[2]，乃当日舶来流入之品耳。

【注释】

　　①华字：汉字。

　　②基督纪年：即基督纪元，以基督教所信奉的救世主耶稣降生的年份为起点顺序计算年代的纪年法，我国称之谓"公元纪年法"。

【译文】

　　瓷器上有书写回回、喇嘛、西洋等文字的。回回文有的在花纹开光处书写，有的全体书回回文而不绘花纹；喇嘛文多书写在绘花之上，即明代瓷器所谓"花捧真言字"的制品，有的写成圆形，字好似八卦围列；西洋文则书写在绘画的空隙处，也有写在瓷器底部的。又一种旧的洋瓷，表面纯为洋式，而在器物底部有汉字"某某年制"的，字为宋体，也是非常珍奇。若写西洋文款，并有基督纪年的，则是国外流入的瓷器。

【点评】

　　瓷器款识是指刻、划、印、写在瓷器底部等某些较为固定位置的一类文字或符号，亦称铭文，与花绘中文字或符号主要用于表达制器者主观的愿望不同，款识的作用基本上只在标明制作年代、产地、用途、工匠，或收藏者姓名等与瓷器自身相关的信息内容。因此款识作为瓷器外观的组成部分，具有艺术内涵与形式上审美的价值，但其作为鉴别瓷器时代、真伪等的标志作用要更大一些，从而受到多方面的重视。本章即于《花绘》之后，较为系统地介绍了瓷器款识发生发展的历史，历代瓷器款识内容及形式的变化，总结评价了名家名款的特点及其高下得失，提示了鉴赏的标准与经验，为瓷学中重要一环。

本章全篇主要有以下四个方面的内容：

一说款识之历史。瓷器有款识始于宋代，元代继之，然式样尚简。至明代渐次发达，式样增多。清代乃极盛行，其最高贵者为料款。料款始于康熙末，乾隆间古月轩所制最精，宁晋、宁静、宝啬诸斋亦有名。

二说款式之大略。历代有不同。款识之位置，历代以在底足内居中者最多，高足者或题于足内层或外层之边际，或题于口，或题于腰腹。

款识之内容，宋瓷见有题"内府"、"政和年制"，或有题"一二三四五六"等数目字者。元瓷唯官窑有"枢府"二字款，民窑有款识者少见。明瓷官窑或作"某某年造"，也有用"制"字者，但极少。清瓷首推料款，有两种，曰"某某年制"，曰"某朝御制"，少用"造"字。大抵皆四字为多，间有六字。

款识之书写，宋瓷或横镌，或直（竖）镌。元瓷多随意刓成。明瓷有凹雕、印花、绘花、雕花等，最奇为永乐官窑绘狮子滚球内藏款字者，而嘉靖官窑有底款作环形或书于底之中心者。清瓷书法似欧、王，间有虞永兴、宋穄、宋体、铁篆体等别体，字皆釉汁凸起，双圈方边。

三说款识之形式。只列清代的，分"有字"与"无字"，康熙朝"有字"者"单圈"及以下共三十种，"无字"者"双圈"及以下共九种；雍正一朝"有字"者"六字双圈"及以下共二十一种，"无字"者"花形"及以下共三种；乾隆一朝有字者"六字双圈"及以下共二十三种，"无字"者"印花"及以下共三种。以下分述清代历朝款识形式更具体而微的区别，可资清瓷的鉴识。

四说款识之为斋名或堂号者。有四类：帝王、亲贵、名士、达官。人物品类不同，个性有异,则斋名或堂号自各取用有别。列其名家帝王有康、乾二帝,达官有卢见曾、董蔗林、张南山、纪晓岚,雅匠名工则有陈国治、王炳荣、李裕元等。继而选评历朝名款,有中和堂、大雅斋、慎德堂、峭竹主人、若深、敬畏堂等。

综上所述,本章"说款识"亦确而可考,详而有序,可凭作瓷器断代的参考。诚如作者所说:"此仅鉴别之一端,似可凭而不尽可凭也。"还应参照具体器物的胎质、釉色、造型、纹饰、工艺、光泽等等,作综合的判断,才能比较接近实际。但本章所述也有可以讨论的地方,如前引童书业文曾指出,本章以古月轩为清宫画所不合实际,"清宫内并无'古月轩'其地。有'古月轩'款的,乃玻璃器而非瓷器,且为私家款而非进御之物"。至于本章仍论及康熙书《圣主得贤臣颂》及《归去来辞》、《耕织图》之类,后者其实已归入《说花绘》,似都不应再列为款识,唯其具体内容仍可与前述一并参考。

饮流斋说瓷

说瓶罐第七

古人制器载酒，用以飨神①。牺尊、象尊②，导源至远，此尊之权舆也。尊一变而为瓶，用以插花、清供，殆缘后起。腹口相若者谓之尊，口小腹大者谓之瓶。其后市人任意相呼，瓶与尊遂混而为一矣。袁宏道撰《瓶史》③，遂为著录专书，所论以铜器为多，亦兼及瓷制。然其时形式名目，犹不若今之纷纭璀璨也。同是一瓶，而形式争奇斗巧，千变万化，稍有差别，遂呈异观。故瓶之种种色色，最有研究兴味。就不佞所知④，缀述于下，虽未堪作《瓶史》之补录，亦颇足窥制作之一斑焉。

【注释】

①飨（xiǎng）神：摆供品祭奠神灵。飨，以酒食款待人。

②牺尊：亦作"牺樽"、"牺罇"、"牺镈"。古代酒器，作牺牛形，背上开孔以盛酒；或说于尊腹刻画牛形。象尊：古代的一种酒器，其形如象或凤凰；一说以象牙饰尊。

③袁宏道（1568—1610）：字中郎，又字无学，号石公，又号六休。荆州公安（今湖北公安）人。明代文学家，"公安派"主帅。与其兄宗道、中道合称"公安三袁"。文学上反对"文必秦汉，诗必盛唐"的风气，提出"独抒性灵，不拘格套"的"性灵说"。著有《袁中郎集》、《瓶史》等。《瓶史》：二卷，明袁宏道撰。该书从鉴赏角度论述了花瓶、瓶花及其插法。上卷为瓶花之宜、之忌、之法；下卷分花目、品第、器具、择水、宜称、屏俗、花崇、洗沐、使令、好事、请赏、监戒等。

④不佞：不才，自谦词。

【译文】

古人制作器具盛酒，用来祭祀神灵。牺尊、象尊，起源很早，这些都是尊的雏形。尊变化而成为瓶，用来插花供人清赏，大概是后来兴起的事情。腹部和口部大小差不多的称作尊，口小腹大的叫作瓶。以后市井中人们随意称呼，于是瓶与尊便混为一谈了。袁宏道撰写《瓶史》，便成为著录专书，所谈论的主要是铜器，也涉及到瓷器。然而当时瓷器的样式名称不像今天这样繁多令人眼花缭乱。同是做一个瓶子，而样式争奇斗巧，千变万化，稍有差别，就成了不同的样式。因此瓶子的种类样式最具研究的趣味。就本人浅陋所知述列如下，虽不足以作为《瓶史》的补充，也可窥视瓶之制作的一些情况了。

吾华制器，初乏名学之思①，概由市人象形臆造，久之遂成习惯，莫之能易。下列瓶、尊诸名，悉从市肆沿称，固不必尽以雅驯绳之也②。

【注释】

①名学：泛指中国古代的逻辑学。先秦逻辑学初起，主要围绕名与实、正名等展开，故称。

②雅驯：指文辞修美，典雅不俗。绳之：衡量。绳，引申为标准。

【译文】

我中华制作器物，原本缺乏逻辑学方面的思考，一般由市井人们比照其形象随意造作。时间久了，便形成俗名，无法更改。下列瓶、尊的各个名称，就都是根据市间店铺沿用的叫法，当然不一定完全用雅训的标准来衡量。

太白尊　　太白尊亦名渔父尊，形似渔父之鱼罾①，故得名也。底平腹巨，口小而微哆②，项极短而缩。此等尊无巨大者，通体不过数寸耳。以豇豆红色，或带苹果绿、苹果青色为多。腹有三团螭暗花，乃浅凹雕也。除康窑外，历朝其罕仿制，故价值之昂，等于拱璧。

【注释】

①罾（zēng）：渔网。

②哆：张口貌。

【译文】

太白尊　太白尊又名渔父尊，形状好似渔夫用的渔网，因而得名。底平腹大，口小而微微张开，颈部很短而收缩。这类尊没有很大的，通体不过数寸而已。以豇豆红色或带有苹果绿、苹果青色的为多。腹部有三团浅螭凹雕的暗花。除康熙官窑以外，历代很少仿制，所以价值的高昂等同拱璧。

清　豇豆红太白尊

观音尊　有大观音尊、小观音尊两种。大者高二尺余，小者高数寸。口侈，项较短，肩宽博，至胫则以次渐杀[1]，胫及于底，又稍加丰。自肩至胫，约占全体五分之三，项与胫相若，口与底相若。此等观音尊以祭红及郎窑最为奇珍，盖郎窑喜制此式也。若康熙青花、五彩，亦称殊品。至小观音尊，以苹果绿者为最昂，其余种种花彩均有。

【注释】

①杀：此言收束。

【译文】

观音尊　有大观音尊、小观音尊两种。大的高二尺有余，小的高数寸。口微微张开，颈部较短，肩部宽广，至胫部逐渐收束，从胫部到底部又稍加丰满。从肩部到胫部约占全体的五分之三，颈部与胫部相似，口部与底部相似。这类观音尊以祭红和郎窑的最为珍奇，大概是因为郎窑喜欢制作这种样式的。如康熙青花、五彩，也属于特殊珍品。至于小观音尊，以苹果绿的最为昂贵，其余各种花色的都有。

牛头尊　　牛头尊口稍巨，直下至肩，无项；腹较肩尤巨，至底稍杀；旁有双耳者居多，以其形似牛头故名。大者高二尺余，宽一尺余，小者高亦及尺，巨制也。历朝均有之，以康熙青花者为上。

【译文】

牛头尊　　牛头尊，口部稍大，直接下至肩部，没有颈部；腹较肩部尤为巨大，至底部稍稍收束；两旁有耳者为多，因其形状好像牛头而得名。大的高二尺多，宽一尺多，小的也高近一尺，是大件制品。历朝均有，以康熙朝的青花为上品。

百鹿尊　　百鹿尊有两种，大者高二、三尺，小者仅二、三寸。大者其式亦类似牛头，惟有两鹿头为耳，彩绘百鹿，故以是得名。小者或同前式，或有作棒锤式无耳者。然既以百鹿抽象得名，则不问其作何式，亦概呼为百鹿云。

【译文】

百鹿尊　　百鹿尊有两种，大的高两三尺，小的仅两三寸。大件的样式也似牛头，只有两个鹿头作双耳，彩绘有百鹿，因此得名。小件也有与前述同一样式，也有作棒锤样式而没有耳的。然而既然以百鹿概括而称名，则不问其作何种样式，也都一概称作百鹿。

硬棒锤　　身如截筒，肩耸而臃肿。自肩至底同一直下，口有凸边一道者名硬棒锤。有青花、五彩各种，亦有开长光两面彩画余为锦地者，大小不一其制。

【译文】

硬棒锤　　器身如截断的筒形，肩部耸起而显得臃肿。从肩部到底部同样垂直而下，口部有一道凸边的叫硬棒锤。有青花、五彩等品种，也有开长形光两面彩画剩余部分都为锦地的，其制作尺寸大小不一。

软棒锤　　形与硬棒锤相仿，惟肩亸[①]，口哆，足稍敛。明朝祭红概无棒锤，惟康窑青花、五彩有之。大棒锤初年较巨，晚年较小。康熙此类画草虫及粗疏花卉为多，盖客货也。

【注释】

①亸（duǒ）：下垂。

【译文】

软棒锤　　形状与硬棒锤相像，只是肩部下垂，口微张开，底部稍微收缩。明代祭红都没有棒锤形状的瓶子，唯独康熙官窑青花、五彩有。大棒锤瓶初期较大，后期较小。康熙年间此类以绘画草虫及粗糙花卉的制品较多，都是民窑。

如意尊　　如意尊高约六、七寸，上杀下丰，口巨躯短。清初多作青花，若纯色釉及暗花者，亦为雅制。

【译文】

如意尊　　如意尊高约六七寸，上半部紧缩，下半部丰腴，口部宽大而躯干短小。清代初年多作青花，如果是纯色釉或带暗花的，也属精品。

美人肩　　略似如意尊，项与胫均苗条，口与足相等，腹稍巨，弯折处有姿致，故曰美人肩也。大小不一。雍正官窑彩瓶有画红白桃花者，生动娇艳，冠绝等伦。乾隆多画人物，精者每有颊上添毫之妙[1]。

【注释】

[1] 颊上添毫：《晋书·顾恺之传》："尝图裴楷象，颊上加三毫，观者觉神明殊胜。"后来用作形容生动的描绘。颊，脸。毫，毫毛。

【译文】

美人肩　　近似如意尊，颈部与胫部都很苗条，口部与底部相等，腹部稍大，弯折的地方甚为优美，所以称作美人肩。大小不一。雍正官窑彩瓶有画红白桃花的，生动娇艳，出类拔萃。乾隆官窑多画人物，其精品往往有颊上添毫的妙趣。

油锤瓶　　自口至项，均其细瘦，直至腰腹而突然膨脖者[1]，名曰油锤。有大有小，而大者为尤多。积红、积蓝、青花、五彩均有之。康窑多系纯色釉及青花者，尤以画龙为多。乾隆画龙、画釉里蓝或釉里黄、黑而兼胭脂水波纹者，亦恒有之。

【注释】

[1] 膨脖：亦作"膨亨"。形容腹部膨大貌。

【译文】

油锤瓶　　从口部到颈部都很细瘦，直到腰腹而突然膨大的称作油锤。体型有大有小，而以大者为多。积红、积蓝、青花、五彩均有。康熙官窑多属纯色釉及青花，尤以画龙纹的居多。乾隆年间画龙纹、画釉里蓝或釉里黄、黑而兼胭脂水波纹的制品，也是常见的。

饽饽凳　　形似油锤而项甚肥，直下若截筒者曰饽饽凳，亦寻常式也。纯色釉者以积红、积蓝、茶叶末等为多。若五采者，多带锦地，或锦地开光，或锦边。

【译文】

　　饽饽凳　　形状近似油锤而颈部很肥大，垂直下去好像截断之筒形的称作饽饽凳，也是普通样式。纯色釉以积红、积蓝、茶叶末等为多数。若是五彩的，多带锦地，有的锦地开光，有的镶锦边。

　　马蹄尊　　马蹄尊有两种，高者为瓶，矮者为盂。高者项与胫均长，腹短而微皤①，形类马足，故名。康熙青花最多。此种矮者，名矮马蹄，口巨而无项，康窑有釉里红花朵者，亦殊足珍。

【注释】

　　①皤（pó）：大。

【译文】

　　马蹄尊　　马蹄尊有两种，高的为瓶，矮的为盂。高的颈部与胫部均长，腹部短小而微大，形状类似马蹄，因此得名。康熙青花瓷器中最多。此类矮的，名叫矮马蹄，口大而没有颈部，康熙官窑有绘釉里红花朵的，也特别值得珍贵。

　　天球瓶　　天球口与项相若，腹为浑圆，肩与足又相若也。雍正瘦身抹红者，品格殊美。若乾隆青花夹紫或豆彩者，亦佳。

【译文】

　　天球瓶　　天球瓶口部与颈部相近，腹部为浑圆形，肩部与底部也相近。雍正时瘦身而

清　斗彩海水团花天球瓶

抹红的制品，格调特别优美。如乾隆青花夹紫或者豆彩的制品，也是很好的。

胆瓶　　胆瓶形如悬胆，口径直下，腹微椭圆，形式有大有小。古时铜瓶，此式尤盛行，瓷制以乾隆为多。

【译文】

　　胆瓶　　胆瓶形状如悬胆，口径垂直而下，腹部略呈椭圆形，形式有大有小。古时候铜瓶这种样式非常盛行，瓷器制品以乾隆年间居多。

锥把　　大致同于胆瓶，而口微哆者，市肆别其称曰锥把，谓同锥子之柄也，实亦胆瓶之阔口者耳。

【译文】

　　锥把　　大致和胆瓶相同，而口部微微张开的，市间店铺为了区别其名称而称作锥把，意思说和锥子的柄相似，实际上也是阔口的胆瓶。

鸡心　　腹略同于胆瓶而项甚短者谓之鸡心，以小品为多。积红、积蓝、瓜皮绿等色尤多此式也。

【译文】

　　鸡心　　腹部与胆瓶略微相同而颈部较短的称作鸡心，以小品居多。积红、积蓝、瓜皮绿等釉色有很多是这种样式。

　　梅瓶　　梅瓶口细而项短，肩极宽博，至胫稍狭，折于足则微丰，口径之小仅与梅之瘦骨相称，故名梅瓶也。宋瓶雅好作此式，元、明暨清初，历代皆有斯制。红色者仿均为最多，豆青、天青、茄紫、豇豆红等诸色均有之。

【译文】

　　梅瓶　　梅瓶口细而颈项较短，肩部非常宽大，至胫部稍微狭窄，到底足则又变得丰满起来，口径极小仅与梅的瘦骨相似，所以称作梅瓶。宋代瓷瓶雅好作此式，元代、明代及清代初年历代均有此制作。红色的多仿均窑制品，豆青、天青、茄紫、豇豆红等釉色都有。

清　松石绿梅瓶

　　萝卜尊　　式如梅瓶，而通体近瘦，肩不甚宽博，项同白萝卜也。豇豆红、苹果绿、苹果青为最佳。乾隆有堆料款者绘水仙、月季、蜡梅之属，亦为内府之珍品。

元 青白釉划花玉壶春瓶

【译文】

　　萝卜尊　　样式很像梅瓶,而通体近于瘦削,肩部不甚宽广,颈部如同白萝卜。豇豆红、苹果绿、苹果青的釉色最好。乾隆时有堆料款画水仙、月季、蜡梅之类,也是内府的珍品。

　　玉壶春①　　玉壶春口颇哆,项短腹大,足稍肥,亦雅制也。天青、积红者,尤居多数。此式大半官窑,甚少客货,而官窑又大半纯色釉也。

【注释】

　　①玉壶春:瓶名。原为酒名,唐岑参《首春渭西郊行,呈蓝田张二主簿》诗有句云:"闻道辋川多胜事,玉壶春酒正堪携。"

【译文】

　　玉壶春　　玉壶春口部颇大,颈部短小腹部巨大,底足稍肥,也是典雅制品。天青、积红,尤居大多数。这种样式大半是官窑制品,很少民窑制品,而官窑又大半是纯色釉的。

　　截筒瓶　　截筒之瓶形如木筒,近口处微凹。明制最多,青花尤夥,花甚粗率,而殊有野趣。清初仿者亦然。

【译文】

　　截筒瓶　　截筒的瓶形如木筒,近口缘处微微凹下。明代制品最多,青花尤其多,花纹很是粗略草率，然而也别有生新的趣味。清代初年仿制也是如此。

　　灯笼罩　　灯笼罩不止一种，有形若巨筒而上下口与足凸起若盘底之一覆一仰者，亦有同上式而腹际截分数段者，有上半段与前式同而腹际下半有胫至足底稍散开者，是亦谓之灯笼式也。此等式，乾隆乃有之。

【译文】

　　灯笼罩　　灯笼罩不止一种，有形状如大筒而上下口与足凸起，如同盘底一覆一仰的，也有与上一种同样而腹部截分为几段的，还有上半段与前一种相同而腹部下半有胫至足底部微微扩散开的，这又称作灯笼式。这等样式自乾隆朝才开始有。

　　藏草瓶　　口直而长，项有两截，中凸起如球，腹浑圆，胫短稍缩，至足而大展，大体甚似洋油之坐灯[①]。缘初特制以赐藏僧[②]，藏中有草，取以供佛，故得名也。惟乾隆有之，嘉、道数代，藏僧既罕来朝，此式遂不复制。花彩以珊瑚红釉绘西番莲者为多，亦取西土庄严之意也。

【注释】

　　①洋油：煤油。清末民初，煤油皆由外国进口，故称。
　　②藏僧：西藏的僧人。

【译文】

　　藏草瓶　　口部又直又长，颈部有两截，中间凸起如圆球，腹部浑圆形，胫部短小而收缩，到底部而扩展，大体上很像洋油座灯。因为本来是专为赏赐西藏僧人造的，西藏有种草，用来供奉神佛，由此得名。唯独乾隆朝烧造过，嘉庆、道光各朝，藏僧很少来朝晋见，这种瓶子就没有再造过。花彩以珊瑚红釉绘西番莲的为多，也有取其西土庄严的意思。

凤尾瓶　　凤尾足长而丰，底处益散开，略同凤尾，故名。此外身段无甚特异。以大凤尾五彩者为最佳，若硬绿三彩者，尤为瑰宝。此式多康窑客货，而彩画雄奇之极，洵为伟观。

【译文】

凤尾瓶　　"凤尾"底足修长而丰满，底部更加散开，大致如凤尾的样子，因此得名。除此之外，造型上没什么特殊之处。以大凤尾五彩的为最好，至于硬绿三彩的，尤其宝贵。这种样式多康熙时的民窑，彩绘极度雄伟奇特，确实壮观。

象腿瓶　　式颇特别，自口至足直下，无纤曲，但非圆式，乃三瓣之海棠式也。口际凸起，厚边，近口稍粗，近足稍窄，市人呼曰象腿，亦象形语也。云豆、淡茄、乳鼠等色为多。

【译文】

象腿瓶　　样式比较特别，从口部到足部垂直而下，没有弯曲，但不是圆形，而是三瓣的海棠式。口的边缘凸起，厚边，接近口部的部分稍微粗一些，接近足部的部分稍微窄一点。商人们称作象腿，也是摹拟其形象的说法。以云豆、淡茄、乳鼠等釉色者为多数。

蝙蝠瓶　　自口至足，均作蝙蝠形，肩稍宽博。宋时哥窑、龙泉已有斯制，往往有紫口铁足兼有冰纹者。明清所仿亦大抵相同，数寸高者最多，大者颇罕。

【译文】

蝙蝠瓶　　自口部至底部，都作蝙蝠形，肩部稍微宽大。宋代时哥窑、龙泉窑已有这种样式，往往有紫口铁足带有冰纹的制品。明清的仿制品也大体相同，几寸高的最多，大的很少见。

海棠瓶　　自口至足，均作三瓣海棠式，惟不直下，口与项同，至腹则突幡，而仍分三瓣，颇为雅观。以茶叶末、鳝鱼皮等色为多。

【译文】

　　海棠瓶　　自口部至足部均作三瓣海棠式，唯独不是垂直而下，口部与颈部相同，至腹部则突然扩大，但仍分三瓣，甚是好看。以茶叶末、鳝鱼皮等釉色者居多。

石榴尊　　腹绝巨，口巨而张，项短而缩，足微敛，形同石榴，故名也。雍正天青色而底有篆书凸雕款者，乃当时官窑雅品。豆青一种较小，有有盖者，乃作罐用也。

【译文】

　　石榴尊　　腹部非常大，口部大而张开，颈部短小而收缩，底足微微收敛，形状如同石榴，因此得名。雍正天青色而底有篆书凸雕款识的，是当时官窑的上品。一种豆青色的较小，有带盖的，作罐子用。

佛手尊　　口径稍敛，胫之将近足处，倏缩而瘦，纯似佛手柑状[①]，故名。形不甚巨，大小略同佛

明　青花灵芝石榴尊

手柑。所稍异者，近口际无指爪形耳。青花夹紫居多，制亦雅饬。

【注释】

①佛手柑：果树名。系常绿小乔木，高丈余，叶呈长圆形，花白色，果实色黄而香，下端有裂纹，状如半握之手，中医以之入药。

【译文】

佛手尊　口径处稍稍收束，胫部靠近底足的地方忽然缩小而瘦削，极似佛手柑，因此得名。形制不太大，大小略同佛手柑。所略有不同的是，靠近口缘处没手指爪形而已。以青花夹紫的居多，制式也非常雅观。

葫芦瓶　形纯似葫芦，有大有小，以东青、积红等色为多。东青有凹雕暗花者，窑变之属，亦偶一见，而伪制甚夥。

【译文】

葫芦瓶　形状非常像葫芦，有大有小，以东青、积红等釉色居多。东青色而有凹雕暗花的，是窑变所成，也偶可一见，但仿制品很多。

橄榄尊　口与足俱小，无项无胫，全体似橄榄形，故名。此式以广窑为最多，大抵溯原于均。市肆所称均釉者，亦好施之此制也。

清　珐琅彩三友橄榄瓶

【译文】

橄榄尊　　口部与底足都小，无颈项，无足胫，整体形如橄榄，因此得名。这种样式以广窑产者为最多，大概起源于均窑。市间店铺所谓均釉的，也喜好做成这种造型。

荷包瓶　　形扁圆，口、腹均大，类如荷包[①]，故名。宋定始有斯式，故此式又大都有凹雕暗花也。以纯色釉者为多。

【注释】

①荷包：随身佩带或缀于袍上装盛零星物品的小囊。

【译文】

荷包瓶　　形状扁圆，口部、腹部俱大，如同荷包，因此得名。宋代定窑开始有这种制式，所以这类瓷器大都有凹雕暗花。以纯色釉的居多。

苹果尊　　苹果尊有两种，有缩项者，有巨口而无项可缩者。缩项者口径不及寸，巨口者口径可二寸。大者高几及尺，小者约五寸余。往往有凸雕荷花瓣者，小者底足稍嫌不稳。又有天青、釉里红两种，满身苔点，至可珍玩，其声价之大，足与郎窑媲矣。

【译文】

苹果尊　　苹果尊有两种，有缩短颈项的，有巨口而无颈项可缩的。缩项的口径不到一寸，巨口的口径可达二寸。大的高近一尺，小的约有五寸多。往往有凸雕荷花瓣的，小的底足显得有些不够稳定。还有天青、釉里红两种，通身布满苔点，最可珍赏，其声价之高，足以和郎窑相媲美。

转心瓶　　瓶之腹际，玲珑剔透，两面洞见，而瓶内更有一瓶，兼能转动，似美术雕刻之象牙球者然。若是者名曰转心，乃内府珍赏殊品也。《陶雅》名为套环转动之瓶，颇嫌名称烦赘，古物保存所则标其名曰转心，今从之。

【译文】

　　转心瓶　　瓶的腹部玲珑剔透，可以洞见两面，而且瓶内还有一瓶，并能够转动，好似美术雕刻的象牙球一样。像这样的瓶子名叫转心，乃是内府视为珍物的特异之品。《陶雅》称曰套环转动之瓶，名称显得比较累赘，古物保存所则称作转心，现依此称呼。

清　粉彩镂空转心瓶

塔瓶　　口哆而平，项数折至腹，圆而不甚巨，胫略缩，旋散开至足，略如平顶之塔形，故号塔瓶也。乾隆始有此制，东青色者尤多。

【译文】

　　塔瓶　　口部张开而平，颈部折为数节，至腹部圆而不甚大，胫部稍缩小，接着又散扩至底足，大体似平顶的塔形，所以称作塔瓶。乾隆时开始有这种制式，东青色的最多。

柳叶尊　　口较身稍大，项短而身长，膊略与口相等，至足而愈小，纤跌瘦削，几难立稳，惟须檀座夹辅之耳^①，形似柳叶，故名。以豇豆红者为贵。

【注释】

①檀座：用檀香木制作的底座，极名贵。此言置放器物的底座。

【译文】

柳叶尊　　口部比身躯较大，颈部短小而身躯修长，膊与口大小相等，至底足而更加缩小，底足小而瘦削，几乎很难放稳，只能用檀木的座辅助固定，形状像柳叶，因此得名。以豇豆红的制品为贵。

箭桶瓶　　口与足直下相齐，惟通身如海棠状，而六瓣、七瓣不等，与三瓣之正海棠微有别焉。足略敛，故非帽架也。名曰箭桶，亦市人取象之称。

【译文】

箭桶瓶　　自口部到底足垂直而下相等，只是通体如海棠形状，六瓣、七瓣不等，与三瓣的正海棠稍有区别。底足略微收敛，所以不是帽架。而名为箭桶，也是商家拟其形象的说法。

络子尊　　络子尊略似绍兴酒坛，于下半截有绳圈纹，如包络之状，故名。制自雍正，有地与络一色者，有白色锦络者。锦络略同古锦纹^①，璀璨可观。大者高二尺余，小者高二、三寸，纹皆凸起也。

【注释】

①古锦纹：古代锦绣的花纹。

【译文】

络子尊　　络子尊好似绍兴酒坛，在下半部有绳圈纹，好像缠有络索的样子，因而得名。雍正时创制，有胎底与络纹同一种颜色的，有白色锦地络纹的。锦络与古锦纹略相近，光辉灿烂，很是好看。大的高二尺多，小的高二三寸，花纹都是凸起的。

方瓶　　方瓶种式不一，有体方口圆，类旧时之轿灯者，亦名方灯笼，以东青色凸雕八卦形为多。有口体俱方，身分两截者，略如神前之香案，以黄地青花为多。有扁方形，口底俱方而腹膨脖，项旁有两耳，可以穿带者。有如"目"字形，而口微凸起者。其他种种形状，不胜枚举。

【译文】

方瓶　　方瓶的各类样式不一，有的体方口圆类似旧时的轿灯，也称作方灯笼，以东青色凸雕八卦形的居多。有的口体俱方而身躯分作两截的，略同神像前的香案，以黄地青花的居多。有的为扁方形，口、底均方而腹部肥大，颈部旁边有两个耳朵，可以穿带。还有的像"目"字形，而口部稍微凸起的。其他种种形状，不胜枚举。

穿带①　　穿带之制，有方有圆。方者如前条所述，圆者大体似天球而左右两耳可以穿带，则方圆悉同也，耳与口之孔同一平行视线，与寻常垂双耳者异。此制仿古礼投壶之壶②。又有足际两横孔，仍于孔内挂釉者，亦名穿带。皆纯色釉为多，概系官窑，甚少客货也。

【注释】

①穿带：器物两耳或底足两边有孔可用带穿过，便于提携悬挂。

②投壶：古代士大夫宴饮中礼节的一种。《礼记·投壶》："投壶之礼：主人奉矢，司

射奉中,使人执壶。"主人请宾客投掷,以中与不中为饮酒之节。实是饮宴时主人与客燕饮讲论才艺的一种游戏。

【译文】

穿带　　穿带瓶的制作有方有圆。方的如上一条所载,圆的大体像天球而左右两耳可以穿带,这一点方圆都是一样的_{耳与口孔同一平视线,与一般双垂耳不同。}这种制品是模仿古礼中投壶的壶式。也有底足边有两个横孔,孔内仍挂釉的制品,也称作穿带。属纯色釉的居多,一般都是官窑,很少民窑。

背壶　　此式腹扁而浑圆,于体中又凸起一圆线若篆书"回"字者,然口横而方,底亦相若,绝似行军之背壶,故名也。有口际飘双带者,有无带者,东青、羊肝等色为多。

【译文】

背壶　　这种样式腹部扁平而浑圆,在器体中央又凸起一道圆线好似篆书"回"字,然而口部横阔而呈方形,底部也同样,很像行军用的背壶,因而得名。有在口边画有飘逸的双带的,有无飘带的,以东青、羊肝等釉色居多。

百环　　百环之壶,亦仿古铜器也。制扁方或长方形,以纯色釉为多,或白,或天青、古铜等色。多无花彩,乃道光以前式也。

【译文】

百环　　百环壶也是仿效古铜器的制品。形制有的扁方形,有的长方形,以纯色釉居多,有白色、天青、古铜等釉色。多没有花纹彩绘,乃是道光以前的样式。

饮
流
斋
说
瓷

六角　　六角亦有数种，有略如棒锤式，项短无胫而身直下者。有口张，项稍长而腹巨者。有有项有胫，略如花篮式者。皆好奇之趋尚，竞异标新也。

【译文】

六角　　六角瓶也有好几种，有的很像棒锤，颈项较短没有胫部，身躯直下。有的口部张开，颈部稍长而腹大。有的有颈部和胫部，很像花蓝的样子。都是好奇所致，争相标新立异。

三孔　　三孔者，口际同样突出，三孔如"品"字形，有大有小，以东青、豆青等色为多。有豆青而夹五彩花者，制自乾隆，盖其时西风渐渐输入，已与西餐桌中插花之器略有相同矣。

【译文】

三孔　　三孔瓶口边同样突出，三孔好像"品"字形，有大有小，以东青、豆青等釉色居多。有一种豆青夹五彩花纹的，从乾隆年间开始制作，因当时西洋风气已渐渐传入，与西餐饭桌上插花的器具样式差不多。

五孔　　五孔者，又名五岳朝天①，亦市人炫异之名称也。有五彩，有素三彩，式样不一。有类洋灯者，有类甚长之石榴者，口既诡异，体亦瑰奇。

【注释】

①五岳朝天：面相术语。两颧、额、下颏和鼻在相学中合称五岳。张行简《人伦大统赋》曰："五岳必要穹与隆。"薛延年注云："五岳者，额为南岳衡山，鼻为中岳嵩山，颏为

北岳恒山，左颧为东岳泰山，右颧为西岳华山。"五岳朝天，亦作"五岳朝归"或"五岳朝揖"，意谓"五岳欲其朝拱丰隆，不宜缺陷伤破"。相书皆以之为富贵之相。

【译文】

　　五孔　　五孔瓶又称作五岳朝天，也是商人炫耀奇异的名称。有五彩，有素三彩，式样不一。有的像洋灯，有的像很长的石榴，口部既变化多端，体型也雄伟奇妙。

　　九孔　　体制愈出愈奇，遂有九孔，亦五孔之推衍者也。豆青地碎花为多，乃道光朝竞异争奇之制。

【译文】

　　九孔　　瓶子的形制愈出愈奇，因而有九孔，也是由五孔演变而来。以豆青地碎花居多，乃是道光朝斗异争奇的制品。

　　蒜头、莲蓬、荷叶诸口　　蒜头者，口似蒜头，而体段则近油锤，宋制已有之，后此尤夥。纯色、青花多有之。莲蓬者，口上作一莲蓬式，有数小口，仅能插折枝梅、菊耳，身段亦不一致。荷叶者，口际之边翻出向下如荷叶，然身段多棒锤之属。数者皆好奇之创制也。

【译文】

　　蒜头、莲蓬、荷叶诸口　　所谓蒜头，口部像蒜头，而瓶体则近似油锤，宋代时已有这种样式，此后尤多。以纯色、青花居多。所谓莲蓬，口部作一莲蓬形，有很多小孔仅能插折枝的梅花、菊花之类的，体型也不一致。所谓荷花，口部边缘翻出向下如同荷花一样，然而体型多为棒锤之类。这几种都是因为好奇而创制的。

仿古各式　　仿古之式，不一其制。仿周秦罍缶者^①，名曰云罍尊。有仿汉魏葬器者，名曰蚘虎瓶。大抵仿古尊罍之器，必有双耳居多。又或凹雕挂铁色釉，或古铜彩，或铁绣花，此并色泽而仿之者也。若青花，若五彩，若素三彩，但仿式样而不仿色泽者，亦各有之。

【注释】

①罍（léi）：古代一种盛酒的容器。小口，广肩，深腹，圈足，有盖，多用青铜或陶制成。缶：古代一种大肚子小口儿的盛酒瓦器。《风俗通义》曰："缶者，瓦器，所以盛酒浆，秦人鼓之以节歌也。"

【译文】

仿古各式　　仿古的样式，没有统一的定制。仿制周秦罍缶的，称作云罍尊。有仿制汉魏葬器的，称作蚘虎瓶。大体上仿古尊、罍的器物，一定是有双耳的为多。也有凹雕而挂铁色釉，或古铜彩，或铁锈花，这些都是连同色泽一起模仿的制品。至于青花、五彩、素三彩，仅仿古器的样式而不仿色泽，也是各种都有的。

花觚^①　　口大腹小者谓之花觚。明制者身段直下，绝无波折。康熙以后则腰际凸起，略如香案中插花之具矣。康仿明制，粗五彩花者为多，于粗率中更见老横。至乾、嘉，则有镂金错采、锦堆成片者。有一种口绝侈而身甚瘦，直下无曲折，而身际盘有凸蟜一条者，系素三彩，乾、嘉均有之，仿制者尤夥。

【注释】

①花觚（gū）：仿青铜器造型的一种陈设用瓷。造型隽秀，端庄大方，线条丰富，多用于插花，布置厅堂。装饰题材有人物故事、民间传说、缠枝花卉或是花鸟等。

【译文】

花觚　　口大腹小的称作花觚。明代制作的体型垂直而下，没有一点波折。康熙以后就腰部鼓起来，很像香案上插花的用具。康熙仿明代制品，以粗率的五彩花绘居多，但在粗率中更见老气纵横的风格。到乾隆、嘉庆，就有了金彩错综、锦堆连翩的制品。有一种口部极阔而身段非常瘦削，垂直而下没有曲折、身上盘有一条凸出螭龙的，乃是素三彩，乾隆、嘉庆时都有，仿制品尤其多。

　　渣斗①　　觚之小者曰渣斗。明制已有之，至清逾夥。五彩或黄地碎花者均有之。渣斗之小者，则入于漱具之属，非清供品矣。

【注释】

①渣斗：又名"爹斗"、"唾壶"，用于盛装唾吐物。

【译文】

渣斗　　小型的觚称作渣斗。明代已有制品，到清代更多。五彩或黄地碎花的都有。小型的渣斗归入漱具之类，不属于雅赏之品了。

　　花浇　　花浇者，浇花之壶也。胫略似如意尊，惟仅有一耳，亦可作插花用。若彩色精者，颇足当清供也。

元　青花蕉叶纹瓷觚

【译文】

花浇　　所谓花浇，就是浇花的壶。胫部好像如意尊，但只有一只耳朵，也可用来插花。若是彩色精美的制品，完全可以当作雅赏之品。

花薰①　　花薰之用，如花囊，贮花其内，而透香于外也，故必透雕。形式种种不一，有似瓶者，有似罐者。有大有小，大者高约及尺，小者仅二、三寸耳。花浇、花薰，皆花神之伴侣，亦庭几之清供，故附瓶类而兼及之。

清　素三彩镂空薰

【注释】

①花薰：由底足、中节、主身、盖、顶等部分组成，料中套料，小料做大，制作极难。

【译文】

花薰　　花薰的用法如同花囊，贮花在里面香气散透于外，所以必须镂空雕制。形式各不相同，有像瓶的，有像罐的。有大有小，大的高约近一尺，小的只有二三寸吧。花浇、花薰，都是花神的伴侣，也是庭院几案上的雅赏之品，所以附在瓶类里一并介绍。

天字罐　　制出康熙，以底有一"天"字款，故名。青花居多，所绘以山水为贵。康窑底有"天"字者，瓶罐均有，而罐尤为时所称。

【译文】

　　天字罐　　制品出自康熙年间，因其底部有一"天"字款而得名。以青花器为多，所绘图画以山水为贵。康熙官窑制品底部有"天"字款的，瓶子、罐子都有，而罐子尤其为当时人所看好。

　　日月罐　　有一种圆罐，高可及尺，肩之左右各有凸雕半圈形，名曰日月罐。康熙积红者，颇为足珍。若东青暗花者，底辄有朝代款也。

【译文】

　　日月罐　　有一种圆罐，高可达一尺，肩部左右各有凸雕成半圆圈形，称作日月罐。康熙时积红制品，非常可贵。若是东青而有暗花的，底部往往有朝代款识。

　　梅花罐　　周身绘冰纹，藏梅花片片。制始康熙，历代均有之。形不甚大，在当时亦粗材耳。然此等物料已非后世所有，故迩来声价，亦颇腾踊五都[①]。

【注释】

　　①五都：此泛指繁华的都市。

【译文】

　　梅花罐　　周身绘有冰裂纹，暗藏片片梅花。自康熙时开始制作，以后历代都有。器形不是很大，在当时也属于粗糙制品。然而这种物料后世已没有了，所以近来名气价格，在各大城市高涨。

　　花鼓罐　　形作鼓式，豆青者居多，乃贮茶之品也。旁有双耳，凸雕兽环状，底往往有乾隆款。

【译文】

花鼓罐　　器形像鼓，以豆青色为多，是贮藏茶叶的用具。侧有两只耳朵，凸雕作兽衔环的样子，底部往往有乾隆款。

巨德堂罐　　形式不大，多作粉彩，底有"巨德堂制"四字，乃雍正时物也。所绘花卉明丽，固自可赏。

【译文】

巨德堂罐　　形制不大，大多做成粉彩，底部有"巨德堂制"四个字，是雍正时的器物。所绘花卉鲜明艳丽，很值得欣赏。

瓜罐　　形如西瓜，上盖有瓜蒂，色即瓜皮绿，而釉中开片，俗又谓之绿郎窑也。康朝最佳，乾隆亦有制者，以不失原盖为贵。

【译文】

瓜罐　　形如西瓜，上面的盖子带有瓜蒂，釉色就是瓜皮绿，而釉中开片，又俗称作绿郎窑。康熙时的最佳，乾隆时也有烧造的，以带有原来的盖者为可贵。

福隆罐　　罐之口际，一边凸雕蝠形，一边凸雕龙形，名曰福隆。亦义取谐声[①]，兼寓颂祷之意，盖乾隆时代物也。天青、东青等纯色釉为多，底有篆款。

【注释】

①谐声：原指六书之一，即形声。此指声音相同。

【译文】

福隆罐 　罐的口部一边凸雕蝙蝠形，一边凸雕龙形，称作福隆。也是就其谐声取义，兼寄托赞美祝福的意思，是乾隆年代的产物。以天青、东青等纯色釉居多，底部有篆书款识。

罐之形式，不若瓶变化之多，故名称较少，大抵可按其所绘花彩或因彩色而名之也。明制已极瑰丽，至清代华贵乔皇①，不一而足，而尤以人物为最佳。雍窑绘美人，尤好施之于罐也。

【注释】

①华贵乔皇：豪华富贵，吉庆美善。

【译文】

罐子的形式不像瓶子那样变化多端，所以名目较少，大概可以按照所绘的花纹而命名。明代所制已经非常瑰丽，至清代华贵祥美，非止一端，尤其以画人物的为最好。雍正官窑画美女，最喜欢画在罐子上。

罐之陈设，以大为贵，以同样为贵，以白地五彩为贵。高至尺余，檀架盛之，列于厅事，排行整列，殊有富贵气象，不同于岛瘦郊寒者矣①。

【注释】

①岛瘦郊寒：本指贾岛、孟郊简啬孤峭的诗歌风格，这里比喻家境寒素。出自宋代苏轼《祭柳子玉文》："元轻白俗，郊寒岛瘦。"

【译文】

罐子的陈设,以大为上,以同样为上,以白地五彩为上。高可达一尺有余,用檀木架摆放,陈设在厅堂,排列成行,格外有富贵气象,不像贾岛的诗瘦、孟郊的诗寒了。

【点评】

本章系统介绍了五十余种瓶、尊、壶、罐类器皿的样式、用途及名称的由来,而统称之为瓶,并注重介绍各类历代名品,点评赞叹,推扬备至,可补袁宏道《瓶史》之不足,更是说瓷不可或缺的重要内容。

本章首论瓶史,以为起源远古祭祀之尊,尊一变而为瓶,以之插花、清供是后起的用途等,可备一说。但瓶的产生,恐怕与生产劳动关系更为密切,是汲水盛贮等日常生产生活方面的需要,促使陶器中有了尊、罐等。所以,早期的瓶多为尖底圆腹细颈,肩上有供穿绳用的耳,应是作为汲水工具用的,后来慢慢成为插花、清供的雅玩。这中间当然也包括了同时用于祭祀之需要的推动,却不便说只是由于祭祀而产生了尊而后有瓶等等。尽管如此,我们仍不能不指出作者瓶史考证的见识与主张,颇具参考的价值。

本章重在介绍由宋至清历朝历代之瓶,虽总体上略于前而详于后,又多就瓶之自身制作时间、名称、形色等着墨,但也明显看出其于每瓶力求追本溯源的努力,贯彻了本书扎实严谨的学术品格。因此,有关内容不仅可帮助读者获得有关瓶之历史的全面认识,而更是提供了历代瓷瓶鉴别的丰富知识,与其他各章一样,共同体现了本书实用的价值。

为方便直观本章内容,表列有关瓶的内容:

名称	别称	形制	盛期或名品
太白尊		渔父尊	似鱼罍,底平腹巨,口小而微哆,项极短而缩。通体不过数寸耳。	康窑

名称	别称		形制	盛期或名品
观音尊	大观音尊		大者高二尺余，小者高数寸。口哆，项较短，肩宽博，至胫以次渐杀，胫及于底，又稍加丰。自肩至胫，约占全体五分之三，项与胫相若，口与底相若。	祭红　郎窑　康熙青花、五彩
	小观音尊			苹果绿
牛头尊			口稍巨，直下至肩，无项；腹较肩尤巨，至底稍杀；旁有双耳者居多，形似牛头，大者高二尺余，宽一尺余，小者高亦及尺。	康熙青花
百鹿尊			大者高二、三尺，小者仅二、三寸。彩绘百鹿。	
硬棒锤			身如截筒，肩耸而臃肿。自肩至底同一直下，口有凸边一道。	康窑青花、五彩
软棒锤			形与硬棒锤相仿，惟肩弹，口哆，足稍敛。	康窑青花、五彩
如意尊			高约六、七寸，上半部紧缩，下半部丰腴，口部宽大而躯干短小。	清初多作青花　纯色釉或带暗花者
美人肩			略似如意尊，项与胫均苗条，口与足相等，腹稍巨，弯折处有姿致。	雍正官窑彩瓶画红白桃花者　乾隆多画人物
油锤瓶			自口至项，均甚细瘦，直至腰腹而突然膨脖者。	康熙、乾隆
饽饽凳			形似油锤而项其肥，直下若截筒者曰饽饽凳。	积红、积蓝、茶叶末等
马蹄尊	高马蹄（瓶）		高者颈部与胫部均长，腹部短小而微大，形状类似马蹄。	康熙青花
	矮马蹄（盂）		矮者口大而没有颈部。	康窑釉里红花朵者
天球瓶			口与项相若，腹为浑圆，肩与足又相若。	雍正瘦身抹红　乾隆青花夹紫或豆彩者

饮流斋说瓷

名称	别称	形制	盛期或名品
胆瓶		形如悬胆，口径直下，腹微椭圆。	铜制古时为盛，瓷制乾隆为多
锥把	锥把	同于胆瓶，而口微哆者，同锥子之柄也，即胆瓶之阔口者。	
鸡心		腹略同于胆瓶而项甚短。	
梅瓶		口细而项短，肩极宽博，至胫稍狭，折于足则微丰，口径之小仅与梅之瘦骨相称。	宋、元、明、清
萝卜尊		式如梅瓶，而通体近瘦，肩不甚宽博，项同白萝卜。	豇豆红 苹果绿 苹果青 乾隆堆料款者绘水仙、月季、蜡梅之属
玉壶春		口颇哆，项短腹大，足稍肥。	天青、积红为多
截筒瓶		形如木筒，近口处微凹。	明制青花
灯笼罩		形若巨筒而上下口与足凸起若盘底之一覆一仰。	乾隆
藏草瓶		口直而长，项有两截，中凸起如球，腹浑圆，胫短稍缩，至足而大展，似洋油之坐灯。	乾隆
凤尾瓶			大凤尾五彩 硬绿三彩 康窑客货
象腿瓶			云豆、淡茄、乳鼠
蝙蝠瓶		宋	哥窑、龙泉
海棠尊			茶叶末、鳝鱼皮
石榴尊			雍正天青底有篆书凸雕款者
佛手尊			青花夹紫

饮流斋说瓷

说杯盘第八

宋制杯式多撇口，故大杯亦名氅，即取撇口之义也。又名压手杯，亦作押手杯。"压"、"押"，一声之转，义亦相通，谓其口较巨，便于手托也。

【译文】

宋代制杯的样式多为撇口，所以大杯也称作氅，即取撇口的意思。又叫压手杯，也作押手杯。"压"、"押"，同一声部的转换，意思也相通，是说它口部较大，便于用手托住。

酌酒之器，口径较巨，便于酒人以助其鲸吸百川之势①。绝巨者谓之海，方而巨者谓之斗，略小者谓之斝，口大而身高者谓之盏。匪惟铜器，亦有瓷品，要皆可以杯括之。

【注释】

①鲸吸百川：形容酒量很大。唐杜甫《饮中八仙歌》："左相日兴费万钱，饮如长鲸吸百川，衔杯乐圣称避贤。"

【译文】

喝酒的器皿，口径较大，便于饮酒人用以张大其如鲸吸众流的气势。特别巨大的称作海，方形而巨大的称作斗，略小的称作斝，口部大而身形高的称作盏。不只有铜制的，也有瓷器，总之都可以包括在杯里。

陆羽《茶经》论列瓷品之高下，当时茶具精美，当可想见。近均、汝、哥、定等器，时亦流露人间，而定尤为绝美。盖定器必雕花，必较薄，较巨，尤可宝也。

【译文】

陆羽《茶经》论述瓷器品级的高低，当时茶具的精美，应可以想见。近来均窑、汝窑、哥窑、定窑等瓷器，有时也能在市场上见到，而定窑之品尤为精美绝伦。因为定器必然雕花，必然较薄、较大，尤为可贵。

汝窑托杯[1]，制与时式不甚相远，而蚯纹深黝[2]，釉汁莹润，后世殆无其匹。仿者甚夥，然终不能神似。

宋定压手大杯，浆胎开片，容量极大，雕有鱼藻细花纹，略闪黄色，乃酒器之宏瑰者。

【译文】

宋代定窑压手大杯，浆胎开片，容量极大，并且雕有鱼藻细花纹，略带黄色，乃是酒器中宏大而瑰丽的制品。

汝窑托杯[1]，制与时式不甚相远，而蚯纹深黝[2]，釉汁莹润，后世殆无其匹。仿者甚夥，然终不能神似。

【注释】

①托杯：指带有盏托的杯盏。

②蚯纹：如蚯蚓一般的纹。深黝（yǒu）：深黑。

【译文】

汝窑的托杯，形状与当今的样式相差不大，然而蚯蚓纹深黑，釉汁晶莹细润，后世恐怕没有能与之相比的。仿制品很多，然而毕竟达不到神似的地步。

均窑杯，式瘦小，名曰莲子杯。全紫者不易一见，泪痕者近亦同于拱璧。即元、明所仿，亦殊足珍。

【译文】

均窑杯样式瘦小，叫作莲子杯。纯粹紫色的不能轻易一见，而釉如泪痕的近来也如同拱璧。即使元代、明代的仿制品，也很珍贵。

成化仿宋八角大杯，平雕荷花纹，胎质清刚，釉汁极白，底有螺旋纹，亦属希有之瑰宝。

【译文】

成化年间仿制的宋八角大杯，平雕荷花纹，胎质坚硬，釉汁极白，底部有螺旋纹，也属于稀有的瑰宝。

宣德白坛盏，于器心有一"坛"字，乃当时经箓醮事坛中供品也[1]。质细、料厚、式美，足称珍品。又有一种白茶盏，瓮肚、釜底、线足[2]，光莹如玉，内有细龙凤暗花，底有"大明宣德年制"暗款[3]，一代殊品，直超定器而上之。

【注释】

[1]经箓(lù)醮(jiào)事：谓道教祭祷的活动。经，指道教典籍。箓，道教秘文。醮，道教祈祷神灵的祭礼。

[2]瓮肚：称如瓮一样凸起的腹部。线足：亦称"细圈足"，即细窄如线的底部圈形足。

[3]暗款：刻划在瓷器底部的题款，作法与暗花相似。

【译文】

宣德年间的白坛盏，在盏中心有一"坛"字，乃是当时道教祭祷活动的供器。质地细润，原料厚重，式样精美，足以称作珍品。还有一种白茶盏，为瓮形腹、釜形底、圈形足，光莹如玉,盏内有精细的龙凤暗花纹,底部有"大明宣德年制"暗款,是一代珍品,直超过定窑瓷器之上。

> 靶杯之制,以其足有柄可把,本名把杯,后讹作靶,沿误久矣。宋哥窑有八角之制,莹美可玩。然宣德祭红者尤为奇珍。

【译文】

靶杯的制作,因为它的足部有柄可以把握,原名把杯,以后讹称作"靶",沿袭错误已经很久了。宋代哥窑有八角形的制品,莹润美观,可供赏玩。然而宣德祭红靶杯尤为奇珍。

> 碗形而下有柄者,名曰靶碗,俗称高足碗。浮屠喜于佛前贮供品[①],故又称佛碗也。宣德祭红,光照四座。其他青花、五彩,清代不少良制,然已"一览众山小"矣[②]。碗式之变迁,虽不若瓶式之多,然历代标新领异,各呈奇构,以餍众人眼福[③]。综其迁变,可得而言。

【注释】

①浮屠:亦作"浮图",称佛教,梵语Buddha的音译。

②一览众山小:唐代诗人杜甫《望岳》诗有句云:"会当凌绝顶,一览众山小。"出此。

③餍(yàn):满足。

【译文】

碗形而下部带有柄的称作靶碗,俗称高足碗。佛事常用来在神佛前盛放供品,所以又称佛碗。宣德祭红,光艳夺目,精美无比。其他如青花、五彩等在清代不乏精品,然而已是"一览众山小"了。碗之式样的变迁,虽然不像瓶子式样那么多,然而每朝每代都标新立异,各呈奇构,以饱我们眼福。综观其式样变化,可作概括的说明。

压手之制，亦有数种。口绝撇而底甚小者，名之曰氅；口大而身高者，名之曰盏，此不折腰者也[1]。口撇而身高者，名曰仰钟式；口撇而身矮者，名曰马铃式；口撇而大、底矮而阔者，名曰草帽式，此皆略有折腰者也。

清　青花缠枝纹压手杯

【注释】

①折腰：此指碗、盘腹部呈一条折叠的曲线。

【译文】

压手杯的样子也有好几种。口部极撇而底部很小的叫做氅；口大而身高的叫做盏，这些都是不折腰的一类。口部撇而器身高的叫做仰钟式；口部撇而器身矮的叫做马铃式；口部撇而大、底部矮而阔的叫做草帽式，这些都是略微折腰的一类。

口径与底径相差不甚远，身直而高者，名曰筒子杯。似筒子而身矮者，名曰墩子杯。口下敛缩至底足而颇小者，名曰莲子杯。口与底相悬无几、身粗而矮者，名曰栗子杯。莲子、栗子，皆以盛果实得名，非谓其形似也。

【译文】

口径与底径相差不很远，身直而高的称作筒子杯。像是筒子而器身矮的称作墩子杯。口下敛缩至底足而相当小的称作莲子杯。口部与底部相差不多、器身粗而矮的称作栗子杯。莲子、栗子都因用来盛装果实而得名，并非说它们外形相似。

杯底有深窝，圆而略深，以次递锐者，名曰鸡心。形小而圆，似半浑圆形者，名曰牛眼。杯有四角者，有四角之边各有深凹线一道，名曰海棠式。有六角者，有八角者。而四角又有双耳、单耳、无耳诸式。

【译文】

杯底部有一深窝，圆而略深，以下愈趋尖锐的称作鸡心。器形小而圆又似半浑圆形的称作牛眼。杯子有四个角的，且四个角的边缘都有一道深深凹线的称作海棠式。有六角的，有八角的。而四角的又有双耳、单耳、无耳等样式。

双耳之杯，有方有圆。康窑蛋黄色凹雕暗花者，耳作龙形，乃御窑也。若寻常双耳，则以耳小者为贵。乾隆金酱色小杯，上绘金花，亦有双耳，颇具轻盈之致。

【译文】

双耳的杯子有方形的、有圆形的。康熙官窑的蛋黄色凹雕暗花杯，耳朵作龙形，出自御窑。若是一般的双耳，则以小耳的为贵。乾隆官窑的金酱色小杯，上面绘有金花，也带有双耳，颇有一种轻盈的趣味。

昊十九之卵幕杯，胎质之薄，有同卵膜，在明季铮铮有名[1]，李日华太仆所艳称者也。康、雍之间所制影青一种，虽稍不如昊制，然云龙精细，款似蝇头[2]，固自人间罕有。

【注释】

①明季：明末。

②蝇头：像苍蝇头一样小的字，俗称"蝇头小楷"。

【译文】

　　昊十九的卵幕杯，胎质之薄如同卵膜一样，在明末鼎鼎有名，为李日华太仆所倾慕称赞。康熙、雍正年间所制作的一种影青瓷器，虽稍逊于昊十九所制，但云龙纹饰精细，底款小如蝇头，确实也属于人间少见的。

　　康窑有九螭斝①，方式而高身，诸螭沓绕其旁，即兼作耳之用，雅制也。又有一种形似爵杯而无觚与高足，有单耳，旁黏四螭作引颈吸水状，乃素三彩也。身绘有虎头，形亦殊诡异。

【注释】

　　①斝(jiǎ)：古代酒器，青铜制，圆口，三足，用以温酒。

【译文】

　　康熙官窑的九螭斝，方形而器身高，诸螭缠绕旁边兼作耳朵之用，乃高雅制品。还有一种外形像爵杯，而无觚和高足，有一单耳，旁边黏有四螭作伸颈吸水之状，是素三彩。器身上画有虎头，形状也非常怪异。

　　吸杯形式作莲蓬、莲叶交互相连状，别有莲茎，茎之中有孔，可以吸饮。又有但作莲叶而不带莲蓬，底缀三小螺，中状一虾蟆者，饮处亦有莲茎吸孔，皆康窑素三彩也。或有作鸭形者，向鸭口吸饮，皆不外争奇斗异，竞为新式而已。

【译文】

　　吸杯的形式作莲蓬、莲叶交相连接的样子，另有莲茎，茎中有孔可以吸饮。还有只带莲叶而不带莲蓬的，底部连缀三个小螺，中间为一虾蟆，饮处也有莲茎吸孔，都是康熙官窑的素三彩。有的做成鸭形而向鸭口吸饮，都不过是争奇斗异，竞相为新花样罢了。

酒令杯者，于杯内作人形，略似不倒翁状，一瓷罩覆之，中有圆孔，恰能露其顶。注酒满，则人形浮出，无酒则否。盖视人形之向对，以为行酒令之用也。

【译文】

所谓"酒令杯"，是在杯内作一人形，略似不倒翁的形状，一个瓷罩覆盖，中间有一个圆孔，恰好能露出头顶。注酒满时人形浮出，没有酒时就不然。是看人形的朝向所对而用作行酒令的标准。

《梁溪漫志》呼此人形谓曰陆鸿渐[1]，然鸿渐善品茶，不善品酒。此器即代酒纠事之用[2]，而蒙以茶博士之名，无亦有误认颜标之嫌也耶[3]？

【注释】

①《梁溪漫志》：十卷，南宋费衮撰。费衮字补之。吴锡（今江苏吴锡）人。陆鸿渐：即唐代作《茶经》的陆羽。

②代酒纠事：代行酒纠的职责。酒纠，行令饮酒时执行规则的人。纠，督察，矫正。

③误认颜标：《唐摭言》卷十三《无名子谤议》云："颜标，咸通中郑薰下状元及第。先是，徐寇作乱，薰志在激劝勋烈，谓标鲁公之后，故擢之巍峨。既而问及庙院，标曰：'寒素京国无庙院。'薰始大悟，塞默久之。时有无名子嘲曰：'主司头脑太冬烘，错认颜标作鲁公。'"本此。

【译文】

《梁溪漫志》称呼此人为陆鸿渐，但陆鸿渐善于品茶，不善于品酒。此器就是用来代酒纠事的，而蒙受茶博士的名声，不是也有误认颜标的嫌疑吗？

套杯之制，一至十，小至大，历朝均有之。雍正人物者，稍逊于花卉。至乾隆有绘厌胜画者，虽猥亵甚于鞋杯[1]，然精妙乃无匹也。

【注释】

①鞋杯：造型为缠足女鞋式的瓷酒杯。

【译文】

套杯的制作由一到十，由小到大，历代都有。雍正年间画人物的，稍次于画花卉的。到乾隆时有绘厌胜画的，虽然其猥亵的程度过于鞋杯，但是精妙无双。

口径颇巨而身段甚矮者，谓之奶子碗，清宫以盛牛乳者也。然宋制已有此式，则又未必盛牛乳，名取通俗，不必数典矣[1]。青花、五彩均有之。又有凸雕花纹仿汉铜夔螭者，名曰博古花[2]，上挂色釉，亦殊足珍。

【注释】

①数典：历举典故以为考据。

②博古花：在文物及其上面的图案作装饰的花纹。博古，原指通晓古代的事情，此言仿古。

【译文】

口径很大而身段很矮的称作奶子碗，清宫用来盛牛奶的器皿。然而宋代制品中已有这种样式，只是未必盛牛奶。名字取得很通俗，就不必数典考证了。青花、五彩的都有。还有凸雕花纹模仿汉代铜夔螭纹的，称作博古花，挂上釉彩，也非常珍贵。

清　粉彩十八罗汉图碗

正德官窑五彩碗，地为蛋清、浅绿色，极艳极鲜。当时发明此色，后竟绝响，犹在秋葵、孔雀之上也[1]。中画盘螭四，口边、足边均有花纹，秾华工丽[2]，实导康、雍之先轨者矣[3]。

【注释】

①秋葵、孔雀：指秋葵绿、孔雀绿两种釉色。

②秾华：浓郁华美。

③先轨：旧有的法度、范例。

【译文】

正德官窑五彩碗，胎地是蛋清、浅绿色，十分鲜艳。当时发明这种釉色，后来竟然失传，其美妙犹在秋葵绿、孔雀绿之上。碗中画四条盘螭，口边、足边都有花纹，浓郁华美，工致精丽，实在是后来康熙、雍正制法的先导。

宣德小杯，有仰钟式，有马铃式，有鸡心式，皆宝石红也。又有釉里红小杯，想釉里红即发明于是时。若淡红珠斑者，即朱红之变化者也。

【译文】

宣德小杯有仰钟式，有马铃式，有鸡心式，都是宝石红。又有釉里红小杯，想必釉里红就发明在此时。如果是淡红珠斑的，就是朱红变化的结果。

明瓷五彩，宣、成已臻美丽，宣德有"轻罗小扇扑流萤"茶盏，成化有"高烧银烛照红妆"酒杯①，皆诗句入瓷之初祖。若成化之"周茂叔爱莲"、"梅妻鹤子"、"青女秋千"等杯②，皆开康、雍之先轨，视画折枝、八吉祥、西番莲等，尤远胜矣。

【注释】

①高烧银烛照红妆：宋苏轼《海棠诗》："只愁夜深花睡去，故烧高烛照红妆。"本此化出。

②梅妻鹤子：谓极爱梅、鹤，以梅为妻，以鹤为子。事本宋代林逋隐居西湖孤山，植梅养鹤，终生不娶，人谓"梅妻鹤子"。青女秋千：青女荡秋千。青女，神话中掌管霜雪的女神。

【译文】

明代瓷器中的五彩，在宣德、成化年间已达到非常精美的地步了。宣德时有"轻罗小扇扑流萤"茶盏，成化时有"高烧银烛照红妆"酒杯，均为诗句入瓷的创始者。其他如成化时的"周茂叔爱莲"、"梅妻鹤子"、"青女秋千"等杯子，都开创了康熙、雍正时瓷器绘画的先河。比起画折枝花、八吉祥、西番莲等纹样要远远超过。

素三彩之盘碗，以嘉靖海马为最殊尤①，中绘一团龙，旁列众兽七八，所谓"众兽朝龙"者也。众兽中固有海马，亦有海马居中者。大者兽多，小者兽少，统名海马，便俗称耳。绿波翻涌，梅蕊粉披，兼画小八宝②，康熙所仿，已非恒品，而况于嘉靖也耶！

【注释】

①海马：传说中的一种怪兽，状如常马而添双翼。

②小八宝：小形的八宝。八宝，藏传佛教的八种宝器。又称"八瑞相"、"八吉祥"，依次为宝瓶、宝盖、双鱼、莲花、右旋螺、吉祥结、尊胜幢、法轮。

【译文】

素三彩的盘、碗，以嘉靖海马为最好，其中心绘一团龙，旁边列众兽七八个，即所谓的"众兽朝龙"。众兽中原有海马，也有海马居当中的。大件的兽多，小件的兽少，统称作"海马"，便于世俗称呼罢了。绿波翻涌，梅蕊纷披，并且绘有小八宝，康熙时仿品已经不是普通物了，何况嘉靖年间的啊！

近来，宋、元盘、碗出土颇多，寻常汝、哥、龙泉暨平阳、泽、潞各项杂窑①，无甚特色者，不甚难得，人亦轻视之，声价不及康、乾之大也。试就特别者约纪之。

【注释】

①泽：泽州，古州名。今山西晋城。潞：潞州，古州名，今山西长治。

【译文】

近来宋代、元代的盘、碗出土很多，一般的汝窑、哥窑、龙泉窑以及平阳窑、泽州窑、潞州窑等各项杂窑，没有什么特色的，不太难得，人们也比较轻视，声价不如康熙、乾隆年间制品高。仅就有特色的瓷器记其大略。

一为黑定、紫定两碗。粉定虽属难得，然仿者最多，人纵不能得见真定，亦知定之规模，无不白质者居多也。紫定已不易一见，黑者更绝无仅有矣。

【译文】

一是黑定、紫定两碗。粉定虽属难得，然而仿制的最多，人们即使不能见到真的定瓷，也知道它的规模，无不以白色质地为多。紫定已经难得一见，黑定更是绝无仅有了。

一为宋官窑之牙色薄碗。开片形状颇似郎窑，而釉汁之薄，胎质之轻，则殆同冰片，所谓如冰如雪者，今见之矣。

【译文】

一是宋代官窑牙色薄碗。开片形状很像郎窑，而釉汁之薄，胎质之轻，就几乎与冰片相仿，所谓的如冰如雪之品，现在见到了。

一为哥窑加彩碗。彩釉浓厚，色泽深古，决非真坯假彩之物[①]，可以考见宋代彩色之一斑焉。

【注释】

①真坯假彩：仿制古陶瓷的一种作伪方法。即在真的古陶瓷胚胎上施以新彩，求以假乱真。

【译文】

一是哥窑加彩碗。釉彩浑厚，色泽深古，决不是真坯假彩的器物，可以据知宋代彩色的一些情况。

一为紫蝠元瓷碗。元瓷贵紫，贵成物形，固矣。此器成蝠七、八只，各有姿态而不流于穿凿，迥非矫揉造作者比。以视但成一、二尾鱼形者，抑远胜也。

【译文】

一是紫蝠元瓷碗。元代瓷器以紫色为贵，以物形完整为贵，确实如此。这只碗所绘完整蝙蝠有七八只，姿态各异而又不流于牵强附会，完全不是矫揉造作者所能相比。与那仅有一二尾鱼形的比较看来, 还是好得太多了。

一为暗花元瓷碗。元瓷暗花者绝少, 此器暗花精细, 底有"枢府"二字款, 确非宋、非明, 而为奇渥温朝之官窑①, 则物希为贵矣。

【注释】

①奇渥温: 也作"乞颜", 指元太祖铁木真(成吉思汗)一族蒙古人的总姓氏。这里用指元朝。

【译文】

一是暗花元瓷碗。元代瓷器有暗花的极少, 此器物暗花精细, 底部有"枢府"二字款识, 的确不是宋代、明代的, 而是元朝的官窑制品, 就是物以稀为贵了。

数者信可补子京之别录①, 增笠亭之遗书②, 若夫蚯蚓纹、鱼藻、蟹爪诸宋器, 亦已置诸卑无高论之列, 奚待悉数也哉?

【注释】

①子京之别录: 指明人项元汴《历代名瓷器图谱》。

②笠亭之遗书: 指清人朱琰所著《陶说》。

【译文】

以上数件可以补充项子京的《历代名瓷器图谱》和朱琰的《陶说》, 至于像带蚯蚓纹、鱼藻纹、蟹爪纹等各种宋瓷, 也已经属于很普通之类了, 哪里还需要全部数说呢?

有明一代, 珍具骈阗①, 亦云盛矣。就铮铮有名者而论, 如永乐之影青碗, 质薄如纸, 花纹精细如发, 此鬼工也。如永乐之压手杯, 底绘有花,款字藏于花内，细若粒米。如嘉靖之红鱼靶杯，自骨烧出鱼形，凸起宝光。如成化之鸡缸，历朝争仿其制，纯庙题诗，江村作歌，均盛称之。如昊壶隐之流霞盏^②，天下知名。若周丹泉之仿古各器^③，直造堂奥^④。此皆驰名艺苑，宝若琳琅者也。若递求其次，则宣德之祭红，成化之人物，正德之蛋青，嘉靖之海马，万历之九龙、五毒，亦有足珍者焉。其他盘、碗，流入规矩花一路者，则如涂涂附，虽确属朱明之器，亦等诸自郐以下矣。

【注释】

①骈阗：也作"骈填"、"骈田"，谓聚集一起。

②昊壶隐：即昊十九。

③周丹泉：字时道，苏州（今江苏苏州）人。明朝隆庆、万历年间在景德镇烧瓷，为当时制瓷和仿造古瓷的名家。

④堂奥：堂的深处，喻含义深奥的意境或事理。

【译文】

整个明代，珍品荟萃，可谓兴盛。就其特别有名的来说，如永乐年间的影青碗，质薄如纸，花纹精细如发，真是鬼斧神工。如永乐年间的压手杯，底部绘有花纹，款字藏于花内，细如米粒。如嘉靖年间的红鱼靶杯，自胎骨中烧出鱼形，凸起宝光。如成化年间的鸡缸，历代都争相仿制，有乾隆皇帝的题诗，高士奇所作诗歌，都给予极高的赞誉。如昊十九的流霞盏，天下闻名。至于周丹泉的各种仿古瓷器，真得其神髓。这些都是驰名于艺苑，如琳琅之宝器的。如果下求其低一等的，则宣德的祭红，成化的人物，正德的蛋青，嘉靖的海马，万历的九龙、五毒，也有值得珍视的。其他盘、碗流于规矩花一路的制品，则好似涂涂附，虽然确实是明代器物，但也就不值得一说了。

成化粉定小碟有夹彩者，碟形正圆，而底足并无边墙，置处稍平，不自倾跛，殊奇制也。亦有雍正所仿者。

【译文】

成化粉定小碟有加彩的，碟形正圆，而底足并无边墙，放在稍微平坦的地方却不会倾倒，是特别奇妙的制作。也有雍正年间的仿制品。

康窑素有名者，莫如堆料款御制碗。有青，有黄，有红，有绿，彩地夹彩，颜色填满。所绘多绣球、牡丹、番莲之属，亦有花际嵌字者。至绘《耕织图》之杯盘，绘百余人列阵之大盘，绘饮中八仙之酒器，绘十二月花之全副酒盏暨六旬万寿之官窑彩盘，亦均铮铮有名。

清　青花群仙祝寿圆盘

【译文】

康熙官窑一直有名的，都不如堆料款御制碗。有青，有黄，有红，有绿，彩地夹彩，遍施颜色。所画多为绣球、牡丹、番莲之类，也有在花纹中间嵌以字的。至于画有《耕织图》的杯、盘，画有百余人列阵的大盘，画有饮中八仙的酒器，画有十二月花的全副酒盏以及皇帝六十大寿的官窑彩盘，也都鼎鼎有名。

康熙鸡杯，式不一律，有高二寸弱、对径三寸弱者，有高寸弱、径寸强者，有深如斗者。至乾隆以后，形式始趋一致耳。

【译文】

康熙时的鸡杯样式不一，有高二寸弱、对径三寸弱的，有高寸弱、径寸强的，也有深如斗的。到乾隆以后，形式开始趋于一致。

康窑杯有口对径不及二寸，而高四寸余者，乃仿明制也。至乾隆后，则身高者口径亦巨，决不如前之狭矣。

【译文】

康熙官窑的杯子有口对径不到二寸，而高达四寸多的，乃是模仿明代的制品。到乾隆朝以后，则身高的口径也大，绝不像以前那样狭小了。

郎窑大盘有正圆者，有六角者，直径七、八寸居多，过一尺者尤为奇珍。

【译文】

郎窑的大盘有正圆形的，有六角形的，直径以七、八寸居多，超过一尺的为特别罕见的珍品。

欧窑之盘最喜六角、八角者，或作战鼓形，以天青、天蓝、云豆等色居多，间有葡萄紫者。

【译文】

欧窑的盘最喜作六角、八角形，或作战鼓形，以天青、天蓝、云豆等色居多，偶尔有葡萄紫色的。

宣德红地青花大盘，红色甚深，而青不如康熙。就红而论，非此时无此色也。雍正黄地青花果盘，亦颇不俗。

【译文】

宣德红地青花大盘，红色甚深，而青色不如康熙时。就红色而论，若非此时即无此色。雍正黄地青花果盘，也很是不俗。

大盘有面积对径二尺余者①，置诸方桌中，则已占满一桌之地位，清初有之。此等巨品，决非恒人所用②。意者宫庙供佛③，佛像常有高数丈者，非是不足以相称耶！

【注释】

①对径：犹言直径。

②恒人：常人，一般的人。

③意者：推测之辞，即大概、大约。宫庙：宗庙，指朝廷。

【译文】

大盘有面积直径二尺多的，放在方桌上，就已占满一张桌子，清代初年有此制品。这种大盘绝不是一般人所用的。大概朝廷的寺庙供奉神佛，佛像常高达数丈，不是这样大就不足以匹配吧！

康熙大盘多属双底足。双底足者，足圈内有深沟一道，沟之内又复起足，然后乃至底也。乾隆以后，无复斯制矣。

【译文】

康熙大盘多做成双底足。所谓双底足，就是在足圈内有深沟一道，沟之内又重起底足，然后才到底部。乾隆以后再没有这种样式的制品了。

　　康熙大盘与乾隆大盘五彩者，均极精美，然古茂与时趋①，则显分派别。康熙之制稍窝②，乾隆之制稍平，此面积之不同也。康所画硬彩而高古，乾所画粉彩而华缛，此用彩之不同也。康人物面部施蓝笔，乾人物面部施红笔，此绘事之不同也。其相异之点尚不止此，然各为世所重，所谓异曲同工者，非耶？

【注释】

　　①古茂：古雅美盛。时趋：时尚。

　　②窝：凹。

【译文】

　　康熙大盘与乾隆五彩大盘，都极其精美，然而古雅朴茂与时髦好尚，则显然有派别之分。康熙时的制品微凹，乾隆时的制品微平，这是面积的不同。康熙时的画为硬彩而高古，乾隆时的画为粉彩而华缛，这是用彩的不同。康熙时画人物的面部施用蓝笔，乾隆时画人物的面部施用红笔，这是绘画的不同。其相异的特点尚不止这些，然而各自都为世所重，所谓异曲同工，不正是如此吗？

　　菊花形之皿具始于雍正，但仅施诸小碟耳。至乾、嘉、道诸朝，则盘、盅均有之，并有盖与托亦同兹式者，瓷质益薄而巧。

【译文】

　　菊花形状的器皿始于雍正年间，但仅施用于各种小碟而已。至于乾隆、嘉庆、道光各朝，则盘、盅均有这样的，并且有盖和托也做成这种样式的，瓷质更薄而且精巧。

椭圆式之碗，用以养水仙，至为雅饬。嶰竹、慎德亦喜作此。道光之品佳者，亦可接迹雍、乾。

【译文】

椭圆形的碗，用来种植水仙，十分雅致，美而不俗。嶰竹主人、慎德堂也偏爱这种样式。道光间的佳品也可接近雍正、乾隆年间的水平。

过枝花之杯碗，乾隆者尤绵密①，癞瓜牵藤②，间夹翠竹，而翠竹又往往影青也。繁丽之中，殊有玲珑剔透之致。

【注释】

①绵密：细致周密。

②癞瓜：即苦瓜，因果实表面有许多瘤状突起，像生了癞似的，故名。

【译文】

过枝花的杯、碗，以乾隆年间的最为细致周密，癞瓜牵挂在藤蔓间，夹生翠竹，而翠竹又往往是影青釉。华丽之中，特别具有玲珑剔透的趣味。

洋彩碗具，精者殊夥，有整圆者，有长方者，有凹凸边者，形式不一。大抵开光者居多，尤以大圆盘为贵。而开光又有作扇形、瓜形、菊形种种格式也。

【译文】

洋彩的碗具精致的非常多，有整个是圆的，有长方的，有凹凸边的，形式多样。大致上以开光的为多，尤其以大圆盘为珍贵。而开光又有作扇形、瓜形、菊形等各种样式的制品。

承杯之器，谓之盏托，亦谓之茶船，明制如舟形，清初亦然。又有作盘形，中间圆圈，或凸起，或陷入，以便承器而不虚其中者。嘉、道以后，则大抵虚中矣。

【译文】

盛放杯子的器皿称作盏托，也称作茶船。明代制品有如舟形，清代初年也是如此。也有做盘形的，中间有道圆圈，有的凸起，有的凹下，以便承托器皿而不使其中空虚。嘉庆、道光以后，则大多使中间虚空了。

清制杯、盘、碗、碟各具，悉数之不能尽，更仆之不能终，仅能略举一斑耳。大抵康瓷之特色，如御制款、如郎窑、如素三彩、如青花，皆独绝一代者也。至雍正则暗花、影青之品，瓷质极薄，粉彩鲜艳欲滴，又足自树一帜焉。至乾隆则古月轩碗、杏林春燕碗、五福堂碗、丙申小缸等类，均足炫耀一时，震铄奕世。此外若万花，若合家欢，若胜鸽图诸名品，亦皆五光十色，娱目赏心，固无俟一一悉数者矣。

【译文】

清代制作的杯、盘、碗、碟各种器具，全部数也数不过来，一个个计算也算不到头，仅能略举一小部分罢了。大体说来，康熙瓷器的特色，如御制款、如郎窑、如素三彩、如青花，都是冠绝一代的作品。至于雍正年间则暗花、影青制品，瓷质极薄，粉彩鲜艳欲滴，又足以独树一帜了。到了乾隆年间，则古月轩碗、杏林春燕碗、五福堂碗、丙申小缸之类的，也都足以辉耀一时，威光历代。此外如万花、合家欢、鸽胜图等著名作品，也都是五光十色，赏心悦目，也就不必一一细说了。

【点评】

本章较为系统地介绍了历代瓷器中有名的杯、盘、碗、碟等各种器具。

瓷杯，从古至今一般都用来饮水、饮酒、饮茶。其器型大多是直口或敞口，口沿直径与杯高近乎相等，有平底、圈足或高足。明清时期制杯最为精致，胎质轻薄，釉色温润，色彩艳丽，造型多样。本章详细介绍的有永乐压手杯、卵幕杯、鸡缸杯等，都是稀世珍品。清代杯的装饰手法多样，有青花、五彩、粉彩及各种单色釉。

瓷盘的基本器型为翻唇、敞口、浅腹、平底、高足或圈足。按其功能可分为果盘、汤盘、托盘等；按其形状可以分为折沿、菱口、收口、撇口、葵口、花口、高足等各式。本章详细介绍的康熙大盘、乾隆大盘、郎窑大盘等，均极为名贵。

瓷碗，器型与今碗相差不多。只是随着时代工艺水平、装饰手段的变化而变化。著名的有如本章介绍的奶子碗、永乐影青碗等。

本章于历代杯、盘、碗、碟等的变迁都尽量加以描述，并历举各代名品，尤精于清代所制，可谓见多识广，具体而微，如曰"大抵康瓷之特色，如御制款、如郎窑、如素三彩、如青花，皆独绝一代者也。至雍正则暗花、影青之品，瓷质极薄，粉彩鲜艳欲滴，又足自树一帜焉。至乾隆则古月轩碗、杏林春燕碗、五福堂碗、丙申小缸等类，均足炫耀一时，震铄奕世。此外若万花，若合家欢，若胜鸽图诸名品，亦皆五光十色，娱目赏心"，又可谓要言不烦。

但本章更有价值的是前所未有的记载，如"近来宋元盘碗出土颇多"一节所述宋黑定、紫定两碗，宋官窑牙色薄碗、哥加彩碗、紫蝠元瓷碗、暗花元瓷碗等内容，皆前人所未见，他书所未有，可谓后来居上。

此外，比较瓷瓶瓷罐的后世多演变为清供之物，瓷质的杯、盘、碗、碟等自古至今未从日常生活的应用脱离出来，所以由这一部分器物更容易见世风民俗，如从酒令杯、合家欢碗等，可以想见古代宴饮用餐和谐欢乐的场景，愈增家人友朋之思。

饮流斋说瓷

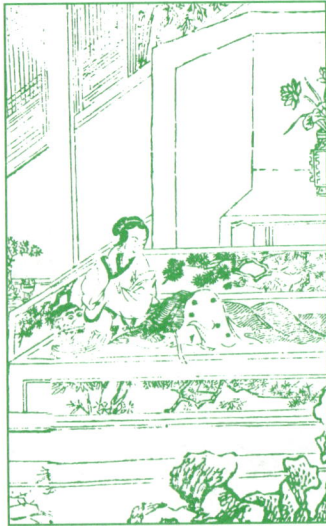

宋制印合^①，以粉定为最精，式样极扁，内容印泥处甚平淡也。若哥窑，若泥均^②，亦佳。哥窑印合，胎釉视常器较薄。泥均有浑圆者，有六角者，蓝晕浓点，亦殊足珍。印合之式，曰馒头，曰战鼓，口磨盘，曰荸荠，曰平面_{平面中仍有子口}，曰六角，曰正方，曰长方，曰海棠，曰桃形，曰瓜形，曰果形，递衍递嬗，制愈变，形愈巧矣。

【注释】

①印合：盛印泥的盒子。

②泥均：即广窑仿均窑的作品。

【译文】

宋代所制印盒以粉定最为精美，式样极扁，盒内容纳印泥处甚平甚浅。其他的如哥窑、泥均所制的也很好。哥窑的印盒，胎釉比普通印盒要薄。泥均制品有的浑圆，有的六角形，带有蓝晕浓点，也极为珍贵。印盒的式样，称名有馒头、战鼓、磨盘、荸荠、平面_{平面中仍有子口}、六角、正方、长方、海棠、桃形、瓜形、果形等，繁衍变化，样式愈变而形状愈加精巧。

明制粉定印合，概无款识。荸荠式者甚扁，制颇特别。其他有作战鼓形者，有作磨盘式者，种种不一。又有粉定而描以青花者，秾郁丽密^①，一时无两。

【注释】

①秾郁：盛美，深厚。丽密：华美而细密。

【译文】

明代制作的粉定印盒，全都没有款识。荸荠式的很扁，制式很是特殊。其他有作战鼓形的，有作磨盘形的，各有不同。还有粉定而描绘青花的制品，色彩浓郁富丽，一时无双。

印合巨者，圆径或七、八寸。长方形者尤巨，乃当时钤御玺之用也。盖绘龙形，云霞缭绕，上方珍品^①，自殊凡近矣。小者乃仅如栗，底器窝而深，无足而有微凹两圈，堪以安置不攲^②。盖之中间亦微凹，远视恰如栗子状也。满绘青花云龙，亦精美可贵。

【注释】

①上方：同"尚方"，汉代官署名。主管制造、储藏、供应帝王及皇宫中所用刀剑、衣食及日用玩好器物。此指内府。

②攲（qī）：歪倒。

【译文】

印盒大的，圆径有七八寸。长方形的尤其大，是当时皇帝钤印御玺用的。盒盖上绘有龙纹，云霞缭绕，作为皇上的珍品，自然不同于普通之物啊。小的只有栗子大小，器底凹而深，没有底足，而有稍微凹进的两道圈痕，可以放置而不倒。盒盖中间也稍微凹进，远远看来恰好似栗子形状。上面绘满青花云龙纹，也十分精美可贵。

宣德、成化、嘉靖、万历，皆有龙凤青花印合，而以宣德为最美，成化次之。清初康熙青花，亦足雄视一代。官窑必绘龙。其寻常客货，山水居多，有极老壮苍蔚者。虽多率笔，然自不俗。

【译文】

宣德、成化、嘉靖、万历各朝，均有龙凤青花印盒，而以宣德制品最为精美，成化制品稍次。清代初年的康熙青花也足称雄当时。官窑制品一定绘有龙纹。其他寻常民窑制品，以画山水为多，有画得极为苍老雄壮的。虽然多有粗率之笔，但仍不同于凡俗。

乾隆官窑印合，以豆青地五彩规矩花为多，豆彩团花亦恒有之。若作疏蒨之花者①，颇为罕见。

【注释】

①疏蒨：疏阔而俏丽。

【译文】

乾隆官窑所制印盒，以豆青地五彩规矩花纹居多，豆彩团花纹也常有。至于画疏阔而俏丽花纹的，较为罕见。

康熙大笔筒，圆径宏伟，所绘花彩，以人物为最奇瑰，花卉次之。若书《滕王阁赋》、《归去来辞》、《兰亭序》等类①，书法出入虞、柳，亦饶有别趣也。藏家往往代作花盆之用，可谓别有匠心。此等笔筒，底必有露胎阔圆圈一道，其正中处圆径又往往凹下焉。

【注释】

①《滕王阁赋》：全称《秋日登洪府滕王阁饯别序》，亦名《滕王阁诗序》，骈文篇名。唐代王勃（649—676）作。王勃字子安，绛州龙门（今山西河津）人。滕王阁在今江西南昌赣江滨。唐高祖之子滕王李元婴任洪州都督时始建，后阎伯屿为洪州牧，宴群僚于阁上，王勃省父过此，即席而作。

清　青花圣主得贤臣颂笔筒

【译文】

康熙大笔筒，圆径宏伟，所绘花彩以人物最为神奇瑰丽，花卉稍差。至于书写《滕王阁赋》、《归去来辞》、《兰亭序》之类，书法有似虞世南、柳公权，也颇有特别的情趣。收藏家往往代作花盆之用，可以说别出心裁。这类笔筒，底部必定有露胎的阔圆圈一道，其正中处圆的一块又常常凹下去。

笔筒雕瓷者，辄喜仿象牙、竹木之釉，所雕花，以竹林七贤、东坡赤壁、垂杨系马之类为多[①]，良工陈国治、王炳荣颇善斯制。又有一种雕瓷，纯不涂釉者，名曰反瓷，则多属李裕元所制云。

【注释】

①垂杨系马：瓷画题。王昌龄《相和歌辞·长歌行》："旷野饶悲风，飕飕黄蒿草。系马停白杨，谁知我怀抱。"本此。

【译文】

笔筒的雕瓷，常常喜爱仿制成象牙、竹木和釉色，所雕花纹以竹林七贤、东坡赤壁、垂杨系马之类为多，良工陈国治、王炳荣很擅长这种制作。还有一种雕瓷，完全不涂釉彩，称作反瓷，多是李裕元所制。

乾隆小笔筒，好作海棠、四方等形，开光者居多。地或作古锦、夔纹状，质莹画细，虽小品亦自足珍。

【译文】

乾隆时的小笔筒，好作海棠、四方等形状，以开光者居多。胎地作成古锦、夔纹的式样，瓷质莹润，画工精细，即使小件的也很值得珍爱。

笔筒反瓷而墨彩者，固常有之。若反瓷而胭脂水彩者，诚为罕觏之宝。

【译文】

笔筒为反瓷而施加墨彩的，确实常见。如果是反瓷而施以胭脂水彩的，就当然是难得见到的宝物了。

洗也者，在古时以之属盆，双鱼洗之类是也。近世属之笔洗，即水中丞之类是也。浣笔之器，浅者曰洗，深者曰盂。

【译文】

洗这种器物，古代把它归于盆类，如双鱼洗之类即是。近世以来属于笔洗，即水中丞之类便是。洗笔用的器皿，浅的称作洗，深的称作盂。

康窑豇豆红、苹果绿笔洗，最为殊尤。若胭脂水者，亦为珍品。窑变或泥均者，亦颇可珍。积红，则视其年代而定上下也。

【译文】

康熙官窑的豇豆红、苹果绿笔洗，最为特殊。如果是胭脂水的制品，也属珍品。其余如窑变或泥均的制品，也很珍贵。至于积红制品，

明　青花缠枝莲纹水丞

辽　耀州窑飞鱼形水盂

就要看其年代而定价值的高低了。

有一种积红水盂，口处微陷，乃天然缺口，用以置水匙者也，雍窑居多。若口敛腹皤者，则康、乾均有之，而底又必平而巨，类似太白尊而无项者。

【译文】

有一种积红釉的水盂，口边稍微下陷，乃是天然的缺口，用以放置水匙的，以雍正官窑为多。如果是口边收敛而腹部硕大的制品，则康熙、乾隆朝都有，且底部一定平坦而宽大，类似没有颈项的太白尊。

洗之口边，辄喜作凸螭形，历代皆有之，以有款者为贵。

【译文】

洗的口边，总是喜欢做成凸螭形状，历代都有这种样式，以有款识的最为名贵。

水中丞又谓之水盅，形状不一，或方或圆，或高或矮，各随其意匠也。若作荷花含苞形者，则不免稍欠大方矣。

【译文】

水中丞又称作水盅，形状不一，或方或圆，或高或矮，各自随其意而作。若为荷花含苞待放形的制品，就不免稍欠大方了。

画碟有数种，寻常梅花形者，以深而内外俱有花者为贵，多系青花或豆彩也。至分为各件者，则形式尤夥。有肖种种物形者，有分每格如高盒者①，有作荷花瓣九片者，尤以荷花瓣者为轻艳可爱。

【注释】

①高盒：分层分格的盒子，有的呈筒形、长方形或四方形。

【译文】

画碟有数种，普通梅花形的以深而里外都有花纹的为贵，多为青花或豆彩。至于分成各件者，则形式尤其多样。有模仿这种或那种物形的，有分作每格好像高盒的，有作成九片荷花瓣的，尤其以荷花瓣的轻倩艳丽令人喜爱。

文房之品，墨床以堆花及釉里红者为佳①，五彩山水尤有尺幅千里之势②。笔架以宜均为雅，若玲珑瓷者，殊稚气耳。镇纸③，明制尚方，清初亦然。至乾隆则盘螭凸起，长方瘦削，而花极工细，堆花者亦比比也④。浆合一种⑤，亦以乾隆为精。

【注释】

①墨床：文房用具之一。为在研墨时稍事停歇，墨经磨处湿润，以供临时搁置之物。

②尺幅千里：一尺长的画幅，画进了千里长的景象。比喻外形虽小，包含的内容很多。

③镇纸：文房用具之一。用铜、铁、玉石等制成，用以镇压纸张或书籍，此指瓷质者。

④比比：谓到处都有或每每有之。

⑤浆合：盛装液体食品的盒子。

【译文】

文房用品中，墨床以堆花及釉里红的为好，绘有五彩山水尤其具有尺幅千里的气势。笔架以宜均的最为雅致，若是玲珑瓷则过于稚气。镇纸，明代制品崇尚方形的，清代初年也是如此。到了乾隆时就有盘螭凸起，长方而瘦削，并且花纹十分精细，堆花也比比皆是。浆盒一类的，也是以乾隆时所制最为精美。

琢石为屏，尚矣。亦有以瓷制者，有长方形，有扁方形，有圆形，明制已有之。清初至末叶，其制尤盛。乾隆有仿洋画绘泰西美人者，或作楼台界画状，至于山水、人物尤多，不可胜纪。

【译文】

琢石作为屏风，古时已有。也有用瓷制作的，有长方形、扁方形、圆形等，明代制品已有。清代初年到末年，这种制作十分兴盛。乾隆时有模仿洋画绘西洋美人的，也有作楼台界画的，至于画山水、人物的尤多，不能详细记述。

窑屏有仿珊瑚笺者[①]，书"吉祥"金字二，远视之，几疑为宜春帖也[②]。

【注释】

①珊瑚笺：如珊瑚红色的笺纸，上书写吉祥语句，以示庆贺之意。

②宜春帖：古时新春，张贴红色的小柬，上书吉祥语以示庆贺。宜，适宜。帖，小柬。

【译文】

瓷屏有模仿珊瑚笺的制品，上书"吉祥"两个金字，远远看去、几乎以为是宜春帖。

笔管亦有瓷制者，明时有锦地穿宝相花、灵芝、八宝、团龙等花[①]。然笔管用瓷，究嫌笨重，故后叶不甚尚之。

【注释】

①宝相花：又称"宝仙花"、"宝花花"，我国传统装饰纹样之一。相传它是一种寓有"宝"、"仙"之意的装饰图案。一般以牡丹或莲花为主体，镶嵌各种其他花叶组成，花芯和花瓣基部用圆珠作规则排列，像闪闪发光的宝珠，故名"宝相花"。

【译文】

笔管也有瓷质的，明代有锦地穿宝相花、灵芝、八宝、团龙等花纹作装饰。然而，笔管用瓷毕竟嫌其笨重，所以后世不是很崇尚。

水滴，象形者，其制甚古，蟾滴、龟滴①，由来旧矣。古者以铜，后世以瓷。明时有蹲龙、宝象诸状②。凡作物形而贮水不多者，则名曰滴，不名曰盂。

【注释】

①蟾滴：滴水于砚的器具，因作蟾蜍形，故名。龟滴：滴水于砚的器具，因作乌龟形，故名。

②蹲龙：一种作蹲踞之龙形的装饰物。宝象：宝贵的象。古代宫廷多喜饲养大象，视为祥兽。

【译文】

水滴，象形的制作很古老，蟾滴、龟滴由来已久。古时用铜制作，后世用瓷制作。明代时有蹲龙、宝象等形状。凡是作成物形而贮水不多的称作滴，而不称作盂。

花盆以均窑为最佳，其座谓之盆连，有圆者、有海棠式者、有六角者，近则折足磨边，亦珍逾拱璧，盖均之可贵极矣。均盆与盆连，其底必有数目字，红紫者单数，青蓝者双数，盖因盆与座，取其有识别，易于配合，不

清　粉彩李白醉酒图花盆

致混乱凿枘故也①。

【注释】

　　①凿枘："方凿圆枘"之省语，比喻两者不相投合。

【译文】

　　花盆以均窑的为最佳，花盆的底座称作盆连，有圆形的，有海棠式的，有六角形的，近来折足、磨边的均窑花盆，也珍贵得胜过拱璧，因为均窑之可贵已达到顶点了。均窑花盆和盆连，底部必定有数目字，红紫色的为单数，青蓝色的为双数，是因盆与座，为了取其有所识别，容易配合，不致于混乱错配才这样做的。

　　康熙青花花盆有极巨者，圆与六角均有之，绘松者尤苍蔚可爱。乾隆五彩者异常精美，盆座之边有高至寸者，绘开光各景，尤具奇丽之观。

【译文】

　　康熙青花花盆有极大的，圆形和六角形的都有，画有松树的特别苍翠可爱。乾隆五彩的花盆异常精美，盆座的边缘有的高达一寸，绘开光的各种景致，尤其具有新奇艳丽的观感。

　　瓷缸大者养鱼，小者置之案头，可作清供之用，不必其定养鱼也。口径数寸至数尺不等。若案头清供，大抵口径数寸为最流行。均制最难得，仿者亦自不俗。明制有里白外青、云龙、狮子滚球诸花，亦颇堪供清赏。

【译文】

瓷缸大的养鱼，小的放置在案头，可作清赏之用，不一定用来养鱼。口径数寸至数尺不等。如果是放置案头的清赏用品，大约以口径数寸最为流行。均窑制品最为难得，仿制品也很是不俗。明代制品有里白外青、云龙、狮子滚球等花纹，也很适合作为清雅之摆设。

郎窑瓷缸，里与底作苹果色，口边则炒米色，外体深红，宝光逼人，奇伟之品也。若釉里红或浅雕云龙者，亦颇足贵。若青花红鱼绘鱼藻者，虽康窑亦恒品耳。

【译文】

郎窑瓷缸的里面和底部都是苹果色，口边则呈炒米色，外体呈深红色，宝光逼人，乃是奇伟的制品。若是釉里红或浅雕云龙的，也颇为珍贵。若是青花红鱼绘有鱼藻的，即使为康熙官窑也属普通而已。

烛台之制，宋时已有之。至明万历，有云龙、人物、香草、莲瓣诸花彩。清制形式不一，最特别者，乃作象形背驮一壶，文绣蔽体，而背驮者恰以承烛，洵雅制也。

【译文】

烛台的制作在宋代已经有了。到了明代万历年间，有云龙、人物、香草、莲瓣等各种花彩。清代所制样式不一，最为特别的是大象背驮一壶，遍体绣有花纹，而背驮之壶正好可以插烛，实在是雅致的制品。

　　常见宋制香炉一具，色之莹润，固无伦比，而底与足之釉异常匀净，表面通体不见有露胎之处。盖此种浑身挂釉，其入窑时系以铁钩钩炉之里面，吊器而烧，谓之吊烧，故表面全无露胎处者，职是之故。

【译文】

　　常见有宋代所制的一件香炉，釉色的莹润当然无与伦比，而底部和足部的釉色异常匀净，通身上下，表面看不到露胎的地方。这种浑身挂釉，是在入窑烧造时用铁钩钩入炉里吊起来烧造的，称作吊烧，所以表面完全没有露胎的地方，便是这个原故。

元　青花缠枝花纹三足炉

　　香炉在明代，喜作法花，兽形鼓起者尤为可喜。至康熙，则大而扁者往往无足，其式稍入时矣。若人物、八仙之属，亦有佳品。乾窑大者，有仿古鼎形，宫庙中尤多巨制，五彩锦地，庄严绚烂，此等又俱横款居多也。

【译文】

　　香炉在明代好作法花，兽形凸起的尤为可爱。到康熙年间就变成大而扁，往往无炉足，其形式比较趋于时尚了。如画人物、八仙之类，也有很好的制品。乾隆官窑大的香炉有仿古鼎形的，宫廷庙宇中尤多巨大制品，五彩锦地显得庄重而严肃，灿烂而有文彩，而这些又都是书横款的为多数。

扇匣亦有用瓷制者，明万历有云龙回文扇匣。至清制颇罕，用洋瓷铜胎者则有之。

【译文】

扇匣也有用瓷制作的，明代万历年间有云龙回文扇匣。至于清代制品比较少见，却有保留原样洋瓷铜胎的。

瓷灯有仿汉雁足者①，其釉色则仿汝之类，大抵明代杂窑也。至清乾、嘉贵尚五彩，制虽华腴而乏朴茂，式亦趋时不古矣。清中叶所制，竟有如洋油灯罩者，亦可以点烛罩之，有锦地开光及影青花不等。

【注释】

①雁足：灯名，即雁足灯。汉代流行灯具。以座为雁足形，铭以"雁足镫"，故称。

【译文】

瓷灯有模仿汉代雁足式的制品，其釉色则是仿宋代汝窑之类，大概属于明代的杂窑。到了清代乾隆、嘉庆年间崇尚五彩制品，制作虽然华丽丰腴，但缺乏朴实厚重，样式也趋于时尚而没有古雅的韵味了。清代中期所制，竟然有像洋油灯罩的瓷灯，也可以点蜡烛罩在上面，有锦地开光和影青花等多种。

瓷塔有极巨者，高三、四尺，层层叠叠，又可一一拆卸。小者亦分数层，高可及尺之谱，亦能一一拆卸也。又有兼作香炉用者，最下一层可以焚香，而上数层均有孔以出香烟，制亦精巧。若不拆卸者，则作佛龛形，中坐一佛，作合十状①，塔顶则五宝纷纭②，舍利璀璨③，一望而知为清宫供奉之器也。

饮流斋说瓷

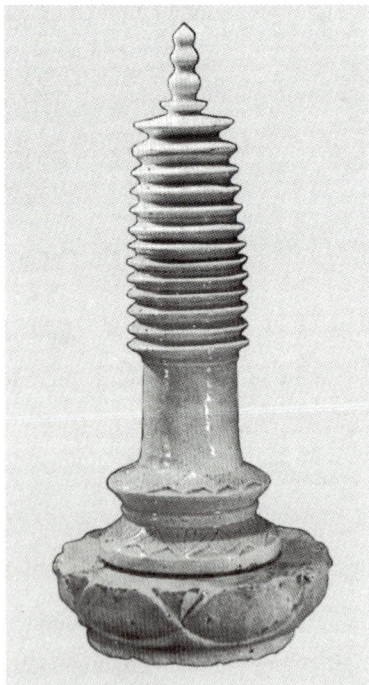

辽　白釉塔

【注释】

①合十：原为印度的一般敬礼，佛教徒亦沿用。两手当胸，十指相合，表示敬意。

②五宝纷纭：各种宝物众多的样子。五宝，泛指各种宝物。纷纭，宝物众多的样子。

③舍利：梵语。意译"身骨"，又名"舍利子"。释迦牟尼遗体火化后结成的坚硬珠状物。

【译文】

瓷塔有极大的，高达三四尺，层层叠叠而矗立，又可以一一拆卸。小的也分作数层，高可达到一尺左右，也能一一拆卸。还有兼作香炉用的，最下一层可以焚香，而上面数层均有器孔可以排出香烟，制作也很精巧。至于不拆卸的，则做成佛龛形，中间坐着一尊佛双手合十的样子，塔顶则五宝纷纭，舍利璀璨，一看便知是清宫内供奉佛的用具。

　　圆盒有口径阔几及尺者，五彩盘龙，锦纹缭绕，大抵宫禁间以盛果饵者欤？中叶以后，洋瓷铜胎者兴，不易碰损，纯瓷之盒，遂罕有过巨者。

【译文】

　　圆盒有的口径几乎将近一尺，五彩盘龙，锦纹缭绕，大概是宫廷里用来放水果、点心的吧？清代中期以后，因洋瓷铜胎兴起，不易碰损，于是纯瓷盒就很少有巨大的了。

　　果盒亦谓之馔盒①，乃合数个盘格，星罗棋布于中，略似七巧之版②，而置种种食品于其内也。康窑最喜三彩，有由九格而至十余格者。乾隆所制尤多，有洋瓷彩绘花鸟者，有紫砂挂釉绘山水者，彩色精美，冠绝等伦。

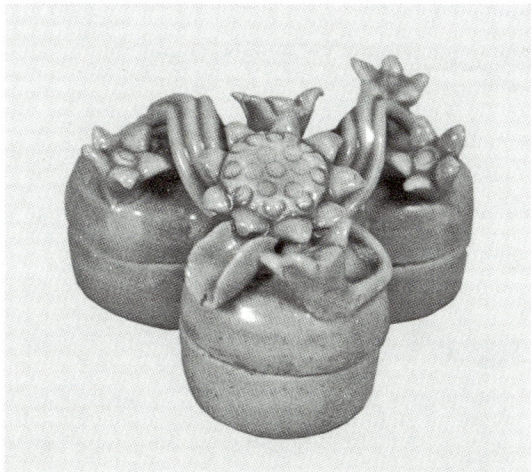

北宋　青白釉三连盒

【注释】

　　①馔盒：盛装食品的盒子。馔，饮食，吃喝。

　　②七巧之版：也称"七巧图"、"智慧板"，是汉族民间流传的一种拼图板玩具。

【译文】

　　果盒也称作馔盒，乃是集合数个盘格而星罗棋布当中，略似七巧板的形式，而把各种食品放在里面。康熙官窑最喜爱三彩，有由九格而至十余格的果盒。乾隆所制最多，有洋瓷彩绘花鸟纹的，有紫砂挂釉而绘山水纹的，彩色精美，同类中首屈一指。

　　嗽具有数种，有上、下分作两器者，有似两器而实浑为一器者，均谓之痰盂。有如盒形，下为底而上为盖，盖有孔略似环形者，谓之痰盒。康之青花较巨，乾之五彩较小，均极精美可观。

【译文】

　　嗽具有多种，有上下分作两件的，有看似两件而实际浑然一体的，均称作痰盂。有仿盒形的,下面是底而上面是盖,盖子上有孔略似环形的,称作痰盒。康熙时青花制品比较大,乾隆时五彩制品比较小,都十分精美可观。

酒壶式亦递变,其高身长耳者,谓之提梁壶,彩绘至精。喜于豆青地夹五彩锦花,或锦地开光绘五色人物,于洋瓷尤多精致,皆宫府所用品也。亦有仿均者,龙泉壶亦间有之,大抵仿明者居多。

【译文】

酒壶的样式也相继变化,其中高身长耳的称作提梁壶,彩绘非常精美。喜好在豆青地上夹绘五彩锦花,或者锦地开光画五色人物,洋瓷之中最多精良制品,都是宫廷内府所用的器具。也有仿均窑的制品,龙泉窑酒壶也偶尔有之,大体上以明代的仿品为多。

桃形而无盖有嘴者,名曰醋壶,亦曰醋滴。明制已有之,豆青、东青地青花夹紫者为多。其所以无盖者,底有孔以纳水,而不至淌出。制颇巧妙,乃防蝇蚋之侵入[①]。

【注释】

①蝇蚋(ruì):苍蝇、蚊子。蚋,小蚊,又名沙蚊。

【译文】

桃形而无盖有嘴的称作醋壶,也称作醋滴。明代制品已经有过,豆青、东青地青花夹紫的为多。这种壶没有盖的原因,是底部有孔可以贮水,而不至于流出。制作相当巧妙,乃是提防蚊蝇的进入。

有一种壶,形甚特别,略如直截之竹筒,惟于上半截旁出一嘴,嘴作龙形，其盖在顶处，甚平，不露盖也。顶略同僧帽形，向嘴一边较高，向背一边斜矮，身有数截，纯竹筒形，惟每截均绘花，乃素三彩龙、螭、海马之属，名曰多穆壶^①。盖内府以之盛牛乳者，其制乃满蒙遗俗也 "多穆" 二字当系满语。

【注释】

①多穆壶：元代流行壶式之一，为藏、蒙少数民族盛放乳液的器皿。

【译文】

还有一种壶的样子非常特殊，大体似拦腰截断的竹筒，只是在上半截旁出一嘴，嘴作成龙形，其盖在顶部很平而不露盖。顶部差不多像僧人的帽子，朝向壶嘴的一边比较高，朝向壶背的一边斜下较矮，壶身分作数截，纯似竹筒形状，只是每截都绘有花纹，乃素三彩龙、螭、海马之类，叫做多穆壶。原为内府用来盛放牛奶的的器皿，其形制来源于满族、蒙古族遗留的风俗和习惯 "多穆" 二字当系满语。

鼻烟壶，宋定者已有之，殆当时作药瓶用耳。尝见一宋定鼻烟壶，作一人形刘海仙状^①，面目衣褶，一一欲活。尤妙者头戴一帽，揭帽则挑烟之匙随之而起，殊有巧思。约高三寸余，真宋朝物，信属可贵。

【注释】

①刘海仙：指五代人刘海蟾，名操，字宗成，又字昭元，号海蟾子。燕山（今北京宛平）人，一说广陵（今江苏扬州）人。曾仕后燕，据说后来成仙而去。民间流行的他的画像作道士装，长发披肩，短发覆额，颇为洒脱。

【译文】

鼻烟壶在宋代定窑瓷器已经有了，大约当时是作药瓶用的。曾经见过一件宋代定窑的鼻烟壶,作一人如刘海仙的样子,面目和衣褶均如生欲动。尤其精妙的是头戴一帽,揭起帽子挑烟的小勺就随之而起,特别富有巧思。大约三寸多高,的确是宋代之物,实在可贵。

　　鼻烟壶佳者,多至不可胜纪。大抵雍正者多浑圆而长,亦有六角,或青花,或夹紫,或釉里红,种种不一。而形体较巨者,亦可兼作小瓶用也。乾隆之制,形式较扁,种种均有,而以雕瓷五彩人物者为尤多。

【译文】

　　鼻烟壶好的,多到不能尽载。大概雍正年间的大多浑圆而长,也有六角的,或为青花,或为夹紫,或为釉里红,各不相同。而形体较大的,也可以兼做小瓶使用。乾隆年间的制品,样式较扁,各种各样的都有,而以雕瓷五彩人物的尤为多见。

　　四方之盂,边稍凹似海棠式,有豆青夹碎花,亦有全体金花、四围作博古式者,又往往浅雕也。乾、嘉、道数朝,屡屡有之。

【译文】

　　四方形的盂,边缘稍微凹进,如海棠的样式,有豆青夹碎花,也有全体饰以金花、四角作仿古式的,而又往往采用浅雕。乾隆、嘉庆、道光各朝,不断有此种制品。

　　纯庙时有瓷制祭品,形极奇丽,腰扁细而足丰,旁有两耳,而耳又作飘带状也。上有盖形,盖之上则盛供具者,名之曰豆,恐尚非确称耳。

【译文】

　　乾隆时有瓷制祭品,外形奇特而美丽,腰部扁细而足部丰腴,旁边有两只耳朵,而耳朵

又好似飘带。上面有盖形部分，盖上就是盛放祭供器具的部分，称作豆，恐怕还不是确切的
称呼吧。

羹匙有极别致者，匙之两旁作锯齿状，柄瘦削而柄头稍巨，略似如意形。又有匙作榄核形而极深者，有匙甚长略似船形，皆不外好奇之使然。

【译文】

羹匙也有极其别致的，匙的两旁作成锯齿状，匙柄瘦削而柄头稍大，大体似如意的样子。还有羹匙作橄榄核形而极深的，有的匙很长而大体如船形的，都不外乎因为好奇而使之如此的。

瓷制佛像，有立者、有坐者，半臂祖裼，持宝塔诸法具，各有意态，亦颇足参禅悦。五彩庄严之佛像，多属乾隆朝贡品，佛趺坐而垂目者，乃真官窑进御者也。

【译文】

瓷制的佛像，有站立的，有坐的，祖露半边手臂，手持宝塔等法器，神态各异，也很能获得参悟禅意的喜悦。五彩庄严的佛像，多属乾隆朝的贡品，佛翻足而坐双目下垂的，乃是真正的官窑上贡皇帝的制品。

素三彩佛像，面部及手足多不涂釉，有极庄严者，有极潇洒者。若广窑、欧窑面部露胎者往往黑色，其衣服多蓝色，达摩、弥勒之属皆然①。

【注释】

①达摩："菩提达摩"的省称。亦作"达么"、"达磨"。天竺高僧，禅宗初祖，本名

菩提多罗。于南朝梁普通元年（520）入中国，梁武帝迎至建康（今江苏南京）。后渡江往北魏，在嵩山少林寺面壁九年而化，传佛法于慧可。弥勒：梵语Maitreya音译，意译"慈氏"，佛中之未来佛。其像坦胸露腹，笑容可掬，世上多见。

【译文】

　　素三彩的佛像，面部及手足处多不涂釉，有极为庄严的，有极为潇洒的。如系广窑、欧窑的制品，面部露胎的地方往往呈黑色，其衣服多为蓝色，达摩、弥勒之类均是如此。

明　德化窑观音像

　　观世音之像①，以粉定者为最殊尤。余则明清制品，亦有极精者。大抵以纯白为贵。若五色华美者，似非大士本色矣②。建窑之观音，以手捏者为最佳，其手指间往往能透见背面也。

【注释】

　　①观世音：即观音菩萨，又作"观世音菩萨"、"观自在菩萨"、"光世音菩萨"等。其名义为"观察（世间民众的）声音"的菩萨。原为男身，后世为女相，貌端庄慈祥，佛教以其能观听声音而至，救苦救难，普度众生。

　　②大士：原指德行高尚的人，此特指观世音菩萨。本色：本来面貌。

【译文】

　　观世音的瓷像，以粉定的为最好。其他就

是明、清制品，也有非常精致的。大致以纯白色为上。若是五色华美的，似乎不是大士的本色了。建窑的观音像，以手捏的为最佳，其手指间往往能透视到背面。

说
杂
具
第
九

福、禄、寿三星之属^①，五彩斑斓，多做厅堂供品，然未免有伧俗气象^②。

【注释】

①福、禄、寿三星：道教传说中分别主持人间福、禄、寿的三个神仙，在天为三星。民间绘画常作三个老者，一为福星手拿一个"福"字，一为禄星捧着金元宝，一为寿星拄拐托着寿桃。

②伧俗：粗俗鄙陋。

【译文】

福、禄、寿三星之类的，五彩斑斓，大多作厅堂供品，然而不免有粗俗之气。

瓷品作小儿欹卧等状，置之案头，亦属清玩之一^①，并堪作压纸之用^②。

【注释】

①清玩：清雅的玩品。多指书画、金石、古器、盆景等玩赏之物。

②压纸：即镇纸。

【译文】

瓷器作成儿童侧卧等形状，摆在案头，也属清玩之一，并且可作镇纸之用。

无论人物、鸟兽，概谓之像生器具。若仿均双鹿、双马，奕奕如生，隽品也。至双狮亦颇可玩，而稍嫌于笨重，不如双象之名贵。双鹤亦矫矫可观，至五彩双鸡，则品斯下矣。

【译文】

无论人物、鸟兽，一概称作像生器具。如仿均窑的双鹿、双马，栩栩如生，真是精致之作。至于双狮也很可玩赏，只是稍嫌笨重，不如双象的名贵。双鹤也很矫健可供观赏，至于五彩双鸡，就品格低下了。

象亦有单个者，乾窑驯象，身作米色，体五彩文绣，至精美也。背驮一器，可作插香之用，案头清供，亦殊雅玩。

【译文】

象也有单个的，乾隆官窑所制驯象全身米色，绘有五彩纹绣，异常精美。背驮一件器物，可以作插香之用，在案头作为清供，也是非常好的雅玩。

鹿也、马也、兔也、狗也，有双者，亦有单者。双者不可必得，则单者亦足清玩。马有三彩者，狗有红黑者，雍、乾间品，颇属可喜。

【译文】

鹿、马、兔、狗，有成双的，也有单的。成双的未必可得，而单个的也足以清赏。马有三彩的，狗有红、黑的，雍正、乾隆年间的制品颇为可爱。

瓷狗，在清中叶尝喜制之，小者往往混于洋瓷。盖乾、嘉当时，泰西已有流入者矣。

【译文】

瓷狗在清代中期曾喜欢制作，小的常常混入于洋瓷。因为乾隆、嘉庆年间，西洋制品已然有所流入了。

尝见有一瓷品作蹲兽状，不知其为狮欤、狻猊欤、狗欤^①？但极怪而已，底甚平，背有一孔，意者亦作插香之用，为兽炉之别派耶？

【注释】

①狻猊（suān ní）：传说中龙生九子之一，形如狮，喜烟好坐，所以形象一般出现在香炉上，随之吞烟吐雾。

【译文】

曾经见过一件瓷器作蹲兽状，不知其为狮子、狻猊还是狗？但感觉非常奇怪。底部很平，背部有一小孔，想必也可用来插香，是兽形炉的别派？

【点评】

本章介绍除"瓶罐"、"杯盘"之外的各种瓷器而统称为"杂具"，有以下几类：

一是文房器具。包括印盒、笔筒、笔洗、水盂、水盅、画碟、墨床、笔架、镇纸、浆盒、屏风、笔管、水滴等。

二是生活器具。包括花盆、窑缸、烛台、香炉、扇匣、瓷灯、瓷塔、圆盒、果盒、嗽具、酒壶、醋壶、多穆壶、鼻烟壶、四方盂、豆、羹匙等。

三是供祭器具。包括佛像、观音像、福禄寿三星像。

四是像生器具。包括仿小儿欹卧以及鸟兽形象等。

这种对瓷器杂项的分类方法，虽不无借鉴的因素，但总体为瓷史上首创，值得研究者遵循参考。

本章介绍于每种器具，又都尽所能知，述其型制用途，历代沿革，古品仿作，价值高下，乃至特殊制法等。尤以对各种器具样式花色的介绍最见功力，如说印盒云："泥均有浑圆者，有六角者，蓝晕浓点，亦殊足珍。印合之式，曰馒头，曰战鼓，口磨盘，曰荸荠，曰平面平面中仍有子口，曰六角，曰正方，曰长方，曰海棠，曰桃形，曰瓜形，曰果形，递衍递嬗，制愈变，形愈巧矣。"可谓详细具体；又如说瓷塔云："瓷塔有极巨者，高三、四尺，层层叠叠，又可一一拆卸。小者亦分数层，高可及尺之谱，亦能一一拆卸也。又有兼作香炉用者，最下一层可以焚香，而上数层均有孔以出香烟，制亦精巧。若不拆卸者，则作佛龛形，中坐一佛，作合十状，塔顶则五宝纷纭，舍利璀璨，一望而知为清宫供奉之器也。"可谓深入腠理。

读本章，于瓷器杂具之种类众多，品样丰富，可见古代中国人生活的复杂性和艺术性，更可见瓷器这实用性与艺术性结合关系的密切，而此书作为瓷器考古鉴识之作，既是瓷学之专书，也是治社会史良好的参考。而作者于其所述论，知之为知之，不知为不知，态度严谨，却大都言之凿凿，又可见其精于此道，成竹在胸。至于本章分门别类，层递而下，语言简洁而委曲尽意，则具见作者文学家本色。

饮流斋说瓷

说疵伪第十

物有纯，必有疵；有真，必有伪。知其纯者、真者，而不知其疵者、伪者，非真知也。惟能知其疵与伪，而不至为疵、伪所欺，斯纯与真者出焉矣。凡物皆然，于瓷尤甚。故特辟一门，以作照夜之灯、然犀之镜也①。

【注释】

①然犀：烧犀角而照物。南朝宋刘敬叔《异苑》卷七："晋温峤至牛渚矶，闻水底有音乐之声，水深不可测。传言下多怪物。乃燃犀角而照之。须臾，水族覆火，奇形异状。"本此。

【译文】

器物有纯粹就一定有瑕疵，有真实就一定有虚假。只知道纯粹、真实而不知瑕疵、虚假，并不是真的知道。只有能知道其瑕疵、虚假，而不至于为瑕疵、虚假所欺骗，然后纯粹与真实才能显露出来。凡是器物都是这样，瓷器尤其如此。因此特设一门，以作为照夜的灯火、燃犀的明镜。

疵者易见，伪者难知，剖析毫芒，微之又微，往往谬以千里，失之毫厘。惟经验之久历，斯准绳之不訾耳。

【译文】

有瑕疵容易看出，而作伪的难以判明，如解剖分析毫毛，微乎其微，重大的失误，往往只是由于辨别上的毫厘之失。只有具备长久的经验，才能秉承原则，判断准确。

彩色之沿革，代有不同。绘事之流派，世有各别。非深明乎彩色之沿革，绘事之流派，未易穷其真际也①。且素瓷之质，同一白地，底足之色，同一露胎，亦有年代远近、物质变迁之殊，非洞达其源流，而烛以巨眼，乌能不目迷五色耶^②?

【注释】

①真际:真义,真谛。

②目迷五色:谓五色纷呈,使人眼花缭乱。比喻事物错综复杂,分辨不清。本《老子》:"五色令人目盲。"

【译文】

彩色的变迁,历代不同。绘画的流派,世代各异。非深知彩色变革、绘画流派的人,就不容易穷究其真象。况且素瓷的本质同样是白地,底足的颜色同样是露胎,也有年代远近、物质变化的不同,若非通晓它的源流变化,而施以明察锐利之目,又怎么能够不被其多种的假象所迷惑呢?

绘事之流派,固不易知,然易于欺常人,颇难于欺吾辈,盖翰墨与六法沆瀣一气故也^①。若彩色则尤难辨矣。吾人于彩色之研究,虽洞知其变迁,而近年发明之蓝、黄、绿,均得八九,但红与紫稍不及耳。故一遇此等物,屡易炫惑吾人之眼。殆由贾胡悬金以旌^②,价值日涨,遂益淬厉工料以应其求^③。恒有光绪初所不能仿者,而近年竟能仿之,不得不谓为美术进步,然认作庐山真面,则非矣。

【注释】

①翰墨:原指笔墨,借指书画与文章。六法:南朝齐谢赫《古画品录》谓绘画有六法:一气韵生动,二骨法用笔,三应物象形,四随类赋彩,五经营位置,六传移模写。见唐张彦远《历代名画记·论画六法》。后引申为中国绘画的总法则和代称。沆瀣一气:宋钱易《南部新书·戊集》载,唐代崔瀣参加科举考试,被考官崔沆录取。当时有人嘲笑说:"座主门

生,沆瀣一气。"后用以喻气味相投的
人联结在一起。多用于贬义。

②旌:表彰。这里引申指鼓动。

③淬(cuì)厉:淬火磨砺。

【译文】

绘画的流派固然不容易通晓,然
而易于欺骗一般人,而很难蒙蔽我们
这些人,是因为绘画技法与文字六法
相通的缘故。如果是彩色,就更难分辨
了。我们对于彩色的研究,虽然能清楚
的知道它的历史变化,但近年来发明的
蓝、黄、绿色都有八九分象,只是红与
紫色还略有不及。所以一遇到这类器

元 磁州窑白釉黑花婴戏瓷罐

物,常常容易迷惑我们的眼睛。这大致由于外商重金悬赏,价值日渐高涨,于是更加讲究工
料,以满足其要求。常有光绪初期无法仿制的,而近年竟然能够仿制。这不能不说是美术的
进步,然而若认作真品就错了。

有虽疵而不得谓之疵者,曰缩釉,曰短釉,曰麻癞,曰黏釉。缩釉
者,谓入窑之际,火候骤紧,往往敛釉露出胎骨也。短釉者,谓随意挂
釉,不到底足,此等蘸釉法病在不匀。黏釉者,谓釉汁未干,两器相并而
为一,擘之使开①,若黏片砾然②。麻癞者,谓入窑时黏有火炭,釉汁稍缩
成堆垛形。此数者,皆宋、元所常有,且有因是而证制作之确据者,故曰
虽疵而不得谓之疵也。

【注释】

①擘（bò）：分开，剖裂。

②若黏片砾然：像黏上了一页石片的样子。

【译文】

有虽然属于瑕疵但不能称作瑕疵的，如缩釉、短釉、麻癞、黏釉等等。所谓缩釉，是说在入窑时火候骤然紧缩，往往使釉料收缩而露出胎骨。所谓短釉，指随意挂釉而不到底足，这类蘸釉法的弊病在于不均。所谓黏釉，指釉汁未干，两件瓷器相并在一起，剖开后像黏上一页石片的样子。所谓麻癞，指入窑时黏有火炭，釉汁稍有收缩而成堆垛的形状。这几种情况都是宋元瓷器中常见的，而且还有把这些瑕疵作为证明其为宋元制作之确实证据的，所以说虽然是瑕疵，但不能看作是真的瑕疵。

　　有小疵而不掩大醇者①，曰窑缝，曰冷纹，曰惊纹，曰爪纹。窑缝者，谓坯质偶松，为火力所迫，土浆微坼，厥有短缝。冷纹者，谓器皿出窑之顷，风力偶侵，一线微裂，不致透及他面。惊纹者，谓瓷质极薄，偶缘惊触，内坼微痕，表面却无伤损。爪纹者，谓器有裂痕，略如爪状，或由沸水所注，或由窑风所侵。是数者皆疵类极微，无伤大体者也。

【注释】

①小疵而不掩大醇：即大醇小疵。谓大体纯正，略有欠缺。醇，纯。疵，病。出自唐韩愈《读荀》："孟氏，醇乎醇者也；荀与杨，大醇而小疵。"

【译文】

有小缺陷而不掩其大体为完好的情况，比如窑缝、冷纹、惊纹、爪纹等等。所谓窑缝，是指坯质偶然疏松，为火力所攻，使土浆稍微坼裂，而有短小细缝。所谓冷纹，是指器皿出窑的一刻，偶然为风力所吹，微微裂开一线而没有透到另一面。所谓惊纹，是指瓷质极薄，因为偶有不小心触动，里面微有裂痕，表面却没有损伤。所谓爪纹，是指器皿有裂痕，大体似爪的形状，有的因为开水注入，有的因为窑风侵袭。这几种都是瑕疵中非常微小，无伤大体的。

有视其疵病之浅深，以定有碍无碍者，曰串烟，曰伤釉，曰崩釉，曰暴釉，曰冲口，曰毛边，曰磕碰。串烟者，谓烧瓷之顷，偶为浓烟熏翳，或类泼墨之状，或呈果熟之形。若是者，视其浓淡多少，以定优劣。伤釉者，谓器用日久，案磨布擦，细纹如毛，色呈枯暗。崩釉者，谓硬彩历年既久，遂至崩坼，彩色剥落，坠粉残红。暴釉者，谓釉质凸起，形如水泡，手法欠匀，火力逼之，遂呈斯状。若是者，视其地位多寡，以判低昂。冲口者，谓器皿之口，或触或震，口际微裂成直缝形。毛边、磕碰，均谓器皿口边微有伤损处，伤处甚小。而扪处略有棱者，曰毛边；伤处较多，而胎骨少缺，但边际尚未露棱者，曰磕碰。若是者，亦观其受病之大小，以定其价值之增减焉。

【译文】

有看它瑕疵的严重程度以判定对瓷器价值影响之有无的，如串烟、伤釉、崩釉、暴釉、冲口、毛边、磕碰等等。所谓串烟，是指烧瓷时偶然被浓烟熏染遮蔽，有的好似泼墨的形状，有的好似果子熟透的样子。像这种情况，要看烟痕的浓淡多少，以定优劣。所谓伤釉，是指瓷器使用时间长久，因被桌案磨蹭或抹布擦拭而出现如毛的细纹，釉色枯暗。所谓崩釉，是指釉彩经历年深日久，以致釉面崩裂，彩色剥落而仅存残余的粉色或红色。所谓暴釉，是指釉质凸起，形状像水泡一样，这是由于手法不匀，加以火力迫使，于是出现这种情况。像这种情况，就要看瑕疵所在的位置和数量的多少来判断其价值的高低。所谓冲口，是指器皿的口，或因触动，或因震动，而边上微微开裂成直缝的形状。所谓毛边和磕碰，都是说器皿口边微有损伤，损伤处很小。而用手抚摸伤处略微有棱线的称作毛边；伤处较多而且胎骨微有缺陷，但边缘尚未露棱的称作磕碰。像这种情况，也要看其受损的大小，以决定其价值的增或减。

有人工造作而成疵者，曰磨边，曰磨底。磨边者，谓瓶具口际曾经缺损颇巨，因将边磨平，或锯去颈项，改成罐形，价值所失，十折八九矣。磨底者，因嫌底款年代不久，磨去其款，托于远代。然物品果美，亦有得善价者。

【译文】

有人工造作而成瑕疵的，如磨边、磨底。所谓磨边，是指瓷瓶一类的口边曾经缺损很大，因而将边缘磨平，或锯掉颈部改为罐形，其价值损失十之八九了。所谓磨底，是因为嫌恶底款的年代不够久远，而磨去底款，假托于久远的年代。但器物如果确实很美，也有卖好价钱的。

有人工造作而成伪者，曰假底，曰真坯假彩。假底者，取旧瓷之底嵌于新瓷，伪物真款，以欺一时，然工劳而计拙，易于识破，不常有也。真坯假彩者，谓取旧瓷之白质无花者加以彩绘，胚质则确属古物，彩绘则后来所加。缘旧瓷之光素者价值甚廉，且景镇积年遗物颇多，一经加彩，则冀得数倍之善价。此种甚夥，易售其欺也。

【译文】

有用人工制造而成瑕疵的，如假底、真坯假彩。所谓假底，是指取旧瓷器的底嵌在新瓷器上，假的瓷器而真的年款，以欺骗于一时，但费力而笨拙，容易识破，并不常有。所谓真坯假彩，是说取用旧瓷之白色质地无花纹的，施以彩绘，坯质确实是古物，但彩绘是后来加上的。因为旧瓷之无彩的器皿价值不大，而且景德镇多年以来积存的这类旧物很多，一旦加上彩色，就有希望得到数倍的高价。这种瓷器非常多，很容易使其欺骗得逞。

　　至于补耳、补项、补足、补口等病，则尤不胜枚指。但小心检视，察及细微，则此种疵病，亦不难于洞烛，惟当勿掉以轻心耳。

【译文】

　　至于补耳、补项、补足、补口等疵病，则不胜枚举。只要细心检查观察，细微处也能察看到，则这种疵病也不难明白真象，只需不掉以轻心罢了。

明　青花藏草壶

　　更有将光素破瓶用药黏紧，复于裂痕之处，加画硬彩花绘于其上。此等作伪，乃合真坯假彩及黏补两者而一之，亦不易猝尔识破，尤不可不慎者矣。

【译文】

　　还有把原本无彩的破瓶用药黏紧，又在裂痕处加画硬彩花绘在上面。这类作伪乃是把真坯假彩和黏补两者合而为一，也不容易一下识破，尤其不可不慎重。

有一种新制之瓷，异常精细，不但毫无浮光，且能发出宝光，价甚不赀。余初不解其何以能发宝光，及详考之，乃知系用重赀定制。一切物料悉以旧物为标本，毫发无异。故有明知新制者，亦出重价以购之。闻某西人以数百金定制瓶一对，即此类也。

【译文】

有一种新制的瓷器精细异常，不但毫无浮光，而且能发出宝光，价格很是不低。我最初不明白为何能发出宝光，经过详细考证，才知道是用重金定制的。一切物料都以旧的器物作为标准，丝毫不差。因此有人明明知道是新制品，也出高价购买。听说有某西洋人以数百金定制瓷瓶一对，就是这一类。

近年此种最精之新制，仿康熙者以纯色釉为多，尤以豇豆红者为最精，青花亦佳，但花卉耳。仿雍正者竟作堆料款，然终易于判别。仿乾隆者以五彩为多，人物有极精者，必以旧日贡品为标本者矣。惟康、雍人物，无论青花、五彩，均不能悉肖，康彩尤不易仿也。

【译文】

近些年来，这种最精的新制仿康熙瓷器以纯色釉居多数，尤其以豇豆红的为最精良，青花制品也很不错，但只限于花卉而已。仿雍正瓷器竟有作堆料款，但毕竟易于辨别。仿乾隆的五彩居多，所画人物有极精的，一定是以旧日的贡品作为模仿的标本了。唯有康熙、雍正年间的人物，无论青花、五彩，仿品都不能完全相似，而康熙彩绘最不易模仿。

又近年仿康、雍之品，肆夥每对鉴藏家言[①]，谓是乾隆、道光所仿，此君子欺以其方之术也[②]。然老眼无花者，则目笑存之耳。

【注释】

①肆夥：旧时店铺里的伙计。

②君子欺以其方：谓君子方正，常常不提防小人的诡计，所以容易上当。《孟子·万章上》："故君子可欺以其方，难罔以非其道。"本此化出。

【译文】

还有近年来仿康熙、雍正时的瓷器，店伙计常对收藏家说，是乾隆、道光年间所仿制的。这是"君子欺以其方"的骗术。但老于此道不被其蒙蔽的人，就以眼神笑之而不去戳穿罢了。

瓷质之地，其变迁亦夥矣。康之与乾，乾之与道，皎然可见者也。同、光间之与前数代，亦皎然可见者也。所难者，近年精致之品，直逼乾隆。若道光，更有过无不及。所不逮者，独康、雍耳。此则最易炫人者欤？

【译文】

瓷器的质地，变化也非常多。如康熙与乾隆、乾隆与道光相比，都是显而易见的。同治、光绪年间的与此前数代相比，也是显而易见的。所难于识别的，近年来精制的仿品，真如乾隆时的。与道光相比，更是有过之而无不及。所赶不上的，只有康熙、雍正时的水平而已。这是最容易迷惑人的吧。

款字之鉴别，亦不易易。道光至光绪初所仿前代款字，犹不甚笃似。若近年之款字，恒有与乾隆时官窑丝毫无二者。但凭是以辨真伪，殆不仅皮相之讥。故藉绘事以察新旧，而绘事之精者，足以颉颃前代也。藉瓷质以察真伪，而瓷质之精者，又足鱼目混珠也。论款字则丝毫无二，论彩色十得八九，所略欠之一二成，亦容易忽略也。然则执何术以察之？

曰：所终逊于前代者，但胎、釉上之研究耳。然非极细心巨眼，犹未能以察别之也。

【译文】

款字的鉴别，也不是很容易。道光到光绪初年所模仿的前代款字，还不是很相似。如近年所仿款字，经常有与乾隆官窑丝毫没有两样的。但是仅凭这一方面来判别真伪，恐怕不止会招致只看表面的讥讽。所以从绘画来考察新旧，而绘画精良的足以抗衡前代。从瓷质来辨别真伪，而瓷质精良的又足以鱼目混珠。从款字看则丝毫没有差异，从彩色看十得八九，所稍欠的一二分也容易忽略。那么究竟该用什么样的方法来辨别真伪呢？可说其所以终究不及前代的，只有胎、釉方面的考究而已。但是，如果不是极为细心和眼光锐利，还是不能看出区别的。

精制作伪之瓷品，必有一二特点与旧物相同之证，乃用手术以惑人者也。鉴家偶不留意，见此一二特点，即深信不疑，殊不知一二特点之外，仍有图穷匕见之处。或瞀于内观①，或震于外铄，或炫于标榜，遂至熟视无睹，以讹传讹，此所以往往有弃周鼎而宝康瓠者②。

【注释】

① 瞀（mào）：俯视。内观：即内视。

明　青花缠枝莲纹花浇

道家的修养方法之一。谓不观外物，绝念无想。

②弃周鼎而宝康瓠(hù)：谓弃优用劣，舍贵取贱。《文选》卷六十贾谊《吊屈原文》："斡弃周鼎兮宝康瓠。"本此化出。周鼎，周朝的鼎。康瓠，空壶，破瓦壶。

【译文】

作伪之精的瓷器，必然有一二特点与旧器物相同的特征，这是做手脚以迷惑人的。鉴赏家一不小心，看到一二特别之处，就深信不疑。岂不知一二特点之外，还有到底无法掩饰的地方。或者受惑于其内部的情况，或者被惊于其外表的光彩，或者迷目于其所标榜，以致熟视无睹，以讹传讹。这就是人们为什么常常弃周鼎而宝康瓠的原因。

仿制之品，自来所有，而工料不侔，或但摹形式，或但书旧款者，则谥之曰伪。此殆萌芽于道、咸间，至同、光间而渐盛，至光绪末则满坑满谷①。其作伪而尚精者，皆近数年所制品也。道、咸制器，间冒雍、乾款耳。独至光绪以来，则康、雍、乾以上溯明代，无不有冒托之款矣。

【注释】

①满坑满谷：本《庄子·天运》："在谷满谷，在坑满坑。"谓道之流行无不用遍，此以形容数量极多而充满、拥挤的状态。

【译文】

仿制品历来所常有，但工艺和材料不及古代，有的只摹仿形式，有的只题写旧款识，就称作伪。作伪大约始于道光、咸丰年间，到同治、光绪年间渐渐盛行，到光绪末年则遍地皆是。其中作伪而还算精致的，都是近些年的仿品。道光、咸丰年间的制品，偶然有假冒雍正、乾隆年款的。只是自光绪以来，康熙、雍正、乾隆以上至于明代，无不有假托的年款了。

有取新制之瓷去却釉面浮光之法，系先用浆砣轻轻擦磨，更虑所磨之处存有细痕，复用牛皮胶砣沾油磨之①，使更平而且润。但此等去光之法，骤视或足乱真，然细微察之，终有迹象也。

【注释】

①牛皮胶砣：做假瓷器时，使用牛皮沾油反复磨擦，以除去浮光。

【译文】

有用新制瓷器而除却釉面浮光的技法，乃是先用浆砣轻轻摩擦，再考虑到摩擦之处可能留下细微的痕迹，又用牛皮胶砣沾釉摩擦，使其更加平滑而且光润。但是这种去光的方法，乍一看或许足以乱真，但仔细观察，终究会留有痕迹的。

磨釉退光，一在求旧，一在掩新，其术恒易售。凡仿旧之物，万不能色色俱佳，毫无破绽，惟将光亮退去，使色之新旧无由辨，而后物之真伪乃无由分，斯诚术之巧者矣。不知古物原来失亮，系被土气所侵，故虽失亮之中，仍有透亮之处。若夫新物失亮，乃用物磨去，无论细痕有无，而识者终不难于判别也。

【译文】

磨釉退光，一是想得到古旧的风貌，一是为了掩饰新制气象，这种伎俩往往容易得逞。凡是仿旧的器物，绝不能面面俱到，毫无破绽。只有将光亮退去，使釉色的新旧无从分辨，而后器物的真伪方能无法判定，这确实是骗术的巧妙。岂不知古物原来失去光泽，是因为被土气所侵蚀，所以虽然整体失去了光泽，局部仍有透露光亮的地方。如果新制器物失却光泽，是用外物磨去的，无论有无细痕，鉴赏者到底容易分辨出来。

红为最难仿之色，光绪初、中叶，所仿者惟薄施淡抹而已。至近年，则大红、深红与夫胭脂水、豇豆红诸难仿效之色，均无一不有。仿效亦能颇得六、七，虽专家亦往往售其欺。然是等物品，色泽纵足炫人，而瓷质、瓷胎细辨之，终有不类耳。

【译文】

红色是最难仿制的颜色，光绪初期和中期所仿的制品只是薄施淡抹罢了。直到近来，大红、深红和胭脂水、豇豆红等各种难以仿效的彩色，都没有一种不被仿制的。仿制也能达到十之六七分像的程度，即使专家也往往受其欺骗。然而这种物品，虽然色彩足以惑人，而对瓷质、瓷胎细细辨别，终究是有所不同的。

绿色之难仿更甚于红。纯色釉之绿色者，则颇足乱真，然仍乏深黝之致。至于仿康熙彩之硬绿，则最难形似。釉每混而不清，或则发黑，或则发黄，参入洋料，其迹显然。故新物凡有硬绿之处，莫不用砣去光，以掩其迹。

【译文】

绿色的难以仿制比红色尤甚。纯色釉的绿色，比较容易以假乱真，但仍缺乏深黑的趣味。至于仿康熙彩的硬绿，就最难在外观上相似。仿制的釉往往混浊不清，或者发黑，或者发黄，参入洋料，其痕迹相当明显。因此仿制的新品中凡有硬绿的部分，无不用砣去光，以掩饰作伪的痕迹。

黄色之新者，其匀也足与旧相类，而病在过鲜。若夫深黄，其釉亦略混，与天然之金珀黄①，其光润透亮，迥乎不同。至蛋黄色与旧者较，亦未免有差池之别。

饮
流
斋
说
瓷

【注释】

①金珀黄：金黄色的琥珀。

【译文】

黄色的新制品，其匀净足以与古品相类似，但缺点是过于鲜艳。至于深黄色，其釉彩也略显混浊，与天然的金珀黄相比，其光润透亮，迥然不同。至于蛋黄色与古品相比，也未免有不同之处。

明　青花龙莲纹渣斗

紫色亦为最难仿之色，薄则色淡，厚则发混。且其色亦紫中发红，或紫中发黑，显由他色配合而成，比于旧瓷之紫，瞠乎远矣①。

【注释】

①瞠乎远矣：远比不上，差得多了。瞠，瞪大眼睛，惊异的样子。

【译文】

紫色也是最难仿制的颜色，施釉薄则色泽清淡，釉厚则色泽混浊。而且其色调紫中发红，或紫中发黑，显然是用其他颜色配合而成。比起旧瓷的紫色来，差的多了。

蓝之一色，乃近年仿旧之最有成效者也。光绪中所仿者，或蓝而带黑，或蓝而带灰，均不难于判别。至近年摹仿康熙蓝，竟得七八，最足乱真，且亦能深入胎骨。所尚能认别者，特质地及画片耳。

【译文】

　　蓝色是近年来仿效古瓷最成功的。光绪年间所仿制的，或者蓝中带黑，或者蓝中带灰，都不难于区别。直到近年来模仿康熙时的蓝色，竟能达到十之七八相似的程度，并且也能深入胎骨。尚可识别的，赖有质地和画面而已。

　　白者本质，研究最要，而识别又甚难。大抵新者，其釉近糠[1]，火气宛然[2]，求如旧瓷之美质，渺不可复得。或者就发青、发黄之点，以判时代之高下，是又不尽然也。最近新发明者，光致之极，几似乾隆矣。独稍欠缺者，一则光由内发，一则光由外铄，相去终有径庭也[3]。

【注释】

　　①糠：稻、麦、谷子等的子实所脱落的壳或皮，喻指不坚实的样子。

　　②宛然：仿佛，很像。

　　③径庭：二者相距甚远，喻说悬殊。径，门外路。庭，堂外地。

【译文】

　　白色瓷器的质地，是识别的最重要之点，但识别又非常困难。大体上新瓷的釉质近于糠，烧制的气息明显，想做到像古瓷一样美的质地，希望渺茫到无法实现。有人从颜色发青、发黄的特点来判断其时代的早晚，这也不是完全正确的。最近新仿的白瓷，极为光润细致，几乎和乾隆制品一样。唯一稍微欠缺的，一是光泽从瓷质发出来的，一是光泽由瓷表面发出来的，相差毕竟很远。

　　新制黑色，与旧者最难相混。旧瓷之黑釉，与彩浑成一片，新者之黑，不但浮光宛然，且细辨之，釉与彩显有迹象，未能水乳交融。

【译文】

　　新制的黑色,与古旧的黑色最难混淆。旧瓷的黑釉与彩色浑然成为一体,而新瓷的黑色,不但浮光明显,而且仔细辨别,釉和彩之间有明显的迹象,达不到水乳交融的境界。

　　凡新仿之品,以光绪之朝为最多。若咸、同间仿者,皆易于识别。盖彼时一朝有一朝之面目,虽仿旧制,亦不脱当时面目也。惟光绪则不然,袭历朝之形式,无所不仿,且亦一一皆得近似。今于仿制中,可分其沿革先后焉。初年所仿者,以宋、元及纯色釉等品为多,盖当时清初物品不甚难得,而当朝士夫一二好古者,喜讲宋、元,藉供考订,故宋、元物仿者最多。中叶所仿,殊属寻常,彩绘既不甚精,遂遁入仿明一派。盖以明画粗率,易于藏拙也。自末叶以至近日,所仿至为进步,一由官窑良工四散,禁令废弛,从前所不敢仿之贡品,今则无所不敢矣。一由近年西人辇金重购,业此者各自竞争,美术因之进步。研料选工,仿旧精者辄得八九,而五彩冒乾隆款者为尤多,以其易投时好也。至纯色釉冒明代暨康、雍款者,亦极仿旧之能事,杂出其途,以相炫焉。前所云最精最难辨者,大率皆最近日之品欤?

【译文】

　　凡是新仿的瓷器,以光绪朝的为最多。若是咸丰、同治年间的仿品,都容易识别。因为不同时期的制品有不同时期的特征,虽然是仿旧制品,也难以摆脱当时的面目。唯独光绪年间不同,光绪年间承袭历代的瓷器造型,无所不仿,并且件件都很相似。现就仿制品中,可以区分其沿革的先后。清代初期所仿的,以宋、元时期及纯色釉的瓷器居多,因为当时清初器物不太难得,而当朝士大夫中某些好古玩的人喜欢讲究宋、元书籍,以供考订,所以宋、元时期的器物仿制最多。清代中期所仿制的,都很寻常,彩绘既然不很精致,于是便流于仿明代瓷器一派。因为明代瓷器的绘画粗放率意，易于藏拙。从清代末期至近日，所仿的制品大为进步，一方面是由于官窑里的能工巧匠四处流散，而且禁令废止或松驰，以前所不敢仿制的贡品，现在都可以做了。另一方面是因为近年来西洋人重金收购，从业者互相竞争，美术因此得以进步。研磨原料，选用人工，仿古的精品可得十之八九分相似，而五彩瓷器中以假冒乾隆年款的最多，因为这样容易投合时尚。至于纯色釉而冒充明代及康熙、雍正年款的仿品，也极尽其仿古的能事，技法翻新，以炫惑世人。前面所说的最为精工、最难辨别的仿品，大多数都是近日的制品吧。

【点评】

　　本章说疵伪，开篇总说有关古物疵伪的基本看法，即"物有纯，必有疵；有真，必有伪。知其纯者、真者，而不知其疵者、伪者，非真知也。惟能知其疵与伪，而不至为疵、伪所欺，斯纯与真者出焉矣"。这是符合实际的看法，辩证而科学的认识。由此引出对古物疵伪辨识的重视，就疵与伪分说之，以成本书衡疵辨伪的内容，乃顺理成章。

　　本章衡疵辨伪，内容要点如下：

　　一、疵与伪的历史。开篇说"物有纯，必有疵；有真，必有伪……凡物皆然，于瓷尤甚"，不啻是认为疵与伪是瓷有生俱来。但这对于疵而言，还可以这么说，但作伪的历史则肯定要晚一些。故本章也认为"仿制之品，自来所有……殆萌芽于道、咸间，至同、光间而渐盛，至光绪末则满坑满谷。其作伪而尚精者，皆近数年所制品也。道、咸制器，间冒雍、乾款耳。独至光绪以来，则康、雍、乾以上溯明代，无不有冒讬之款"。由此可知，一般而言，瓷之伪品不早于清道光年间，而多为光绪以至民初所为。这可以作伪品断代的参考。

　　二、总结疵与伪各有不同的情况：

　　疵有四种：一是"有虽疵而不得谓之疵者"，二是"有小疵而不掩大醇者"，三是"有视其疵病之浅深，以定有碍无碍者"，四是"有人工造作而成疵者，曰磨边，曰磨底"。

　　伪有四种：一是"有人工造作而成伪者，曰假底，曰真坯假彩"以及"补耳、补项、补足、补口等"，二是有"将光素破瓶用药黏紧，复于裂痕之处，加画硬彩花绘于其上"而伪者，三是有"工料不侔，或但摹形式，或但书旧款者"，四是"有取新制之瓷去却釉面浮光"者。

以上疵与伪的每种情况之下又有种种不同，则衡疵辨伪所要解决的具体问题可说千差万别，而辨识之难，往往失之毫厘，谬以千里，于伪品尤其如此。

三、衡疵辨伪的观念与方法：

一是观念，疵与伪相比，"疵者易见，伪者难知"；辨伪籍绘事与籍彩色相比，"绘事之流派易见，而彩色之伪仿难知"，而伪品"所终逊于前代者，但釉胎之研究耳"。克服之道在于"经验久历"和"细心巨眼"。

二是方法，由上可引出辨伪之法总体有三，即辨花绘，辨彩色，辨釉胎。本章主要内容即具体说明各种伪品的特征乃至作伪的手段，不仅是经验之谈，而且结合于时代变迁，论仿伪手段之进步，鉴识之甘苦，也往往富于学者深湛的思考，更深层次地体现了本书道、术合一的特点。